초등 때 키운 한자 어휘력!
나를 키운다 1

| 저자 소개 |

이재준

• 1950년 출생.
• 교육대학을 졸업하고 20여 년간 초등학교에서 재직하였다.
• 퇴직한 후에 다년간 초등학생들을 위한 한자교실을 운영하였다.

초등 때 키운 한자 어휘력! 나를 키운다 1

발행일   2023년 12월 8일

지은이   이재준
펴낸이   손형국
펴낸곳   (주)북랩
편집인   선일영   편집   윤용민, 배진용, 김부경, 김다빈
디자인   이현수, 김민하, 임진형, 안유경   제작   박기성, 구성우, 이창영, 배상진
마케팅   김회란, 박진관
출판등록   2004. 12. 1(제2012-000051호)
주소   서울특별시 금천구 가산디지털 1로 168, 우림라이온스밸리 B동 B113~114호, C동 B101호
홈페이지   www.book.co.kr
전화번호   (02)2026-5777   팩스   (02)3159-9637

ISBN   979-11-93499-66-5 64710 (종이책)   979-11-93499-68-9 65710 (전자책)
          979-11-93499-67-2 64710 (세트)

(주)북랩 성공출판의 파트너

북랩 홈페이지와 패밀리 사이트에서 다양한 출판 솔루션을 만나 보세요!

홈페이지 book.co.kr   •   블로그 blog.naver.com/essaybook   •   출판문의 book@book.co.kr

작가 연락처 문의 ▶ ask.book.co.kr

작가 연락처는 개인정보이므로 북랩에서 알려드릴 수 없습니다.

초등 때 키운

한자 어휘력!
나를 키운다

1

차근차근 꾸준히

머리말

　같은 글을 읽으면서도 어떤 사람은 쉽게 이해하고 어떤 사람은 제대로 이해하지 못합니다. 그런가 하면 누구는 어떤 사실이나 자기의 생각을 간결하고 명확하게 잘 표현하는데 누구는 그렇지 못합니다. 왜 그럴까요? 그것은 사람에 따라 문해력과 어휘 구사력, 즉 어휘력이 있기도 하고 그렇지 못하기도 하기 때문입니다.

　우리는 한글이 만들어지기 전에는 한자를 우리 글자처럼 사용하였고 한글이 만들어진 뒤에도 여전히 한자를 사용해 왔습니다. 그래서 우리말의 많은 어휘(낱말들)는 한자로 이루어진 한자어이며, 더욱이 교과 학습의 밑바탕이 되는 중요한 학습 용어는 90퍼센트 이상이 한자어입니다. 그러기에 문해력을 키우고 온전한 학습을 이루어 나가기 위해서는 한자와 함께 한자어를 익혀야 합니다.

　초등학교 고학년에서 중학교로 이어지는 시기는 인지 발달로 추상적, 논리적 사고를 할 수 있기에 교과 학습에서 사용하는 어휘가 크게 늘어나게 되는 때입니다. 그러므로 원활한 학습을 위해서는 어휘력을 키워야 하는데, 이때는 인지 기능이 활발하고 어휘 습득력도 왕성하므로 현재의 학습은 물론 앞날의 더 큰 학업 성취와 성숙한 언어 생활을 위한 어휘력을 키우기에도 어느 때보다 좋은 시기입니다.

　지은이는 오랫동안 학교에서 학생들과 생활하며 한자와 한자어 학습 자료를 만들고 지도하여 많은 성과와 보람이 있었습니다. 학생 지도의 오랜 경험을 바탕으로 그동안 활용하던 자료를 정리하고 보완하여 누구나 스스로 배우고 익히도록 이 책을 엮었습니다.

　쉬운 것만을 찾고 편하게 공부하려 한다면 그 이상의 발전을 기대할 수 없습니다. 마음 먹고 차근차근 꾸준히 배우고 익히면 어느덧 한자와 한자어에 대한 이해와 함께 어휘력이 쌓이고 사고력과 학습 능력도 늘어나 뿌듯한 성취감을 느낄 것입니다. 그리고 앞으로 더욱 더 많은 한자와 한자어를 쉽게 익힐 수 있는 힘이 갖추어질 것입니다.

2023년 12월 이재준

초등 때 키운

한자 어휘력! 나를 키운다

구성과 특징

* 혼자서 공부할 수 있어요 *

1. 많이 쓰이는 한자 1162자와 그 한자들로 이루어진 한자어를 익힙니다.
   ☞ 기본이 되는 한자 1162자와 이들로 이루어진 한자어를 익히므로 문해력은 물론
   모든 교과 학습과 독서, 논술 등에 바탕이 되는 어휘력과 사고력을 기릅니다.

2. 옛일에서 비롯된 성어와 생활 속에서 이루어진 성어 228개를 익힙니다.
   ☞ 한자성어의 함축된 의미와 그에 담긴 지혜와 교훈을 이해하고 적절한 활용을 익혀
   글을 읽고 이해하는 배경 지식을 쌓고 상황에 알맞은 표현을 구사할 수 있게 합니다.

3. 획과 필순을 익혀 한자의 모양을 파악하고 바르게 쓸 수 있도록 합니다.
   ☞ 한자를 처음 대하면 글자의 모양이 복잡하게 느껴지고 어떻게 써야 할지 모르는데,
   획과 필순을 익히면 글자의 모양을 쉽게 파악할 수 있고 바르게 쓸 수 있습니다.

4. 한자의 바탕이 되는 갑골문을 살펴보며 한자의 이해와 학습을 돕습니다.
   ☞ 처음 글자는 그림의 모습을 하고 있어서 뜻하는 것을 쉽게 알 수 있으며, 이는 모든
   한자의 바탕이 되는 글자로 한자를 배우고 익히는 데에 큰 도움이 됩니다.

5. 앞서 배운 한자가 뒤에 한자를 이해하는 데 도움이 되는 순서로 배웁니다.
   ☞ 즉 '日(날 일)', '月(달 월)', '門(문 문)'과 '耳(귀 이)' 등을 먼저, '明(밝을 명)', '間(사이 간)',
   '聞(들을 문)' 등을 뒤에 배우는 것으로, 한자를 배우고 익히는 데에 효과적입니다.

6. 새 한자를 배우면 앞서 배운 한자와 이루어진 한자어를 익혀 나갑니다.
   ☞ 한자 학습이 한자어 학습으로 이어져 한자어의 뜻과 활용을 효과적으로 익힐 수
   있으며 바로 어휘력이 됩니다. 그리고 이때 한자도 반복 학습이 이루어집니다.

7. 한자어를 이루는 한자의 뜻과 결합 관계로 한자어의 뜻을 알도록 합니다.
   ☞ 한자의 말을 만드는 기능을 이해하게 되어 다른 한자어의 뜻도 유추할 수 있게 됩니다.
   이로써 한자어에 대한 이해력과 적응력이 커지고 우리말 이해의 폭이 넓어집니다.

8. 학습 진행에 따라 알아야 할 것과 참고할 것을 각 권에 적었습니다.
   ☞ 1권 – 한자의 획과 필순. 2권 – 한자의 짜임. 3권 – 한자의 부수. 부수의 변형.
   4권 – 한자어의 짜임. 5권 – 자전 이용법.

- 한 묶음(12 글자) 단위로 **학습 활동**을 엮었습니다. -

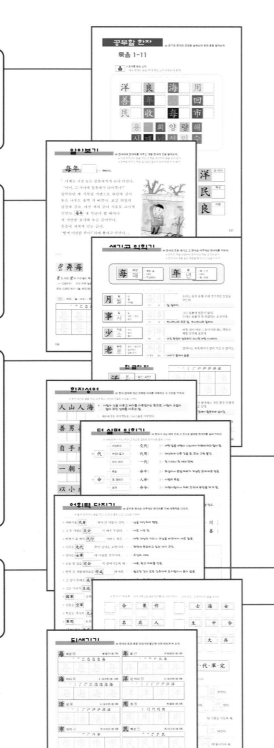

공부할 한자
- 공부할 한자를 살펴보며 글자의 모양을 파악하도록 합니다.
- 공부할 한자의 음과 훈을 알도록 합니다.

알아보기
- 주어진 내용의 글에서 공부할 한자로 이루어진 한자어의 뜻과 쓰임을 알아 봅니다.
- 공부할 한자가 이루어진 근원과 지니는 뜻을 알아보고 필순을 따라 바르게 써 봅니다.

새기고 익히기
- 배울 한자가 지니는 뜻을 새기고 앞서 배운 한자와 이루어진 한자어의 뜻과 활용을 익힙니다.
- 한자어를 이루는 한자의 뜻을 결합 관계에 따라 연결하여 한자어의 뜻을 알도록 합니다.
- 예문을 통해 한자어의 뜻과 활용을 익힙니다.

한자성어
- 한자성어의 뜻과 그 속에 담긴 함축된 의미를 이해하고 그에 적합한 활용을 익힙니다.

더 살펴 익히기
- 한자가 지닌 여러 뜻을 살펴보고 그 뜻으로 결합된 한자어의 쓰임을 익힙니다.
- 비슷한 뜻, 상대되는 뜻을 지니는 한자를 살펴 익힙니다.
- 한자 성어가 지니는 의미와 성어를 이루는 개별 한자의 뜻을 한 번 더 익힙니다.

어휘력 다지기
- 배운 한자로 이루어진 한자어들의 뜻과 활용을 익힙니다.
- 한자가 글자의 조합으로 말(한자어)을 만드는 기능을 알 수 있어 우리말(한자어) 이해의 폭이 넓어집니다

되새기기
- 배운 한자를 음과 뜻을 되새기며 필순에 따라 한 번 더 쓰면서 한 묶음의 한자 공부를 마무리 짓습니다.

차례

한자의 획과 필순

획과 필순을 익히면 한자를 쉽고 바르게 쓸 수 있다

획 이란?

한자는 점과 선이 모여서 글자를 이루는데,
글자를 이루는 점과 선을 획이라 한다.

필순 이란?

한자를 쓸 때,
글자의 획을 그어가는 순서를 필순이라 한다.

획 익히기

■ 획은 한자의 모양을 파악하고 익히는데 중요하다.
■ 붓을 한 번 대서 쓸 수 있는 부분이 한 획이다.

꼭지 점	오른쪽 아래로 비스듬히 내려 찍는다.

字　丶

왼 점	왼쪽 아래로 비껴 그으며 들어뺀다.

小　丿

오른 점	오른쪽 아래로 비껴 그어서 찍는다.

公　丶

가로긋기	가로로 곧게 긋는다.
寸 一	━ ━ ━ ━ ━ ━ ━ ━ ━ ━ ━ ━

내리긋기	아래로 곧게 그어내린다.
上 丨	┃ ┃ ┃ ┃ ┃ ┃ ┃ ┃ ┃ ┃ ┃ ┃ ┃ ┃

내리빼기	아래로 곧게 그어내리면서 들어뺀다.
中 丨	┃ ┃ ┃ ┃ ┃ ┃ ┃ ┃ ┃ ┃ ┃ ┃ ┃ ┃

들이침	왼쪽으로 비스듬히 눕혀 그으면서 들어뺀다.
衣 ノ	／ ／ ／ ／ ／ ／ ／ ／ ／ ／ ／

치침	오른쪽 위로 비껴 그어 올리면서 들어 뺀다.
江 丿	／ ／ ／ ／ ／ ／ ／ ／ ／ ／ ／

왼꺾음	아래로 내려긋고 오른쪽으로 부드럽게 꺾어서 긋는다.
亡 ㄴ	ㄴ ㄴ ㄴ ㄴ ㄴ ㄴ ㄴ ㄴ ㄴ ㄴ ㄴ ㄴ

오른꺾음	가로로 긋고 아래로 꺾어서 내려긋는다.
日 ㄱ	ㄱ ㄱ ㄱ ㄱ ㄱ ㄱ ㄱ ㄱ ㄱ ㄱ ㄱ ㄱ

평갈고리	가로로 긋고 왼쪽 아래로 꺾어 삐친다.

皮 ﹁

왼갈고리	아래로 내려긋고 왼쪽 위로 꺾어 삐친다.

寸 亅

오른갈고리	아래로 내려긋고 오른쪽 위로 꺾어 삐친다.

良 乚

가로굽은갈고리	오른쪽 아래로 비스듬히 눕혀 휘어지게 긋고 위로 꺾어 삐친다.

心 乚

세로굽은갈고리	오른쪽으로 휘어지게 그어내리고 왼쪽 위로 꺾어 삐친다.

子 亅

꺾은갈고리	가로로 긋고 왼쪽 아래로 비스듬히 그어내려 왼쪽 위로 꺾어 삐친다.

力 フ

좌우꺾음	아래로 조금 내려긋고 오른쪽으로 꺾어서 꺾은갈고리 처럼 긋는다.

弓 ㇡

| 새가슴 | 兄 し | 아래로 내려긋고 오른쪽으로 부드럽게 꺾어서 긋고 위로 삐친다. |

ㄴㄴㄴㄴㄴㄴㄴㄴㄴㄴㄴㄴㄴㄴ

| 지게다리 | 成 し | 아래로 비스듬히 휘어지게 그어내리고 오른쪽 위로 꺾어 삐친다. |

ㄴㄴㄴㄴㄴㄴㄴㄴㄴㄴㄴㄴㄴㄴ

| 봉의날개 | 風 乁 | 가로로 긋고 아래로 꺾어 내려와 휘어지게 긋고 오른쪽 위로 꺾어 삐친다. |

乁乁乁乁乁乁乁乁乁乁乁乁乁乁

| 왼삐침 | 人 丿 | 왼쪽으로 비스듬히 그어내려 끝에서 가볍게 비껴친다. |

丿丿丿丿丿丿丿丿丿丿丿丿丿丿

| 오른삐침(파임) | 反 乀 | 오른쪽으로 비스듬히 그어내리고 끝에서 가볍게 비껴친다. |

乀乀乀乀乀乀乀乀乀乀乀乀乀乀

| 꺾어삐침 | 水 フ | 가로로 긋고 왼쪽으로 비스듬히 그어내리고 끝에서 가볍게 비껴친다. |

フフフフフフフフフフフフ

| 받침 | 道 乁 | 가로로 긋고 오른쪽으로 비스듬히 눕혀서 긋고 끝에서 가볍게 비껴친다. |

〜〜〜〜〜〜〜〜〜〜〜〜〜

13

필순 익히기

- 필순은 오랜 세월 동안 한자를 써 오면서 이루어진 것이다.
- 필순은 한자를 편하게 그리고 맵시있게 쓰기 위한 것이다.
- 두가지 이상의 필순이 있는 글자도 있고 예외적인 것도 있다.

기본 원칙 1 　 위에서 아래로,

三	三 三 三
三	三 三 三 三

言	言言言言言言言
言	言 言 言 言

기본 원칙 2 　 왼쪽에서 오른쪽으로,

川	川 川 川
川	川 川 川 川

心	心 心 心 心
心	心 心 心 心

기본 원칙 3 　 가로획과 세로획이 겹칠 때는 가로획부터,

大	大 大 大
大	大 大 大 大

木	木 木 木 木
木	木 木 木 木

기본 원칙 4 　 좌우가 닮은 모양이면 가운데 획 먼저 그리고 왼쪽 오른쪽,

小	小 小 小
小	小 小 小 小

水	水 水 水 水
水	水 水 水 水

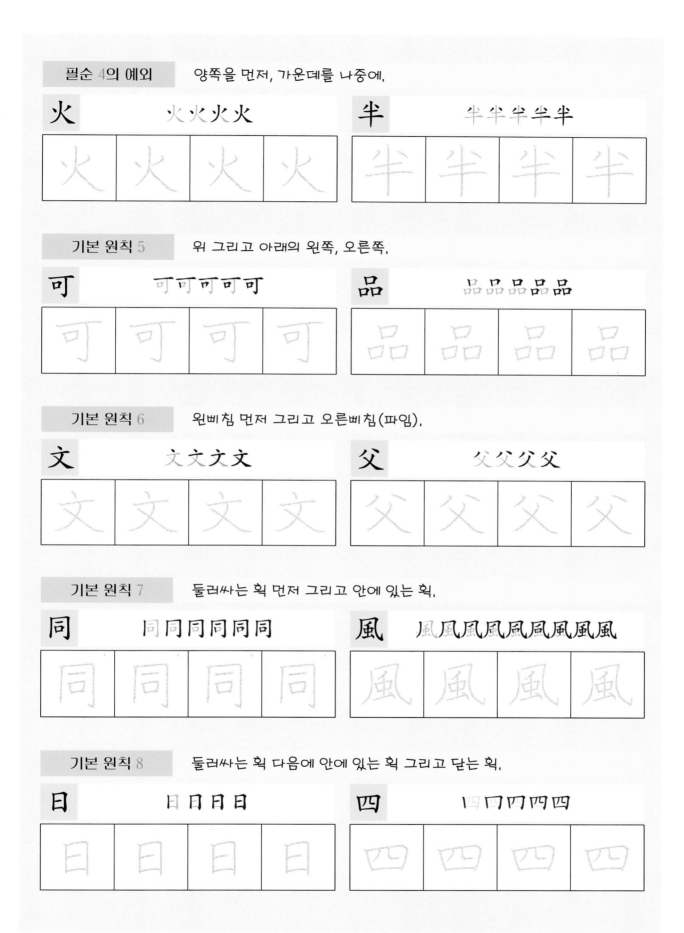

| 필순 4의 예외 | 양쪽을 먼저, 가운데를 나중에, |
| 火 | 火火火火 |

| 半 | 半半半半半 |

| 기본 원칙 5 | 위 그리고 아래의 왼쪽, 오른쪽. |
| 可 | 可可可可可 |

| 品 | 品品品品品 |

| 기본 원칙 6 | 왼삐침 먼저 그리고 오른삐침(파임). |
| 文 | 文文文文 |

| 父 | 父父父父 |

| 기본 원칙 7 | 둘러싸는 획 먼저 그리고 안에 있는 획. |
| 同 | 同同同同同同 |

| 風 | 風風風風風風風風風 |

| 기본 원칙 8 | 둘러싸는 획 다음에 안에 있는 획 그리고 닫는 획. |
| 日 | 日日日日 |

| 四 | 四四四四四 |

기본 원칙 9	오른쪽 위의 점은 나중에,

犬 犬犬犬犬

犬 犬 犬 犬

成 成成成成成成

成 成 成 成

기본 원칙 10	왼쪽에 있는 획이 아래 획과 연결되어 있으면 그 획은 나중에,

也 丁也也也

也 也 也 也

世 世世世世世

世 世 世 世

기본 원칙 11	가로획이 셋 이상일 때 밑이 막히면 세로획 뒤에 나머지 가로획 둘,

田 田田田田田

田 田 田 田

生 生生生生生

生 生 生 生

기본 원칙 12	아래로 뚫고 내려가는 획은 나중에,

用 用用用用用

用 用 用 用

事 事事事事事事事

事 事 事 事

기본 원칙 13	좌우로 꿰뚫는 가로획은 나중에,

女 女女女

女 女 女 女

母 母母母母母

母 母 母 母

갈고리가 바깥쪽이면 삐침 먼저, 갈고리가 안쪽이면 삐침은 나중에,

九 ノ九

九 九 九 九

力 力力

力 力 力 力

가로획이 짧고 왼쪽 삐침이 길면 가로획부터,

左 左左左左左

左 左 左 左

在 在在在在在在

在 在 在 在

가로획이 길고 왼쪽 삐침이 짧으면 왼쪽 삐침부터,

右 右右右右右

右 右 右 右

有 有有有有有有

有 有 有 有

받침은 나중에,

近 近近近近近近近近

近 近 近 近

建 建建建建建建建建

建 建 建 建

받침처럼 되어 있는 변은 왼쪽에 있으므로 먼저,

勉 勉勉勉勉勉勉勉勉勉

勉 勉 勉 勉

起 起起起起起起起起起

起 起 起 起

수 를 나타내는 한자

1
一 **한 일**

一				
一	一	一	一	一

2
二 **두 이**

二				
二	二	二	二	二

3
三 **석 삼**

三三三				
三	三	三	三	三

4
四 **넉 사**

四冂四四四				
四	四	四	四	四

5
五 **다섯 오**

五丁五五				
五	五	五	五	五

100
百 **일백 백**

百百百百百百				
百	百	百	百	百

100과 음이 같은 ⊖ ··▶ 白(흰 백) 위에 가로선 하나 百를 그어 일백을 나타내었다. 가로선이 셋인 百은 삼백을 뜻하였다.

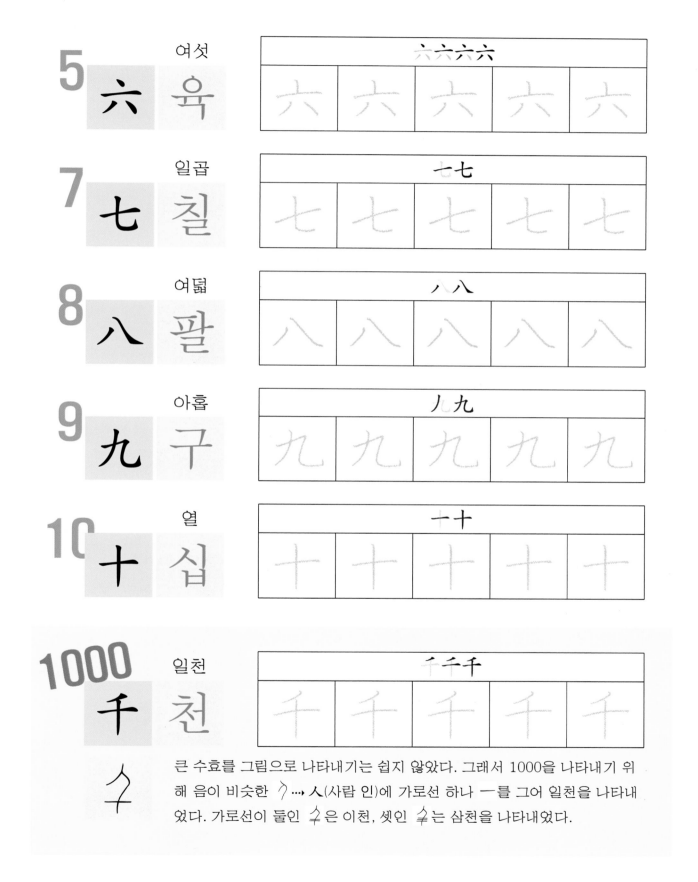

5 六 **육** 여섯

六六六六

| 六 | 六 | 六 | 六 | 六 |

7 七 **칠** 일곱

一七

| 七 | 七 | 七 | 七 | 七 |

8 八 **팔** 여덟

八八

| 八 | 八 | 八 | 八 | 八 |

9 九 **구** 아홉

丿九

| 九 | 九 | 九 | 九 | 九 |

10 十 **십** 열

一十

| 十 | 十 | 十 | 十 | 十 |

1000 千 **천** 일천

千千千

| 千 | 千 | 千 | 千 | 千 |

큰 수효를 그림으로 나타내기는 쉽지 않았다. 그래서 1000을 나타내기 위해 음이 비슷한 丿⋯ 人(사람 인)에 가로선 하나 一를 그어 일천을 나타내었다. 가로선이 둘인 仦은 이천, 셋인 仦는 삼천을 나타내었다.

일러두기

★ 한자는 오랜 세월이 흐르는 동안 글자의 모양이 많이 변화되어 지금의 모습이 되었습니다. 그런데 처음의 글자(갑골문)는 그림의 모습을 하고 있어서 뜻하는 것을 쉽게 이해할 수 있습니다. 이는 모든 한자의 바탕이 되는 글자로 이를 살펴보는 것은 한자를 배우고 익히는 데에 큰 도움이 되며 재미도 있습니다. 갑골문이 없는 것은 그 자리를 비워 놓았습니다.

[갑골문이 있는 한자]　　　　　　　　[갑골문이 없는 한자]

★ 새로운 한자를 배우는 대로, 앞서 배운 한자와 이루어진 한자어를 익혀나 갑니다. 이때 앞서 배운 한자는 뜻을 다시 새기면서 반복하여 익히게 됩니다, 처음 배우는 한자와 앞서 배운 한자를 바탕색으로 구분하였습니다.

[처음 배우는 한자]　　　　　　　　[앞서 배운 한자]

음 ■ 한자를 읽는 소리
아래 한자의 음을 찾아 적고 소리내어 읽어 보자.

– 바탕색과 글자색이 같은 것을 찾아 보자 –

훈 ■ 한자의 뜻 새김
한자의 음을 적고 훈과 함께 외어 보자.

月 달	日 날	山 메	川 내
出 날	入 들	人 사람	口 입
大 큰	小 작을	上 윗	下 아래

■ 한자어와 한자어를 이루는 개별 한자의 뜻을 알아보자.
■ 아래 한자어의 음을 적고 그 뜻을 생각하며 글을 읽어 보자.
■ 공부할 한자의 뜻을 알아보고 필순에 따라 바르게 써 보자.

月日 [　　] ▶ 달과 날.

「 방정환 선생은 여러 사람이 모인 자리에서 제안하였습니다.
"일 년에 하루라도 어린이를 위한 날을 정하는 것이 어떻겠습니까?"
"그거 아주 좋은 생각입니다."
"어린이들은 자라나는 새싹이므로
푸른 5 月 이 좋을 것 같습니다."
이렇게 해서 1923년 5 月 1 日 이
우리나라 최초의 어린이날로
결정되고, 이것이 오늘날까지
지켜지는 어린이날의 시초가
되었습니다. 」

* 제안: 안이나 의견으로 내놓음. 또는 그 안이나 의견. * 시초: 맨 처음.

🌙 은 달의 모습이다. 달은 둥근 때 보다는 이지러진 때
가 많기 때문에 이런 모양으로 달을 나타내었다.   〈달〉
을 의미하며, 달의 모양이 변하는 주기인 〈1개월〉의 기
간도 의미한다.

새김 ▪ 달 ▪ 월 ▪ 1개월〈한 달〉

ノ 月 月 月			
月	月	月	月
月	月	月	月

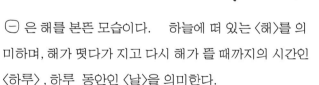

⊖ 은 해를 본뜬 모습이다.   하늘에 떠 있는 〈해〉를 의
미하며, 해가 떴다가 지고 다시 해가 뜰 때까지의 시간인
〈하루〉, 하루 동안인 〈날〉을 의미한다.

새김 ▪ 날 ▪ 해 ▪ 하루

ㅣ 冂 日 日			
日	日	日	日
日	日	日	日

 山川 ▶ 산과 내.

「 댐이 들어서며 고향을 떠나온지 제법 되었지만
나는 물속에 두고 온 고향을 꿈꾸는 날이 많다.
어린 시절 동무들과 돌아다니며 뛰놀았던
푸른 산언덕, 여름이면 멱감고
물고기 잡이하던 맑은 내가
흐르던 고향 山川 이 그리워
몸부림을 치는 꿈을
수없이 꾸고 있다. 」

* 고향: 자기가 태어나서 자란 곳. 조상 대대로 살아온 곳.   * 동무: 늘 친하게 어울리는 사람.

ᰈ 은 세 개의 산봉우리가 솟아나 있는 모습이다.
땅 위에 평지보다 높이 솟은 땅덩이인 〈산〉을 의미한다.

ᇇ 은 물이 물길을 따라 굽이져 흘러가는 모습이다.
물길을 따라 흘러가는 물인 〈내〉를 의미한다.

[새김] ▪ 메 ▪ 산

ㅣ 山 山			

[새김] ▪ 내 ▪ 강 ▪ 느릿한 모양

ノ 川 川			

알아보기

■ 한자어와 한자어를 이루는 개별 한자의 뜻을 알아보자.
■ 아래 한자어의 음을 적고 그 뜻을 생각하며 글을 읽어 보자.
■ 공부할 한자의 뜻을 알아보고 필순에 따라 바르게 써 보자.

出入 [ ] ▶ 나감과 들어옴.

「 현대 사회에서는 이웃을 잘 모르고 지내는 경우가
많다. 우리나라도 아파트에 사는 사람들이 많아지면서
이웃과의 왕래가 점점 줄어들게 되었다.
出入 문만 닫으면 외부와
거의 차단 되기 때문에,
이웃 간에 오가는 정이
식어 가고 있다. 」

* 왕래: 가고 오고 함. * 차단: 다른 것과의 관계나 접촉(서로 맞닿음. 가까이 대하고 사귐)을 막거나 끊음.

屮은 드나드는 출입구(凵)에서 발(屮)이 밖으로 나오
는 모습이다. 〈밖으로 나옴〉을 의미한다.

[새김] ▪나다 ▪내다 ▪떠나다 ▪내놓다

丨 屮 屮 出 出			
出	出	出	出
出	出	出	出

∧ 은 화살촉이나 칼날 끝의 뾰족한 부분의 모습이다.
이 부분이 다른 물체의 속으로 파고드는 데서, 〈안으로
들어감〉을 의미한다.

[새김] ▪들다 ▪들어가다 ▪들이다

ノ 入			
入	入	入	入
入	入	入	入

새기고 익히기

■ 공부할 한자와 그들로 이루어진 한자어의 뜻을 새기고 익히자.
■ 한자의 뜻을 연결하여 한자어의 뜻을 생각해 보자.
■ 한자어의 뜻을 알고 예문을 통해 그 쓰임을 익히자.

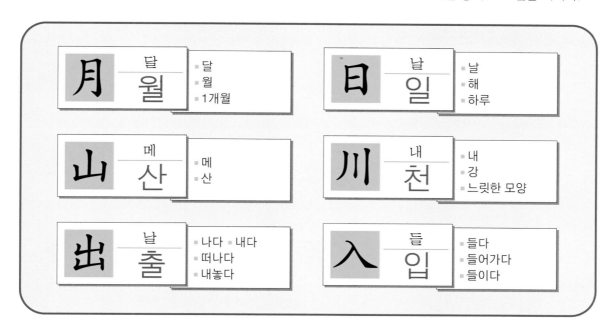

月	달 월	■ 달 ■ 월 ■ 1개월
日	날 일	■ 날 ■ 해 ■ 하루
山	메 산	■ 메 ■ 산
川	내 천	■ 내 ■ 강 ■ 느릿한 모양
出	날 출	■ 나다 ■ 내다 ■ 떠나다 ■ 내놓다
入	들 입	■ 들다 ■ 들어가다 ■ 들이다

– 흐리게 나타난 한자어 위에 겹쳐서 쓰고 음을 적어라 –

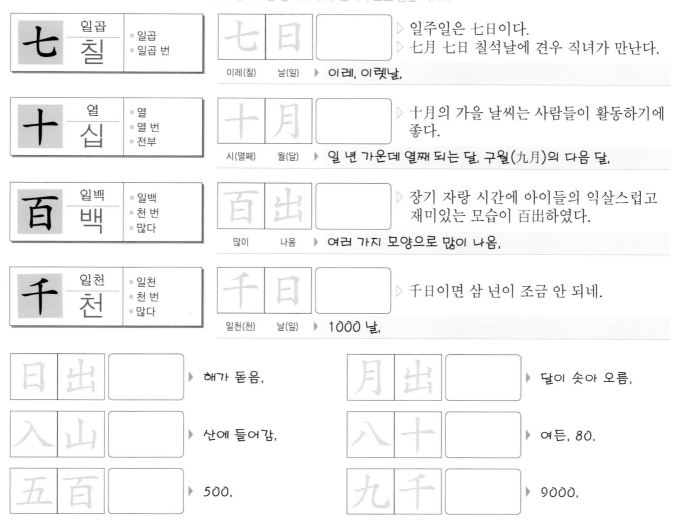

七	일곱 칠	■ 일곱 ■ 일곱 번

七	日	

이레(칠)　날(일) ▶ 이레, 이렛날.

▷ 일주일은 七日이다.
▷ 七月 七日 칠석날에 견우 직녀가 만난다.

| 十 | 열
십 | ■ 열
■ 열 번
■ 전부 |

| 十 | 月 | |

시(열째)　월(달) ▶ 일 년 가운데 열째 되는 달. 구월(九月)의 다음 달.

▷ 十月의 가을 날씨는 사람들이 활동하기에 좋다.

| 百 | 일백
백 | ■ 일백
■ 천 번
■ 많다 |

| 百 | 出 | |

많이　나옴 ▶ 여러 가지 모양으로 많이 나옴.

▷ 장기 자랑 시간에 아이들의 익살스럽고 재미있는 모습이 百出하였다.

| 千 | 일천
천 | ■ 일천
■ 천 번
■ 많다 |

| 千 | 日 | |

일천(천)　날(일) ▶ 1000 날.

▷ 千日이면 삼 년이 조금 안 되네.

| 日 | 出 | | ▶ 해가 돋음.
| 入 | 山 | | ▶ 산에 들어감.
| 五 | 百 | | ▶ 500.

| 月 | 出 | | ▶ 달이 솟아 오름.
| 八 | 十 | | ▶ 여든, 80.
| 九 | 千 | | ▶ 9000.

 **알아보기**

■ 한자어와 한자어를 이루는 개별 한자의 뜻을 알아보자.
■ 아래 한자어의 음을 적고 그 뜻을 생각하며 글을 읽어 보자.
■ 공부할 한자의 뜻을 알아보고 필순에 따라 바르게 써 보자.

人口 [　　] ▶ 일정한 지역 안에 사는 사람의 총 수.

「 태어나는 사람 수가 죽는 사람 수보다
많으면 人口 가 늘어나게 된다.
요즈음에는 의학이 발달하고 생활이
향상되어 사람들의 평균 수명이
길어지고 있다. 물론, 요즈음에는
아이를 적게 낳으니까 人口 가
늘어나는 비율은 옛날보다
낮아지고 있다. 」

* 향상: 실력, 수준, 기술 따위가 나아짐. 또는 나아지게 함. * 수명: 생물이 살아 있는 연한(정해지거나 지나간 햇수).

〉은 서 있는 사람을 옆에서 본 모습이다. 나중에 벌리고 선 두 다리의 모습으로 변하였다. 〈사람〉을 의미한다.

[새김] ▪사람 ▪백성

〓는 사람의 입이 벌어진 모습이다. 〈입〉을 의미한다. 그러나 다른 글자 속에 든 'ㅁ'꼴의 모양이 모두 '입'을 의미하는 것은 아니며 '물건'이나 '장소' 등을 의미하기도 한다.

[새김] ▪입 ▪구멍 ▪어귀 ▪말하다

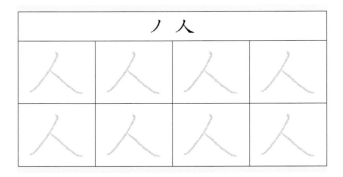

ノ人			
人	人	人	人
人	人	人	人

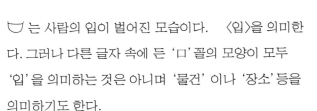

丨冂口			
口	口	口	口
口	口	口	口

大小 [   ] ▶ 사물의 큼과 작음.

「 두 수 3876과 3884의 大小 를 비교하려면, 먼저 천의 자리끼리 비교하니, 크기가 같으므로 다음에는 백의 자리끼리 비교한다. 그래도 같으므로, 다음에는 십의 자리를 비교해서 70 보다는 80이 더 크므로 3876보다 3884가 더 크다는 것을 알 수 있다. 」

* 비교: 둘 이상의 것을 견주어 서로 간의 유사점(서로 비슷한 점), 차이점(서로 같지 아니하고 다른 점) 등을 살피는 것.

大 는 사람이 팔과 다리를 벌리고 당당하게 서 있는 모습이다. 크다는 것은 따로 형상이 없기 때문에 떡 버티고 선 사람의 크고 당당한 모습으로 〈크다〉를 의미하였다.

새김 ▪ 크다 ▪ 높다 ▪ 훌륭하다

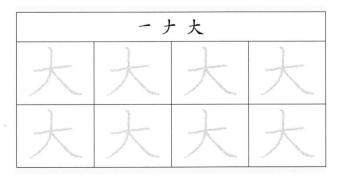

一 ナ 大

小 는 작은 모래알이나 낱알을 나타내는 세 개의 점이다. 나중에 小 로 변하였다. 〈작은 것〉을 의미한다.

새김 ▪ 작다 ▪ 적다 ▪ 조금

亅 小 小

27

알아보기

上下 ⬜ ▶ 위와 아래, 높고 낮음.

「 우리는 어느덧 소청봉에 올랐다.
청봉은 上下 두 봉우리로 되어 있는데,
그 높이는 별로 차이가 나지 않는다.
소청봉도 청봉이라며 그냥 내려가자는
사람이 있었지만, 그것은 매우
섭섭한 말이었다.
설악의 최고봉인 대청봉을
눈앞에 두고, 어찌 그냥
내려갈 수가 있겠는가! 」

* 최고봉: 어느 지방이나 산맥 가운데 가장 높은 봉우리. 어떤 분야에서 가장 높은 수준.

一은 어떤 위치나 기준이 되는 선(一)과 그 위쪽을 가리키는 작은 선(－)으로 이루어졌다. 나중에 '二(두 이)'와 구별하기 위해 모양이 변화되었다. 〈위〉를 의미한다.

[새김] ▪ 위 ▪ 올리다 ▪ 앞

一는 어떤 위치나 기준이 되는 선(一)과 그 아래쪽을 가리키는 작은 선(－)으로 이루어졌다. 〈아래〉를 의미한다.

[새김] ▪ 아래 ▪ 내리다 ▪ 뒤

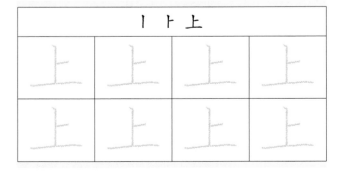

丨 上 上

一 丅 下

새기고 익히기

■ 공부할 한자와 그들로 이루어진 한자어의 뜻을 새기고 익히자.
■ 한자의 뜻을 연결하여 한자어의 뜻을 생각해 보자.
■ 한자어의 뜻을 알고 예문을 통해 그 쓰임을 익히자.

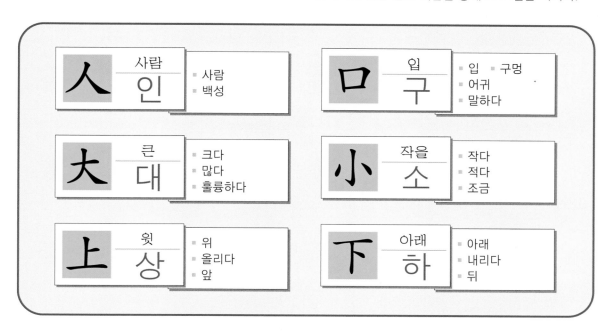

人 사람 인	■ 사람 ■ 백성	口 입 구	■ 입 ■ 구멍 ■ 어귀 ■ 말하다
大 큰 대	■ 크다 ■ 많다 ■ 훌륭하다	小 작을 소	■ 작다 ■ 적다 ■ 조금
上 윗 상	■ 위 ■ 올리다 ■ 앞	下 아래 하	■ 아래 ■ 내리다 ■ 뒤

– 흐리게 나타난 한자어 위에 겹쳐서 쓰고 음을 적어라 –

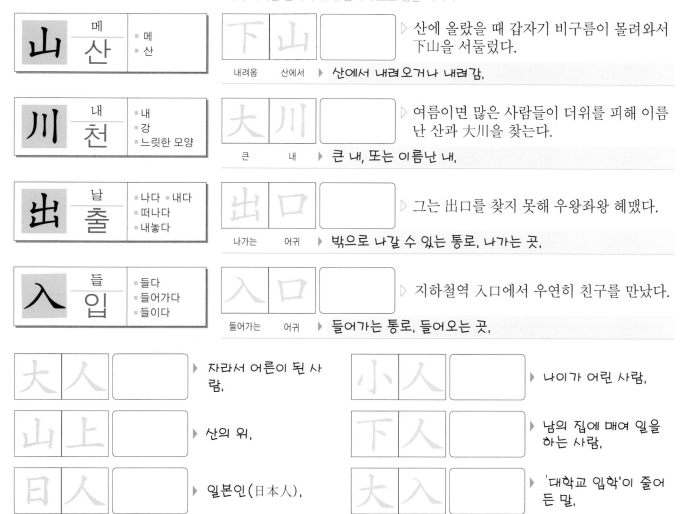

山 메 산	■ 메 ■ 산

下山 [ ] ▷ 산에 올랐을 때 갑자기 비구름이 몰려와서 下山을 서둘렀다.
내려옴   산에서 ▶ 산에서 내려오거나 내려감.

川 내 천	■ 내 ■ 강 ■ 느릿한 모양

大川 [ ] ▷ 여름이면 많은 사람들이 더위를 피해 이름난 산과 大川을 찾는다.
큰   내 ▶ 큰 내, 또는 이름난 내.

出 날 출	■ 나다 ■ 내다 ■ 떠나다 ■ 내놓다

出口 [ ] ▷ 그는 出口를 찾지 못해 우왕좌왕 헤맸다.
나가는   어귀 ▶ 밖으로 나갈 수 있는 통로, 나가는 곳.

入 들 입	■ 들다 ■ 들어가다 ■ 들이다

入口 [ ] ▷ 지하철역 入口에서 우연히 친구를 만났다.
들어가는   어귀 ▶ 들어가는 통로, 들어오는 곳.

大人 [ ] ▶ 자라서 어른이 된 사람.

小人 [ ] ▶ 나이가 어린 사람.

山上 [ ] ▶ 산의 위.

下人 [ ] ▶ 남의 집에 매여 일을 하는 사람.

日人 [ ] ▶ 일본인(日本人).

大入 [ ] ▶ '대학교 입학'이 줄어든 말.

29

■ 한자의 음과 훈을 되새기며 필순에 따라 바르게 써 보자.

月 달 월	月(달월)/총 4획
ノ 刀 月 月	
月 月 月 月	

日 날 일	日(날일)/총 4획
丨 冂 日 日	
日 日 日 日	

山 메 산	山(메산)/총 3획
丨 山 山	
山 山 山 山	

川 내 천	川(내천)/총 3획
ノ 刀 川	
川 川 川 川	

出 날 출	凵(위튼입구몸)/총 5획
丨 屮 屮 出 出	
出 出 出 出	

入 들 입	入(들입)/총 2획
ノ 入	
入 入 入 入	

人 사람 인	人(사람인)/총 2획
ノ 人	
人 人 人 人	

口 입 구	口(입구)/총 3획
丨 冂 口	
口 口 口 口	

大 큰 대	大(큰대)/총 3획
一 ナ 大	
大 大 大 大	

小 작을 소	小(작을소)/총 3획
丿 小 小	
小 小 小 小	

上 윗 상	一(한일)/총 3획
丨 卜 上	
上 上 上 上	

下 아래 하	一(한일)/총 3획
一 丁 下	
下 下 下 下	

百 일백 백	白(흰백)/총 6획
一 ア 丙 万 百 百	
百 百 百 百	

千 일천 천	十(열십)/총 3획
ノ 二 千	
千 千 千 千	

■ 공부할 한자의 모양을 살펴보며 음과 훈을 알아보자,

묶음 1-2

음 ■ 한자를 읽는 소리
아래 한자의 음을 찾아 적고 소리내어 읽어 보자.

- 바탕색과 글자색이 같은 것을 찾아 보자 -

훈 ■ 한자의 뜻 새김
한자의 음을 적고 훈과 함께 외어 보자.

中 가운데	央 가운데	天 하늘	才 재주
白 흰	衣 옷	女 여자	王 임금
君 임금	主 주인	先 먼저	生 날

알아보기

■ 한자어와 한자어를 이루는 개별 한자의 뜻을 알아보자.
■ 아래 한자어의 음을 적고 그 뜻을 생각하며 글을 읽어 보자.
■ 공부할 한자의 뜻을 알아보고 필순에 따라 바르게 써 보자.

中央 [　　] ▶ 사방의 중심이 되는 곳, 한가운데.

「 "이 다보탑은 순백색 화강석으로 만들었어,
탑 아랫 부분의 사방에 계단을 만들어
안정감과 예술적 감각을 높이고, 그 위
사방 모퉁이와 中央 에 돌기둥을 세웠어.
그리고 그 위에 납작한 돌을 올려놓고
팔각 난간을 돌렸지."
이모의 설명을 듣고, 다보탑을 자세히
보니, 팔각으로 된 연꽃 모양의 받침인
연화석과 지붕처럼 덮는 돌인 옥개석의
우아한 모습이 눈에 들어왔다. 」

* 우아하다: 고상하고 기품(인격이나 작품 따위에서 드러나는 고상한 품격)이 있으며 아름답다.

은 깃발을 매단 깃대(🇰)가 군대가 진치고 있는 곳의 가운데(○)에 꽂혀 있는 모습이다. 나중에 깃발 모양이 없어지고 둥근원이 각진 모양으로 변하였다.
〈가운데〉를 의미한다.

[새김] ■ 가운데 ■ 안 ■ 속

ㅣ ㅁ ㅁ 中
中	中	中	中
中	中	中	中

은 사람(⼂)이 짐을 양쪽 끝에 매단 장대(⼂)를 어깨에 메고 있는 모습이다. 한 쪽으로 기울지 않도록 균형을 잡아 장대의 중간을 어깨에 올려 놓는 데서, 〈한가운데〉를 의미한다.

[새김] ■ 한가운데 ■ 중간

ㅣ ㅁ ㅁ 央 央
央	央	央	央
央	央	央	央

天才 ☐

▶ 선천적으로 뛰어난 재주를 가진 사람.

「 "어떻게 하면 좋지? 점점 자신이 없어져."
"도대체 무슨 소리야? 위대한 天才 작곡가
베토벤이 무슨 말을 하고 있는 거야?"
"天才? 자네는 내 심정을 이해 못 해.
내게 남은 것은 절망뿐이야."
"여보게, 용기를 내게, 제발."
"하지만, 어쩌면 좋단 말인가?
귀가 안 들린단 말이야.
점점 더 심해." 」

* 심정: 마음속에 품고 있는 생각이나 감정. * 절망: 바라볼 것이 없게 되어 모든 희망을 끊어 버림. 또는 그런 상태.

은 사람(大)의 머리 위쪽으로 끝없이 퍼져 있는 공간(口)을 나타낸다. 나중에 口 는 가로선으로 변하였다. 〈하늘〉을 의미한다.

[새김] ▪하늘 ▪자연 ▪타고난

一 二 チ 天			
天	天	天	天
天	天	天	天

中 는 초목의 싹(Ψ)이 땅거죽(一)을 뚫고 돋아나옴을 나타낸다.   이처럼 초목의 싹이 스스로 땅거죽을 뚫고 돋아나오는 재능을 지니고 있듯이, 본디 지니고 있는 〈재능〉을 의미한다.

[새김] ▪재주 ▪재능 ▪근본, 바탕

一 十 才			
才	才	才	才
才	才	才	才

알아보기

■ 한자어와 한자어를 이루는 개별 한자의 뜻을 알아보자.
■ 아래 한자어의 음을 적고 그 뜻을 생각하며 글을 읽어 보자.
■ 공부할 한자의 뜻을 알아보고 필순에 따라 바르게 써 보자.

白衣 [ ] ▶ 흰 옷.

「 우리 민족은 아득한 옛날부터 흰 빛깔을
좋아하고 태양을 숭상하여 '白衣 민족'이라
불릴 정도로 흰 옷을 즐겨 입었다.
그 흰 빛깔과 태양을 닮은 꽃이
우리의 나라꽃 무궁화이다.
무궁화는 '白衣 민족'을 상징
하는 흰 꽃잎 바탕에 태양의
빛살처럼 퍼져 나가는 붉은
무늬가 수놓인 꽃이다. 」

* 숭상: 높여 소중히 여김. * 상징: 추상적인 개념(어떤 것에 대한 일반적인 지식)이나 사물을 구체적인 사물로 나타냄.
# 추상적: 일정한 형태와 성질을 갖추고 있지 않은것. # 구체적: 일정한 형태와 성질을 갖추고 있는 것

白은 등불의 불꽃을 나타낸다. 불꽃이 희고 밝은 데
서, 〈희고 밝음〉를 의미한다.

衣 는 윗옷의 옷깃 모습이다. 〈옷〉를 의미한다.

[새김] ▪희다 ▪밝다 ▪비다 ▪깨끗하다 ▪술잔

ノ ′ ′ 白 白			
白	白	白	白
白	白	白	白

[새김] ▪옷 ▪입다 ▪행하다

` ㅗ ㅎ 衣 衣 衣			
衣	衣	衣	衣
衣	衣	衣	衣

새기고 익히기

■ 공부할 한자와 그들로 이루어진 한자어의 뜻을 새기고 익히자.
  ■ 한자의 뜻을 연결하여 한자어의 뜻을 생각해 보자.
  ■ 한자어의 뜻을 알고 예문을 통해 그 쓰임을 익히자.

中 가운데 중 ▪ 가운데 ▪ 안, 속 ▪ 사이

央 가운데 앙 ▪ 한가운데 ▪ 중앙

天 하늘 천 ▪ 하늘 ▪ 자연 ▪ 타고난

才 재주 재 ▪ 재주 ▪ 재능 ▪ 바탕

白 흰 백 ▪ 희다 ▪ 밝다 ▪ 비다 ▪ 술잔 ▪ 깨끗하다

衣 옷 의 ▪ 옷 ▪ 입다 ▪ 행하다

– 흐리게 나타난 한자어 위에 겹쳐서 쓰고 음을 적어라 –

人 사람 인 ▪ 사람 ▪ 백성

白人 ▷ 서양 사람들 대부분은 白人이다.
백색 인종인   사람(인) ▶ 백인종에 속하는 사람.

下 아래 하 ▪ 아래 ▪ 내리다 ▪ 뒤

天下 ▷ 天下에 너같은 깍쟁이가 또 있겠니?
하늘   아래 ▶ 하늘 아래 온 세상, 한 나라 전체.

上 윗 상 ▪ 위 ▪ 올리다 ▪ 앞

上衣 ▷ 그는 빨간색 上衣를 입고 있었다.
윗   옷 ▶ 윗옷.

小 작을 소 ▪ 작다 ▪ 적다 ▪ 조금

中小 ▷ 대형 승용차보다 中小형 승용차가 경제적
이라 한다.
중간 정도와 작은 정도 ▶ 규모나 수준 따위가 중간 정도인 것과 그 이하인 것.

月中 ▶ 그달 동안.

山中 ▶ 산 속.

下衣 ▶ 몸의 아랫도리에 입는 옷.

天上 ▶ 하늘 위.

才人 ▶ 재주가 있는 사람.

中天 ▶ 하늘의 한 가운데.

알아보기

■ 한자어와 한자어를 이루는 개별 한자의 뜻을 알아보자.
■ 아래 한자어의 음을 적고 그 뜻을 생각하며 글을 읽어 보자.
■ 공부할 한자의 뜻을 알아보고 필순에 따라 바르게 써 보자.

女王 [　　　] ▶ 여자 임금, 중심적 위치에 있는 여자에게 붙이는 이름.

「 "김초롱이에요. 성이 김이라서 금초롱이라고도 해요.
저는 노래부르기와 율동을 좋아합니다."
새로 전학 온 초롱이의 야무진 인사말을
듣는 순간, 나는 왠지 가슴이 덜컥
내려앉았다. 지금까지 우리 반의
女王 은 나였다. 공부는 물론, 예쁜
얼굴까지 남한테 뒤지지 않았다.
쉬는 시간이 되자, 아이들은
초롱이 주변에 우르르 몰려들었다. 」

* 야무지다: 사람의 성질이나 행동, 생김새 따위가 빈틈이 없이 꽤 단단하고 굳세다.

🦅 는 두 손을 공손하게 모으고 무릎을 꿇어 얌전하게
앉은 여인의 모습이다. 〈여자〉를 의미한다.

[새김] ▪여자, 계집 ▪딸 ▪시집 보내다

く 女 女			
女	女	女	女
女	女	女	女

🪓 은 넓은 날이 달린 커다란 도끼의 모습이다. 옛날에
한 집단을 다스리는 통치자가 힘과 권위의 상징으로 지
니는 것이었다. 한 집단을 다스리는 〈임금〉을 의미한
다.

[새김] ▪임금, 왕 ▪으뜸 ▪크다

一 丁 干 王			
王	王	王	王
王	王	王	王

君主 ☐ ▶ 임금, 나라님.

「 옛날에는 대부분의 나라에서 왕이
나라를 다스리는 **君主** 정치를 하였다.
왕은 절대적인 권한을 가지고 나라를
다스렸다. 마음에 드는 신하를
중요한 자리에 마음대로 앉힐 수
있었고, 마음에 들지 않는 신하
에게는 벌을 줄 수도 있었다.
따라서, 왕의 말은 곧 법이나
다름이 없었다. 」

* 절대적: 아무런 조건이나 제약이 붙지 아니하는 것.   * 권한: 어떤 사람이나 기관의 권리나 권력이 미치는 범위.
# 제약: 어떤 조건을 붙여 제한함.   # 권리: 어떤 일을 행하거나 타인에 대하여 당연히 요구할 수 있는 힘이나 자격.

 은 '말하다'는 뜻인 ㅂ(구)와 지휘봉을 잡고 있는
모습으로 '다스리다'는 뜻인 ⋯ **尹**(윤)을 결합한 것
이다.   〈다스리는 사람〉을 의미한다.

[새김] ▪임금 ▪남편 ▪그대, 자네

ㄱ ㄱ ㅋ 尹 尹 君 君			
君	君	君	君
君	君	君	君

 는 한 곳에 자리 잡아 세워 놓은 등불의 모습이다.
옛날에 한 집안의 중심이 되는 사람이 등불을 곁에 두고
관리하였던 데서, 한 집안의 〈주인〉을 의미한다.

[새김] ▪주인 ▪자신 ▪우두머리 ▪주되다

` ㄴ 十 主 主			
主	主	主	主
主	主	主	主

알아보기

■ 한자어와 한자어를 이루는 개별 한자의 뜻을 알아보자.
■ 아래 한자어의 음을 적고 그 뜻을 생각하며 글을 읽어 보자.
■ 공부할 한자의 뜻을 알아보고 필순에 따라 바르게 써 보자.

先生 ▢ ▶ 교사의 존칭, 학예가 뛰어난 사람의 존칭,

「 어느 가을 날, 퇴계 先生 이 뜰을 거닐다가
담을 넘어 뻗은 이웃집 밤나무에서 떨어진
아람을 주워 담 너머로 던졌다.
이를 본 어떤 사람이
　"떨어진 밤인데, 구태여 돌려
　줄 거야 뭐 있겠습니까?"라고 말했다.
　그러자 퇴계 先生 은 말하였다.
　"아무리 땅에 떨어져 있어도 엄연히
　임자가 있지 않은가?" 」

* 구태여: 일부러 애써. * 엄연히: 어떠한 사실이나 현상이 부인할 수 없을 만큼 뚜렷하게.
# 부인: 어떤 내용이나 사실을 옳거나 그러하다고 인정하지 아니함.

屰 ⇒ 耂 ⇒ 先

屰 은 사람(亻)의 발(ㄥ)이 어느 한 지점(一)보다 앞
서 있는(ㄥ) 모습이다. 　시간적으로나 순서상으로
〈앞섬〉을 의미한다.

[새김] ▪먼저, 미리 ▪앞 ▪앞서다 ▪이전

′ ⺊ ⺊ 牛 牛 先
先　先　先　先
先　先　先　先

㞷 ⇒ 㞷 ⇒ 生

㞷 은 땅(一) 위로 초목의 싹(ㄐ)이 돋아난 모습이다.
〈나서 살아감〉을 의미한다.

[새김] ▪나다 ▪살다 ▪삶 ▪날것 ▪싱싱하다

′ ⺋ 牛 牛 生
生　生　生　生
生　生　生　生

새기고 익히기

■ 공부할 한자와 그들로 이루어진 한자어의 뜻을 새기고 익히자.
■ 한자의 뜻을 연결하여 한자어의 뜻을 생각해 보자.
■ 한자어의 뜻을 알고 예문을 통해 그 쓰임을 익히자.

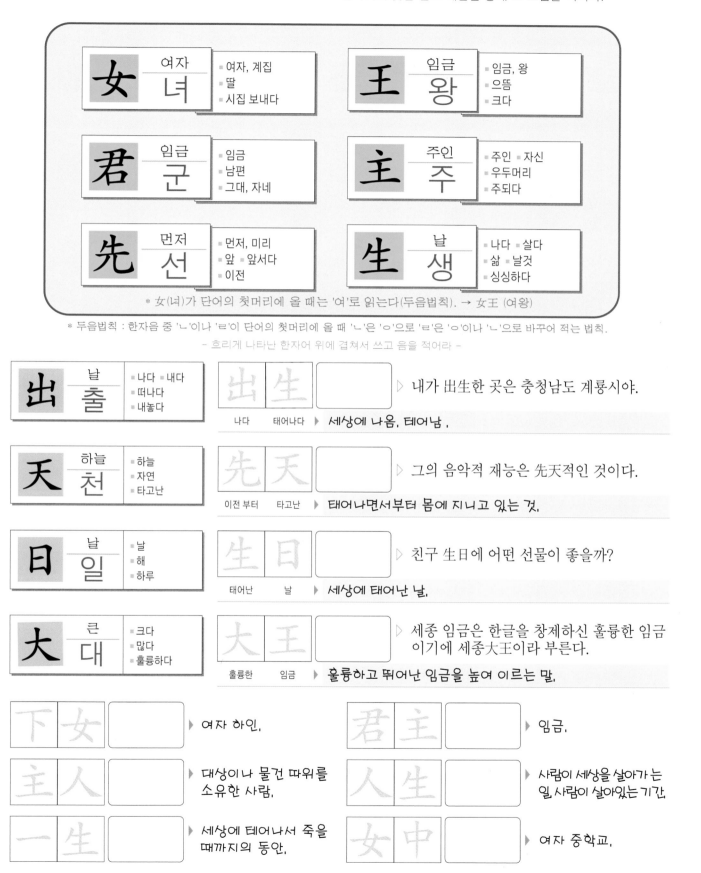

女 여자 녀	■ 여자, 계집 ■ 딸 ■ 시집 보내다	王 임금 왕	■ 임금, 왕 ■ 으뜸 ■ 크다
君 임금 군	■ 임금 ■ 남편 ■ 그대, 자네	主 주인 주	■ 주인 ■ 자신 ■ 우두머리 ■ 주되다
先 먼저 선	■ 먼저, 미리 ■ 앞 ■ 앞서다 ■ 이전	生 날 생	■ 나다 ■ 살다 ■ 삶 ■ 날것 ■ 싱싱하다

* 女(녀)가 단어의 첫머리에 올 때는 '여'로 읽는다(두음법칙). → 女王 (여왕)

* 두음법칙 : 한자음 중 'ㄴ'이나 'ㄹ'이 단어의 첫머리에 올 때 'ㄴ'은 'ㅇ'으로 'ㄹ'은 'ㅇ'이나 'ㄴ'으로 바꾸어 적는 법칙.

– 흐리게 나타난 한자어 위에 겹쳐서 쓰고 음을 적어라 –

出 날 출	■ 나다 ■ 내다 ■ 떠나다 ■ 내놓다	出 生	▷ 내가 出生한 곳은 충청남도 계룡시야.
		나다 태어나다 ▶ 세상에 나옴, 태어남 .	

天 하늘 천	■ 하늘 ■ 자연 ■ 타고난	先 天	▷ 그의 음악적 재능은 先天적인 것이다.
		이전 부터 타고난 ▶ 태어나면서부터 몸에 지니고 있는 것.	

日 날 일	■ 날 ■ 해 ■ 하루	生 日	▷ 친구 生日에 어떤 선물이 좋을까?
		태어난 날 ▶ 세상에 태어난 날.	

大 큰 대	■ 크다 ■ 많다 ■ 훌륭하다	大 王	▷ 세종 임금은 한글을 창제하신 훌륭한 임금이기에 세종大王이라 부른다.
		훌륭한 임금 ▶ 훌륭하고 뛰어난 임금을 높여 이르는 말.	

下 女	▷ 여자 하인.	君 主	▷ 임금.
主 人	▷ 대상이나 물건 따위를 소유한 사람.	人 生	▷ 사람이 세상을 살아가는 일. 사람이 살아있는 기간.
一 生	▷ 세상에 태어나서 죽을 때까지의 동안.	女 中	▷ 여자 중학교.

39

한자성어

한자성어는 옛날에 있었던 일들에서 비롯하였거나
고전 문학 작품 등에서 나온 것,
그리고 생활 속에서 생겨나 쓰이게 된 말입니다.
그 속에는 우리보다 앞서 살았던 사람들의
지혜와 가르침이 담겨 있습니다.

한자성어를 공부하여 그 하나하나에 담긴 의미를 알게 되면
많은 지혜와 교훈을 얻을 수 있습니다.
그리고 우리가 일상 생활에서 말을 할 때나 글을 쓸 때에도
말하고자 하는 뜻이 담긴 단 한 마디 말로
백 마디의 말을 대신할 수 있습니다.

한자성어는 '어부지리(漁夫之利)', '작심삼일(作心三日)'과 같이
네 글자로 된 것이 대부분이지만,
'조장(助長)', '등용문(登龍門)' 처럼 두 글자, 세 글자인 것도,
'오십보백보(五十步白步)' , '동가식서가숙(東家食西家宿)'처럼
다섯 글자 이상으로 된 것도 있습니다.

■ 한자성어의 음을 적고 그에 담긴 의미와 적절한 쓰임을 익혀보자.

三	三	五	五

▶ 서너 사람 또는 대여섯 사람이 떼를 지어 다니거나 무슨 일을 함, 또는 그런 모양.

▷ 학교 운동장 나무 그늘 아래 아이들이 三三五五 모여 앉아 재잘거리고 있었다.

十	中	八	九

▶ 열 가운데 여덟이나 아홉 정도로 거의 대부분이거나 거의 틀림없음.

▷ 내가 생각하기에 그 소문은 十中八九 사실이 아닐 것이다.

三	日	天	下

▶ 사흘 간의 천하라는 뜻으로 어떤 지위나 상태가 오래 지속되지 못하고 극히 짧은 동안에 끝이 남을 비유.

▷ 재검표 결과 당락이 뒤바뀌게 되어 국회의원이 되고자 한 그의 꿈은 결국 三日天下로 끝나게 되었다.

· 삼삼오오 · 십중팔구 · 삼일천하

더 살펴 익히기

■ 같은 한자로 이루어진 두 한자어의 뜻 차이를 알아보고, 짧은 글의 ( ) 안에 알맞은 한자어의 음을 써 넣어라.

■ 人才 : 재주가 아주 뛰어난 사람.

■ 才人 : 재주가 있는 사람.

- 그는 이름난 줄타기 ( )이다.

- 우리나라 축구를 이끌어갈 ( ) 발굴.

■ 年少 : 나이가 젊음. 또는 나이가 어림.

■ 少年 : 아직 완전히 성숙하지 아니한 어린 사내아이.

- 동생은 나보다 세살 ( )이다.

- 사춘기 ( )들에게서 나타나는 행동.

■ [出]과 상대되는 뜻을 지닌 한자에 ○표 하여라. ⇨ [人 · 下 · 入 · 口]

■ [小]와 상대되는 뜻을 지닌 한자에 ○표 하여라. ⇨ [上 · 中 · 生 · 大]

■ [中]과 비슷한 뜻을 지닌 한자에 ○표 하여라. ⇨ [山 · 白 · 口 · 央]

■ [下]와 상대되는 뜻을 지닌 한자에 ○표 하여라. ⇨ [上 · 天 · 月 · 主]

■ [君]과 비슷한 뜻을 지닌 한자에 ○표 하여라. ⇨ [大 · 先 · 王 · 才]

한자 접두사   ☞ 어떤 단어의 앞에 붙어 새로운 단어가 되게 하는 말.

■ 生~ : '산채로', '날것', '다루지 않음'의 뜻. ⇨ 생(生)이별 · 생(生)트집 · 생(生)사람

■ 小~ : '작은'의 뜻. ⇨ 소(小)도구 · 소(小)규모 · 소(小)포장

■ 王~ : '아주 큼'을 뜻함. ⇨ 왕(王)만두 · 왕(王)소금 · 왕(王)방울

한자 접미사   ☞ 어떤 단어의 뒤에 붙어 새로운 단어가 되게 하는 말.

■ ~口 : '드나드는 곳', '뚫린 구멍'의 뜻. ⇨ 출입구(口) · 환기구(口) · 배출구(口)

■ ~上 : '~에서', '~ 하는데 있어서'의 뜻. ⇨ 형편상(上) · 절차상(上) · 역사상(上)

■ ~王 : '그것을 아주 잘함'의 뜻. ⇨ 발명왕(王) · 홈런왕(王) · 저축왕(王)

■ 한자의 음과 훈을 되새기며 필순에 따라 바르게 써 보자.

中	가운데 중		(뚫을곤)/총 4획
央	가운데 앙	大(큰대)/총 5획
天	하늘 천	大(큰대)/총 4획
才	재주 재	才(재방변)/총 3획
白	흰 백	白(흰백)/총 5획
衣	옷 의	衣(옷의)/총 6획
女	여자 녀. 여	女(계집녀)/총 3획
王	임금 왕	玉→王(구슬옥변)/총 4획
君	임금 군	口(입구)/총 획
主	주인 주	、(점주)/총 5획
先	먼저 선	儿(어진사람인발)/총 6획
生	날 생	生(날생)/총 5획
出	날 출	凵(위튼입구몸)/총 5획
入	들 입	入(들입)/총 2획

묶음 1-3

음 ■ 한자를 읽는 소리
아래 한자의 음을 찾아 적고 소리내어 읽어 보자.

– 바탕색과 글자색이 같은 것을 찾아 보자 –

훈 ■ 한자의 뜻 새김
한자의 음을 적고 훈과 함께 외어 보자.

巨 클	木 나무	門 문	戶 집
玉 옥	石 돌	水 물	力 힘
火 불	星 별	光 빛	明 밝을

알아보기

■ 한자어와 한자어를 이루는 개별 한자의 뜻을 알아보자.
■ 아래 한자어의 음을 적고 그 뜻을 생각하며 글을 읽어 보자.
■ 공부할 한자의 뜻을 알아보고 필순에 따라 바르게 써 보자.

巨木 [　　] ▶ 굵고 큰 나무.

「 이 마을에는 수백 년 동안 묵묵히
마을을 지켜 오며, 무성한 가지와 잎으로
그늘을 드리우고 있는 巨木이 한 그루
서 있습니다. 여름이면 시원한
그늘을 만들어 주어, 마을
사람들이 이 느티나무 밑에서
마을 일도 의논하고 더위도
식히곤 합니다. 」

* 묵묵히: 말없이 잠잠하게. * 무성하다: 풀이나 나무 따위가 자라서 우거져 있다.

는 사람(大)이 큰 건축 일을 할 때 쓰는 'ㄱ'자 모양
의 자인 곱자(工)를 들고 있는 모습이다. 일이나 물건
의 규모가〈큼〉을 의미한다.

[새김] ▪ 크다 ▪ 많다 ▪ 거칠다

一 厂 厅 巨 巨
巨	巨	巨	巨
巨	巨	巨	巨

은 가지를 위로 벋고 아래로 뿌리를 벋은 나무의 모
습이다. 〈나무〉를 의미한다. 또, 나무들이 서로 가까
이 붙어 서 있는 데서〈다닥치다(서로 마주쳐 닿거나 부딪
치다)〉는 뜻도 지닌다

[새김] ▪ 나무 ▪ 목재 ▪ 나무로 만든 ▪ 다닥치다

一 十 才 木
木	木	木	木
木	木	木	木

門户 [＿＿＿] ▶ 출입하는 문, 출입구가 되는 긴요한 곳.

「 우리나라가 門户를 열게 된 약 100여 년 전부터
외국의 새로운 문물이 전해지면서 학교도 새로운
모습으로 바뀌기 시작하였다.
신식 학교에서는 공부하는
방법도 옛날 학교와는 달랐고,
여자들도 학교에 다니며
공부할 수 있게 되었다. 」

* 문물: 문화의 산물. 곧 정치, 경제, 종교, 예술, 법률 따위의 문화에 관한 모든 것을 통틀어 이르는 말이다.
\# 산물: 어떤 것에 의하여 생겨나는 사물(일과 물건을 아울러 이르는말)이나 현상을 비유적으로 이르는말.

門門門

門은 두 짝 문의 모습이다.   집의 안으로 들어가는 대
문과 같은 〈문〉을 의미한다. 문이 지닌 기능(안으로 들어
가는)과 역할에 의해 그 의미가 넓혀져 〈분야〉, 〈배움터〉
등을 의미한다.

[새김] ▪문 ▪집안 ▪분야 ▪배움터

			ㅣ ㄏ ㄏ ㄏ ㄏ 門 門 門			
門	門	門	門
門	門	門	門

月 户 户

月는 여닫이로 된 외짝 문의 모습이다.   방이나 집의
출입구에 달아 놓은 '지게문'으로, 〈방〉, 〈집〉을 의미한
다.

[새김] ▪집 ▪가구 ▪출입문 ▪지게문

			` ` ` 户			
户	户	户	户
户	户	户	户

알아보기

■ 한자어와 한자어를 이루는 개별 한자의 뜻을 알아보자.
- 아래 한자어의 음을 적고 그 뜻을 생각하며 글을 읽어 보자.
- 공부할 한자의 뜻을 알아보고 필순에 따라 바르게 써 보자.

玉石 [   ]

▸ 옥과 돌이라는 뜻으로, 좋은 것과 나쁜 것을 구분함을 이르는 말.

「 우리는 텔레비전을 통하여, 나라 안팎에서 생긴 일을 볼 수 있고, 세계 여러 곳을 여행할 수도 있으며, 지식도 얻을 수 있다. 그렇다고 하여 우리가 지나치게 가까이하게 되면, 우리도 모르는 사이에 해로운 친구가 되어 버리는 것이 텔레비전이다. 그러므로 프로그램의 내용을 보고 玉石을 가려서 시청하는 습관이 필요하다. 」

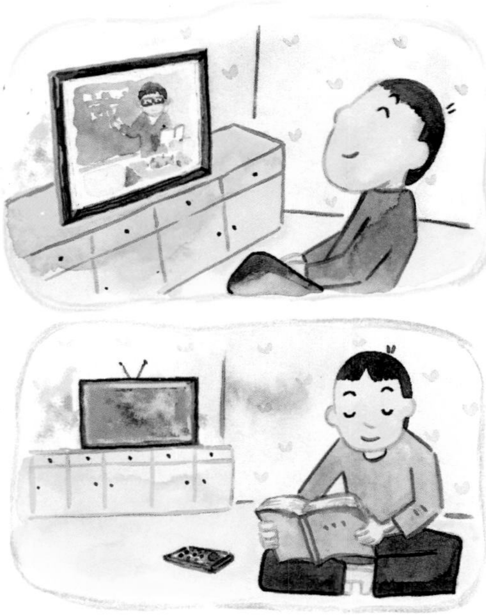

* 시청: 눈으로 보고 귀로 들음.

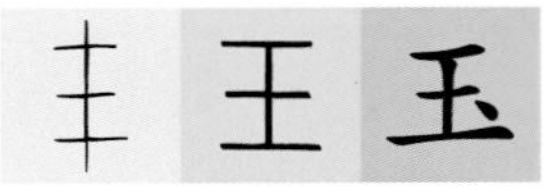

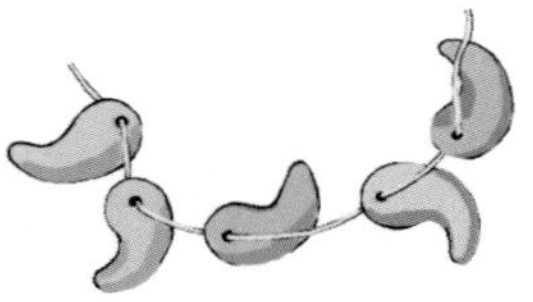

丰 옥으로 만든 구슬(三)을 끈(|)에 꿴 모습이다. 빛깔이 곱고 결이 아름다워 소중하게 여기는 〈옥〉을 의미한다. 예로부터 중국인들은 옥을 귀하게 여겼다.

새김 ▪ 옥 ▪ 아름답다 ▪ 소중히 하다

一 丅 干 王 玉			
玉	玉	玉	玉
玉	玉	玉	玉

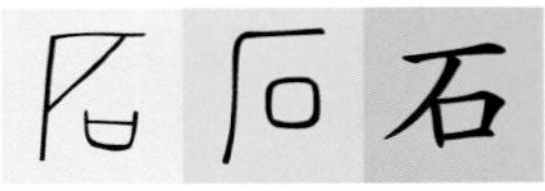

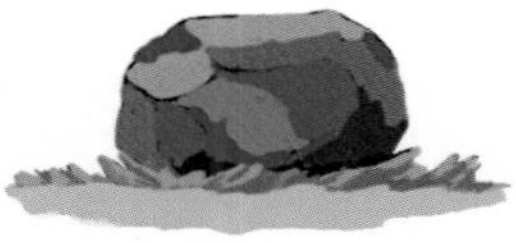

은 경쇠(厂)를 만드는 돌덩이(ㅂ)를 나타낸다. 돌악기인 편경에 경쇠를 매달아 뿔망치로 쳐 소리를 내는데 두께에 따라 나는 소리가 다르다. 굳고 단단한 〈돌〉을 의미한다. 무게나 용량의 단위로도 쓰인다.

새김 ▪ 돌 ▪ 굳다 ▪ 섬(10말)

一 ア 不 石 石			
石	石	石	石
石	石	石	石

새기고 익히기

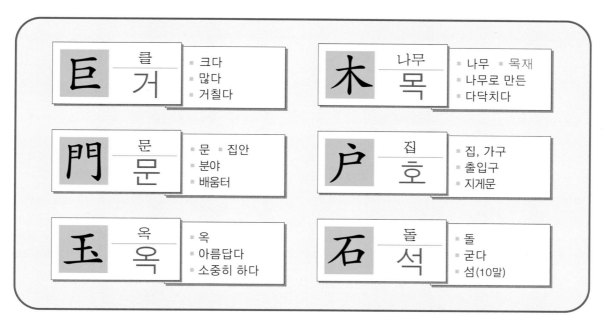

■ 공부할 한자와 그들로 이루어진 한자어의 뜻을 새기고 익히자.
- 한자의 뜻을 연결하여 한자어의 뜻을 생각해 보자.
- 한자어의 뜻을 알고 예문을 통해 그 쓰임을 익히자.

巨	클 거	■ 크다 ■ 많다 ■ 거칠다

| 木 | 나무 목 | ■ 나무 ■ 목재 ■ 나무로 만든 ■ 다닥치다 |

| 門 | 문 문 | ■ 문 ■ 집안 ■ 분야 ■ 배움터 |

| 戶 | 집 호 | ■ 집, 가구 ■ 출입구 ■ 지게문 |

| 玉 | 옥 옥 | ■ 옥 ■ 아름답다 ■ 소중히 하다 |

| 石 | 돌 석 | ■ 돌 ■ 굳다 ■ 섬(10말) |

– 흐리게 나타난 한자어 위에 겹쳐서 쓰고 음을 적어라 –

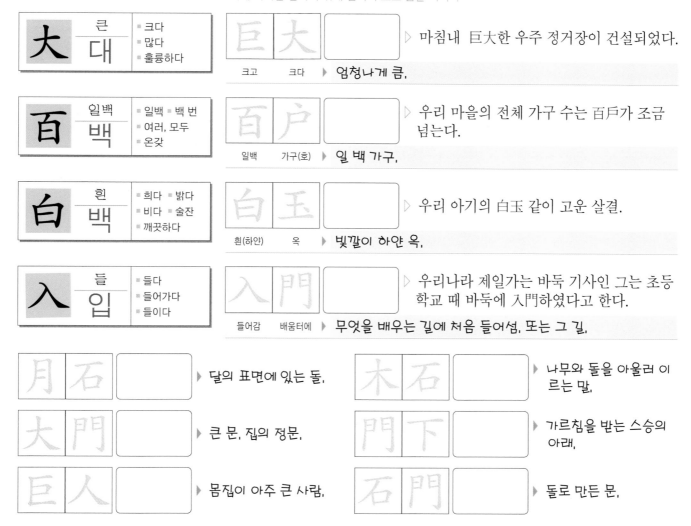

| 大 | 큰 대 | ■ 크다 ■ 많다 ■ 훌륭하다 |

巨大 [   ]
크고   크다 ▶ 엄청나게 큼.
▷ 마침내 巨大한 우주 정거장이 건설되었다.

| 百 | 일백 백 | ■ 일백 ■ 백 번 ■ 여러, 모두 ■ 온갖 |

百戶 [   ]
일백   가구(호) ▶ 일 백 가구.
▷ 우리 마을의 전체 가구 수는 百戶가 조금 넘는다.

| 白 | 흰 백 | ■ 희다 ■ 밝다 ■ 비다 ■ 술잔 ■ 깨끗하다 |

白玉 [   ]
흰(하얀)   옥 ▶ 빛깔이 하얀 옥.
▷ 우리 아기의 白玉 같이 고운 살결.

| 入 | 들 입 | ■ 들다 ■ 들어가다 ■ 들이다 |

入門 [   ]
들어감   배움터에 ▶ 무엇을 배우는 길에 처음 들어섬. 또는 그 길.
▷ 우리나라 제일가는 바둑 기사인 그는 초등학교 때 바둑에 入門하였다고 한다.

月石 [   ] ▶ 달의 표면에 있는 돌.

大門 [   ] ▶ 큰 문. 집의 정문.

巨人 [   ] ▶ 몸집이 아주 큰 사람.

木石 [   ] ▶ 나무와 돌을 아울러 이르는 말.

門下 [   ] ▶ 가르침을 받는 스승의 아래.

石門 [   ] ▶ 돌로 만든 문.

알아보기

■ 한자어와 한자어를 이루는 개별 한자의 뜻을 알아보자.
■ 아래 한자어의 음을 적고 그 뜻을 생각하며 글을 읽어 보자.
■ 공부할 한자의 뜻을 알아보고 필순에 따라 바르게 써 보자.

水力 [　　　] ▶ 물의 힘.

「 전기를 만드는 방법에는 화력에 의한 것,
水力에 의한 것, 원자력에 의한 것, 태양광이나
풍력 등에 의한 것이 있다.
우리나라는 현재 대부분 화력과
원자력으로 전기를 생산하고
있으나, 지구 온난화 위기를
막기 위하여 태양광, 풍력 같은
자연에너지로 생산하는 전기를
빠르게 늘려가고 있다. 」

* 태양광: 태양의 빛. * 풍력: 동력(움직이게 하는 힘)으로서의 바람의 힘. * 온난화: 지구의 기온이 높아지는 현상.

川는 물길을 따라 흘러가는 물의 모습이다. 〈물〉을
의미한다.

새김 ▪물 ▪강물, 냇물 ▪평평하다

丿 刀 水 水
水	水	水	水
水	水	水	水

丿은 밭을 가는 농기구인 쟁기의 모습이다. 옛날에
가축의 힘을 이용하기 전에는 사람이 힘을 써서 쟁기로
밭을 갈았기에 쟁기로써 〈힘〉을 의미하였다.

새김 ▪힘 ▪힘쓰다 ▪일꾼

丁 力
力	力	力	力
力	力	力	力

火星

▶ 태양계의 행성의 하나.

「 火星 을 자세히 살펴보면, 북극과 남극 근처에
흰 천으로 만든 모자 같은 것이 보인다.
계절에 따라 그 모양과 크기가
바뀌는데, 이를 극관이라고 한다.
극관은 흰 눈이나 서리 같은 것이
얇게 극지를 뒤덮고 있어 생긴다.
이로 보아, 火星 에는 약간이나마
물이 있는 것으로 추측된다. 」

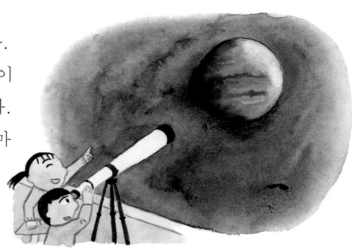

* 극지: 맨 끝에 있는 땅. * 추측: 미루어 생각하여 헤아림.

火

는 활활 타오르는 불꽃의 모습이다. 〈불〉을 의미
한다.

새김 ■ 불 ■ 타다 ■ 급하다

ヽ	ソ	少	火
火	火	火	火
火	火	火	火

星

은 '나오다'는 뜻인 ♈ ⋯▶ 生(생)과 '수정', '빛나
다'는 뜻인 ○ ⋯▶ 晶(정)을 결합한 것이다. 나중에 晶은
줄어서 日(일)이 되었다. 밤하늘에 나와 반짝이며 빛
나는 〈별〉을 의미한다.

새김 ■ 별 ■ 해, 세월 ■ 천문

١	口	日	日	尸	戸	星	星	星
星		星		星		星		
星		星		星		星		

■ 한자어와 한자어를 이루는 개별 한자의 뜻을 알아보자.
■ 아래 한자어의 음을 적고 그 뜻을 생각하며 글을 읽어 보자.
■ 공부할 한자의 뜻을 알아보고 필순에 따라 바르게 써 보자.

光明 [ ] ▶ 밝고 환함. 또는 밝은 미래나 희망을 상징하는 밝고 환한 빛.

「 "스님. 눈만 뜰 수 있다면 삼천 석이라도 내겠소."
"헛약속은 안 됩니다. 그러면 벌을 받지요."
"감히 부처님께 거짓말을 하겠소?"
"꼭 약속을 지키시고 지성으로
불공을 드리면 틀림없이 光明 한
세상을 보시게 될 것입니다."
화주승이 사라지자 한참을 앉아
있던 심 봉사, 자리에서 일어나다가
그 자리에 풀썩 주저앉아 흐느낀다.
"아이고, 내가 망령이 들었지" 」

* 지성: 지극한(더할 나위 없는) 정성. * 망령: 늙거나 정신이 흐려서 말이나 행동이 정상을 벗어남. 또는 그런 상태.

은 사람( )이 불( )을 밝힘을 뜻한다. 밝혀 놓은 불에서 비치는 〈빛〉을 의미한다.

은 '해'를 뜻하는 日과 '달'을 뜻하는
月을 결합한 것이다. 밝은 해와 달이 낮과 밤을 밝히는 데서, 〈밝음〉을 의미한다.

[새김] ▪ 빛 ▪ 빛나다 ▪ 윤기

ㅣ ㅣ ㅣ ㅺ ㅽ ㅾ 光

[새김] ▪ 밝다 ▪ 밝히다 ▪ 확실하게

ㅣ 冂 日 日 旫 明 明 明

새기고 익히기

■ 공부할 한자와 그들로 이루어진 한자어의 뜻을 새기고 익히자.
■ 한자의 뜻을 연결하여 한자어의 뜻을 생각해 보자.
■ 한자어의 뜻을 알고 예문을 통해 그 쓰임을 익히자.

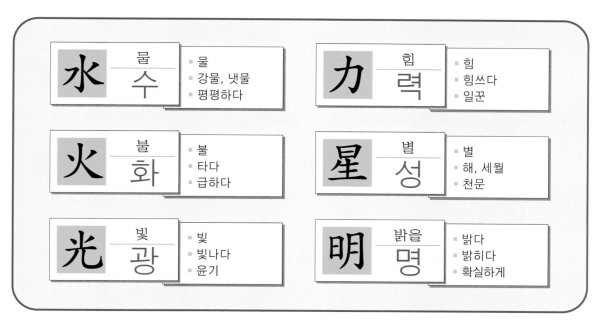

水 물 수
■ 물
■ 강물, 냇물
■ 평평하다

力 힘 력
■ 힘
■ 힘쓰다
■ 일꾼

火 불 화
■ 불
■ 타다
■ 급하다

星 별 성
■ 별
■ 해, 세월
■ 천문

光 빛 광
■ 빛
■ 빛나다
■ 윤기

明 밝을 명
■ 밝다
■ 밝히다
■ 확실하게

– 흐리게 나타난 한자어 위에 겹쳐서 쓰고 음을 적어라 –

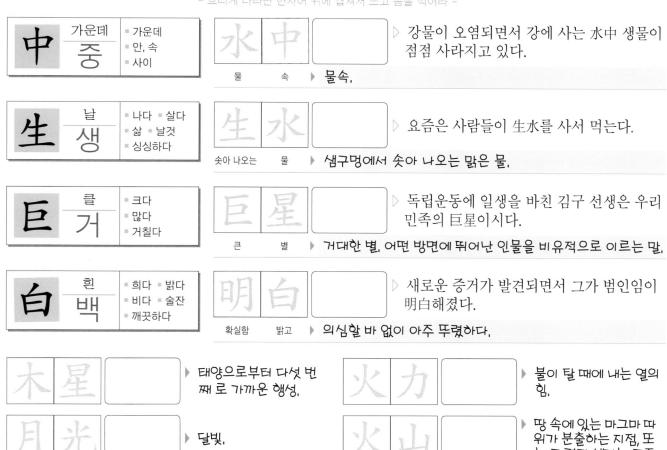

中 가운데 중
■ 가운데
■ 안, 속
■ 사이

水中
물   속 ▷ 물속.
▷ 강물이 오염되면서 강에 사는 水中 생물이 점점 사라지고 있다.

生 날 생
■ 나다 ■ 살다
■ 삶 ■ 날것
■ 싱싱하다

生水
솟아 나오는   물 ▷ 샘구멍에서 솟아 나오는 맑은 물.
▷ 요즘은 사람들이 生水를 사서 먹는다.

巨 클 거
■ 크다
■ 많다
■ 거칠다

巨星
큰   별 ▷ 거대한 별, 어떤 방면에 뛰어난 인물을 비유적으로 이르는 말.
▷ 독립운동에 일생을 바친 김구 선생은 우리 민족의 巨星이시다.

白 흰 백
■ 희다 ■ 밝다
■ 비다 ■ 술잔
■ 깨끗하다

明白
확실함   밝고 ▷ 의심할 바 없이 아주 뚜렷하다.
▷ 새로운 증거가 발견되면서 그가 범인임이 明白해졌다.

木星
▷ 태양으로부터 다섯 번째로 가까운 행성.

月光
▷ 달빛.

入力
▷ 문자나 숫자를 컴퓨터가 기억하게 하는 일.

火力
▷ 불이 탈 때에 내는 열의 힘.

火山
▷ 땅 속에 있는 마그마 따위가 분출하는 지점, 또는 그 결과 생기는 구조.

水門
▷ 물의 흐름을 막거나 유량을 조절하기 위하여 설치한 문.

되새기기

■ 한자의 음과 훈을 되새기며 필순에 따라 바르게 써 보자.

巨 클 거
工(장인공)/총 5획

一 厂 厅 巨 巨

木 나무 목
木(나무목)/총 4획

一 十 才 木

門 문 문
門(문문)/총 8획

丨 冂 冂 冃 冃 門 門 門

戶 집 호
户(지게호)/총 4획

丶 亠 亠 户

玉 옥 옥
玉→王(구슬옥)/총 5획

一 二 干 王 玉

石 돌 석
石(돌석)/총 5획

一 ㄱ 石 石 石

水 물 수
水(물수)/총 4획

丨 刀 水 水

力 힘 력
力(힘력)/총 2획

フ 力

火 불 화
火(불화)/총 4획

丶 丷 少 火

星 별 성
日(날일)/총 9획

丶 冂 口 日 尸 且 早 昇 星

光 빛 광
儿(어진사람인발)/총 6획

丨 丨 丷 屵 屵 光

明 밝을 명
日(날일)/총 8획

丨 冂 月 日 町 明 明 明

衣 옷 의
衣(옷의)/총 획

丶 亠 亠 衣 衣 衣

先 먼저 선
儿(어진사람인발)/총 6획

丿 丆 牛 生 步 先

공부할 한자

■ 공부할 한자의 모양을 살펴보며 음과 훈을 알아보자,

묶음 1-4

음 ■ 한자를 읽는 소리
아래 한자의 음을 찾아 적고 소리내어 읽어 보자.

– 바탕색과 글자색이 같은 것을 찾아 보자 –

훈 ■ 한자의 뜻 새김
한자의 음을 적고 훈과 함께 외어 보자.

方	모	向	향할	合	합할	心	마음

共	한가지	同	한가지	國	나라	家	집

丹	붉을	靑	푸를	片	조각	舟	배

알아보기

■ 한자어와 한자어를 이루는 개별 한자의 뜻을 알아보자.
 ▬ 아래 한자어의 음을 적고 그 뜻을 생각하며 글을 읽어 보자.
 ▬ 공부할 한자의 뜻을 알아보고 필순에 따라 바르게 써 보자.

方向 [　　] ▶ 향하는 쪽, 방위.

「 쇠똥구리가 쇠똥 경단을 잘 굴려 갔다.
가다가 돌에 쇠똥 경단이 걸리자, 뒷다리의
위치를 옮겨서 方向을 바꾸어
돌을 피해 갔다. 자세히 보니,
쇠똥 경단을 한쪽으로만 굴리지
않고 이리저리 方向을 바꾸고
있었다. 方向을 이리저리
바꾸기 때문에 쇠똥덩이가 더욱
동그래지고 단단하게 되었다. 」

* 경단: 찹쌀가루나 찰수수 따위의 가루를 반죽하여 밤톨만 한 크기로 동글동글하게 빚어 만든 떡.

方은 소가 끄는 손잡이가 달린 쟁기의 모습이다.
밭을 깊이 갈기 위해 흙을 갈아엎는 쟁기의 날을 모지게
만들었고 손잡이로 방향을 잡아 나아가는 데서, 〈방위〉,
〈모지다〉를 의미한다.

[새김] ▪ 모, 네모 ▪ 곳 ▪ 방위 ▪ 수단, 방법

向은 집(⌂)에 창구멍(ㅂ)이 나 있는 모습이다.
불을 뗄 때 연기가 빠져나가도록 낸 창인데, 빠져나가는
연기가 창으로 향하는 데서, 〈향하여 나아감〉을 의미한
다.

[새김] ▪ 향하다 ▪ 방향 ▪ 향하여 나가다

	丶 一 方 方		
方	方	方	方
方	方	方	方

	丿 亻 冂 冋 向 向		
向	向	向	向
向	向	向	向

合心 [ ] ▶ 마음을 한데 합함.

「 가정은 사회를 이루는 가장 작은 집단이기
때문에 사회가 건강하려면 가정이 건강해야
한다. 건강한 가정은 가족 간의
유대감이 긴밀한 가정이다.
이런 가정은 가족 구성원들이
서로 사랑하면서 合心하여
어려운 일과 즐거운 일을
함께 나누기 때문에 화목하다. 」

* 유대감: 서로 밀접하게 연결되어 있는 공통된 느낌. * 긴밀하다: 서로의 관계가 매우 가까워 빈틈이 없다.
# 공통되다: 둘 또는 그 이상의 여럿 사이에 두루 통하고 관계되다.

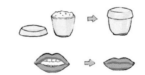

合은 뚜껑(人)과 그릇(ㅂ)이 합쳐진 모습이다.
한데 모아 〈합함〉을 의미한다.

새김 ▪합하다 ▪모으다 ▪맞다

ノ 人 스 今 合 合
合 合 合 合
合 合 合 合

心은 사람의 심장을 나타낸다. 옛 사람들은 생각이나
감정 등의 작용은 우리 몸 가운데에 있는 심장과 관계가
있다고 생각하였다.   심장의 작용인 〈마음〉을 의미한
다.

새김 ▪마음 ▪심장 ▪가운데

′ 心 心 心
心 心 心 心
心 心 心 心

알아보기

■ 한자어와 한자어를 이루는 개별 한자의 뜻을 알아보자.
- 아래 한자어의 음을 적고 그 뜻을 생각하며 글을 읽어 보자.
- 공부할 한자의 뜻을 알아보고 필순에 따라 바르게 써 보자.

共同 [ ]

▸ 둘 이상의 사람이 같은 자격으로 관계를 갖거나 함께 일을 함.

「 학급 공은 반 아이들이 열심히 폐품을 모아 상으로 받은 것으로 반 아이들 모두가 共同으로 사용해야 하는 공입니다. 그런데 상호가 그 공을 독차지하고 있습니다. 상호는 힘이 세고 고집도 세어 만일, 누가 그에게 학급 공을 번갈아 가며 공평하게 사용하자고 말했다가는 싸우려고 덤벼들지도 모릅니다. 」

* 폐품: 못 쓰게 되어 버린 물품. * 공평하다: 어느 쪽으로도 치우치지 않고 고르다.

은 물건(ㅁ)을 여럿이( ) 함께 받쳐 든 모습이다. 여럿이 〈함께함〉을 의미한다.

새김 ▪ 한가지 ▪ 함께하다 ▪ 함께, 같이

一 十 卄 廾 共 共			
共	共	共	共
共	共	共	共

은 '무릇(대체로 보아)', '관습'을 뜻하는 ⋯▸ 凡(범)과 '말'을 뜻하는 ⋯▸ 口(구)를 결합한 것이다. 대체로 보아 함께하는 무리들의 관습이나 말이 〈한가지로 같음〉을 의미한다.

새김 ▪ 한가지 ▪ 무리 ▪ 함께 ▪ 서로 같다

丨 冂 冂 冋 同 同			
同	同	同	同
同	同	同	同

새기고 익히기

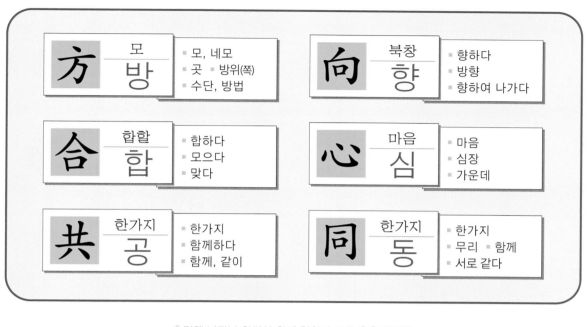

方	모 방	■ 모, 네모 ■ 곳 ■ 방위(쪽) ■ 수단, 방법

向	북창 향	■ 향하다 ■ 방향 ■ 향하여 나가다

合	합할 합	■ 합하다 ■ 모으다 ■ 맞다

心	마음 심	■ 마음 ■ 심장 ■ 가운데

共	한가지 공	■ 한가지 ■ 함께하다 ■ 함께, 같이

同	한가지 동	■ 한가지 ■ 무리 ■ 함께 ■ 서로 같다

– 흐리게 나타난 한자어 위에 겹쳐서 쓰고 음을 적어라 –

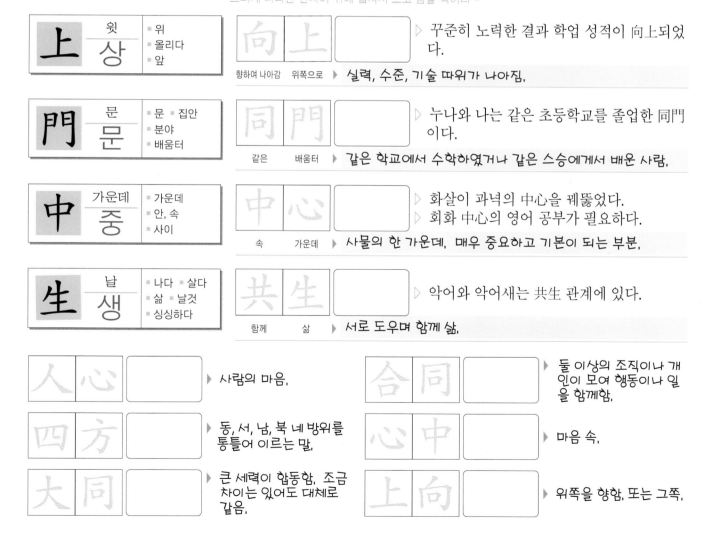

上	윗 상	■ 위 ■ 올리다 ■ 앞

向上 ▷ 꾸준히 노력한 결과 학업 성적이 向上되었다.
향하여 나아감 위쪽으로 ▶ 실력, 수준, 기술 따위가 나아짐.

門	문 문	■ 문 ■ 집안 ■ 분야 ■ 배움터

同門 ▷ 누나와 나는 같은 초등학교를 졸업한 同門이다.
같은 배움터 ▶ 같은 학교에서 수학하였거나 같은 스승에게서 배운 사람.

中	가운데 중	■ 가운데 ■ 안, 속 ■ 사이

中心 ▷ 화살이 과녁의 中心을 꿰뚫었다.
▷ 회화 中心의 영어 공부가 필요하다.
속 가운데 ▶ 사물의 한 가운데, 매우 중요하고 기본이 되는 부분.

生	날 생	■ 나다 ■ 살다 ■ 삶 ■ 날것 ■ 싱싱하다

共生 ▷ 악어와 악어새는 共生 관계에 있다.
함께 삶 ▶ 서로 도우며 함께 삶.

人心 ▶ 사람의 마음.

合同 ▶ 둘 이상의 조직이나 개인이 모여 행동이나 일을 함께함.

四方 ▶ 동, 서, 남, 북 네 방위를 통틀어 이르는 말.

心中 ▶ 마음 속.

大同 ▶ 큰 세력이 합동함, 조금 차이는 있어도 대체로 같음.

上向 ▶ 위쪽을 향함, 또는 그쪽.

알아보기

■ 한자어와 한자어를 이루는 개별 한자의 뜻을 알아보자.
■ 아래 한자어의 음을 적고 그 뜻을 생각하며 글을 읽어 보자.
■ 공부할 한자의 뜻을 알아보고 필순에 따라 바르게 써 보자.

國家 [   ] ■ 나라, 나라의 법적인 호칭.

「 國家 는 국민을 위하여 존재하며 국민을 지켜주는 집이며, 울타리와도 같다. 그리고, 국민이 발전할 수 있는 토대가 된다. 동시에 국민의 노력과 발전이 없이는 國家 의 발전도 기대할 수가 없게 된다. 그러므로 국민은 힘써 나라를 사랑해야 하고, 國家 는 국민들이 안전하고 행복하게 살 수 있도록 지원해야 한다. 」

* 존재: 현실에 실제로 있음. 또는 그런 대상. * 동시: 어떤 사실을 겸함(두 가지 이상을 함께 지님). 같은 때나 시기.

叻 은 혹시 모를 침입에 대비해 무기(戈)를 들고 영토(口)를 지키고 있음을 나타낸다. 나중에 다시 빙 두른경계를 뜻하는 囗 을 결합하였다.   경계지은 영토를 차지하고 있는 〈나라〉를 의미한다.

[새김] ■ 나라, 국가 ■ 세상, 세계

丨	冂	冂	冃	冋	囝	囯	民	國	國	國
國		國		國		國				
國		國		國		國				

宀 는 '집'을 뜻하는 宀 …→ 宀 (면)과 '멧돼지'를 뜻하는 豕 …→ 豕 (시)를 결합한 것이다.   멧돼지는 한 가족이 무리를 이루어 생활하는 특성이 있는데, 이처럼 한 가족을 이루어 생활하는 〈집〉을 의미한다.

[새김] ■ 집 ■ 일가(가족) ■ 집안 ■ 전문가

丶	宀	宀	宁	宁	宁	宇	豕	家	家
家		家		家		家			
家		家		家		家			

丹青

▶ 집의 기둥 천장 같은 데에 여러가지 빛깔로 그린 그림이나 무늬.

「 청색, 적색, 황색, 백색, 흑색 등 다섯 가지 색을 기본으로 하여, 건축물의 벽, 기둥, 천장같은 데에 여러 가지 무늬와 그림을 그려 넣어 장식을 하는 것을 丹青 이라 한다. 우리나라의 옛 건축물에서 丹青 을 볼 수 있는데, 丹青 은 건축물의 아름다움을 돋보이려는 동시에 나무로 된 구조물을 보호하려는 것이다. 」

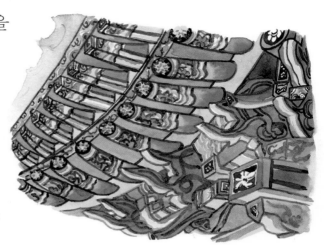

* 장식: 액세서리 따위로 치장함(잘 매만져 곱게 꾸밈). 또는 그 꾸밈새.

曰 은 구덩이(曰)에서 캐내는 색깔을 띠는 광물질(丶)을 나타낸다. 이런 광물질 중에 광택이 나며 안료와 약재로 쓰이는 붉은색을 띠는 단사(丹砂)를 가장 귀하게 여겼다. 〈붉음〉을 의미한다.

새김 ▪붉다 ▪붉게 칠하다 ▪정성스럽다

ノ 几 凡 丹			
丹	丹	丹	丹
丹	丹	丹	丹

青 은 초목이 '싱싱함'을 뜻하는 生⋯生(생)과 '띠는 빛깔'을 뜻하는 曰⋯丹(단)을 결합한 것이다. 싱싱한 초목이 띠는 선명한 〈푸른빛〉을 의미한다.

새김 ▪푸르다 ▪젊다 ▪고요하다

一 十 士 丰 青 青 青 青			
青	青	青	青
青	青	青	青

알아보기

■ 한자어와 한자어를 이루는 개별 한자의 뜻을 알아보자.
■ 아래 한자어의 음을 적고 그 뜻을 생각하며 글을 읽어 보자.
■ 공부할 한자의 뜻을 알아보고 필순에 따라 바르게 써 보자.

片舟 [　　] ▶ 조각배, 작은 배,

「 시골에 살 때, 친구들과 시냇가에서 나뭇잎을
물 위에 띄워 놓고 누구 것이 빨리 가나 내기를
하곤 했던 기억이 난다. 그 때에는
그저 단순히 놀이였지만, 지금
생각해 보면 나뭇잎이 우리의
꿈을 싣고 가는 작은 片舟 라는
생각이 든다. 무언가 작은
소망 하나를 실어 보내는
나뭇잎 조각배. 」

* 단순히: 복잡하지 않고 간단하게. * 소망: 어떤 일을 바람. 또는 그 바라는 것.

𠂆 은 통나무를 세로로 쪼갠 오른쪽 반의 모습이다.
쪼개거나 켜놓은 〈납작한 조각〉을 의미한다.

𦨶 는 나무로 만든 배의 모습이다. 물에 띄워 사람이
나 짐을 실어 나르는 〈배〉를 의미한다.

[새김] ■ 조각 ■ 쪽, 한쪽 ■ 납작한 조각

ノ ノ' ゲ 片			
片	片	片	片
片	片	片	片

[새김] ■ 배 ■ 반(쟁반)

' ノ 丿 月 舟 舟			
舟	舟	舟	舟
舟	舟	舟	舟

새기고 익히기

■ 공부할 한자와 그들로 이루어진 한자어의 뜻을 새기고 익히자.
  ■ 한자의 뜻을 연결하여 한자어의 뜻을 생각해 보자.
  ■ 한자어의 뜻을 알고 예문을 통해 그 쓰임을 익히자.

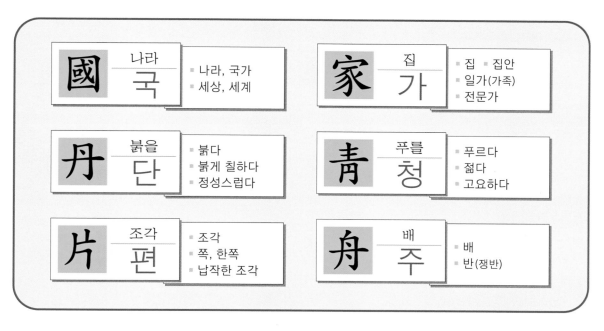

國 나라 국	■ 나라, 국가 ■ 세상, 세계
家 집 가	■ 집 ■ 집안 ■ 일가(가족) ■ 전문가
丹 붉을 단	■ 붉다 ■ 붉게 칠하다 ■ 정성스럽다
靑 푸를 청	■ 푸르다 ■ 젊다 ■ 고요하다
片 조각 편	■ 조각 ■ 쪽, 한쪽 ■ 납작한 조각
舟 배 주	■ 배 ■ 반(쟁반)

– 흐리게 나타난 한자어 위에 겹쳐서 쓰고 음을 적어라 –

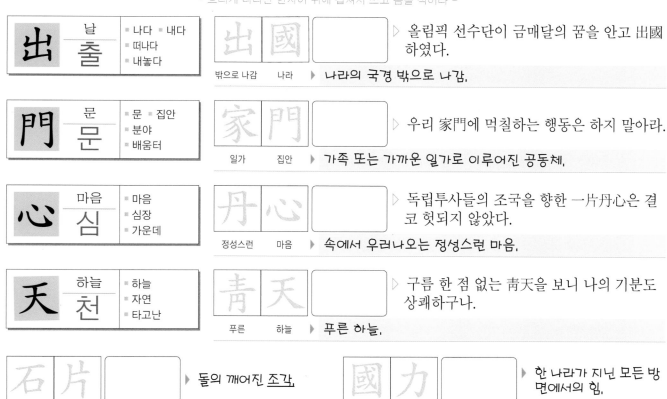

出 날 출 ■ 나다 ■ 내다 ■ 떠나다 ■ 내놓다

出國 [ ] ▷ 올림픽 선수단이 금메달의 꿈을 안고 出國하였다.
밖으로 나감 나라 ▶ 나라의 국경 밖으로 나감.

門 문 문 ■ 문 ■ 집안 ■ 분야 ■ 배움터

家門 [ ] ▷ 우리 家門에 먹칠하는 행동은 하지 말아라.
일가 집안 ▶ 가족 또는 가까운 일가로 이루어진 공동체.

心 마음 심 ■ 마음 ■ 심장 ■ 가운데

丹心 [ ] ▷ 독립투사들의 조국을 향한 一片丹心은 결코 헛되지 않았다.
정성스런 마음 ▶ 속에서 우러나오는 정성스런 마음.

天 하늘 천 ■ 하늘 ■ 자연 ■ 타고난

靑天 [ ] ▷ 구름 한 점 없는 靑天을 보니 나의 기분도 상쾌하구나.
푸른 하늘 ▶ 푸른 하늘.

石片 [ ] ▶ 돌의 깨어진 <u>조각</u>.

靑山 [ ] ▶ 풀과 나무가 무성한 푸른 산.

天國 [ ] ▶ 어떤 제약도 받지 아니하는 자유롭고 편안한 곳.

國力 [ ] ▶ 한 나라가 지닌 모든 방면에서의 힘.

一家 [ ] ▶ 한집에서 사는 가족.

家出 [ ] ▶ 가정을 버리고 집을 나감.

한자성어

■ 한자성어에 담긴 함축된 의미를 이해하고 그 쓰임을 익히자.

■ 한자성어의 음을 적고 그에 담긴 의미와 적절한 쓰임을 알아보자.

甲	男	乙	女

▶ 갑이란 남자와 을이란 여자라는 뜻으로, 평범한 사람들을 이르는 말.

▷ 이웃과 어울려 즐거움과 괴로움을 함께 나누며 살아가고 있는 甲男乙女들.

옛 사람들은
하늘에는 시간적. 계절적인 기운의 흐름이 있고
이것은 1년의 4계절 '봄, 여름, 가을, 겨울'처럼
순서대로 돌아간다고 생각하였다.

이 하늘 기운의 흐름을
10개의 문자로 나타낸 것이 '천간'이고,
그 순서는 '갑(甲), 을(乙), 병(丙), 정(丁), 무(戊),
기(己), 경(更), 신(辛), 임(壬), 계(癸)' 이다.

甲 갑옷 갑
- 갑옷, 껍데기
- 첫째 천간
- 차례나 등급의 첫째

乙 새 을
- 새, 제비
- 둘째 천간
- 차례나 등급의 둘째

丙 남녘 병
- 남녘, 불, 굳세다
- 세째 천간
- 차례나 등급의 셋째

丁 고무래 정
- 고무래, 장정
- 네째 천간
- 차례나 등급의 넷째

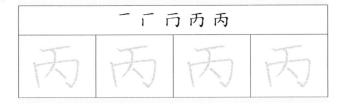

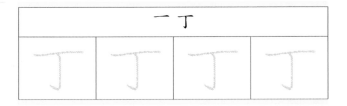

· 갑남을녀

더 살펴 익히기

■ 공부한 한자와 한자어를 한 번 더 살펴가며 익히자.

■ 같은 한자로 이루어진 두 한자어의 뜻 차이를 알아보고, 짧은 글의 ( ) 안에 알맞은 한자어의 음을 써 넣어라.

石山 : 돌산.

■ 강돌을 둥글고 (　　　　　)은 모가 나있다.

山石 : 산에 있는 돌.

■ 그 산은(　　　　　)이라 바위와 돌이 많다.

生水 : 샘구멍에서 솟아 나오는 맑은 물.

■ 늪지대에서 자라는 (　　　　) 식물을 관찰.

水生 : 생물이 물속에서 남, 또는 물속에서 삶.

■ 우리는 마트에 들러(　　　　)한 병을 샀다.

向上 : 실력, 수준, 기술 따위가 나아짐, 또는 나아지게 함.

■ 나의 실력이 꾸준히 (　　　　)되고 있어.

上向 : 위쪽을 향함, 또는 그 쪽, 수치나 한도, 기준 따위를 더 높게 잡음.

■ 올 생산 목표량을 (　　　　) 조정하였다.

中心 : 사물의 한가운데.

■ 도대체 너의 (　　　　)을 모르겠구나.

心中 : 마음속.

■ 화살이 과녁의 (　　　　)을 꿰뚫었다.

家出 : 가정을 버리고 집을 나감.

■ (　　　　)할 생각은 아예 하지도 마라.

出家 : 집을 떠나감.

■ 그 스님은 어릴 때 (　　　　)했다고 한다.

方向 : 어떤 방위를 향한 쪽.

■ 버스가 집의 반대 (　　　　)으로 가고 있네.

向方 : 향하여 나아가는 방향.

■ 우승컵의 (　　　　)에 관심이 쏠렸다.

■ [戶]과 비슷한 뜻을 지닌 한자에 모두 ○표 하여라.　⇨　[門 · 木 · 合 · 家]

■ [水]과 상대되는 뜻을 지닌 한자에 ○표 하여라.　⇨　[光 · 石 · 丹 · 火]

한자 접미사

어떤 단어의 뒤에 붙어 새로운 단어가 되게 하는 말.

~家 : '그 일에 전문적인 사람'을 나타냄.　⇨　소설가(家) · 건축가(家) · 음악가(家)

~中 : '일이 계속되고 있음'을 나타냄.　⇨　공사중(中) · 수업중(中) · 영업중(中)

· 산석 · 석산 · 수생. 생수 · 향상. 상향 · 심중. 중심 · 가출. 출가 · 방향. 향방

어휘력 다지기

■ 글 속 한자어의 음을 적고, 그 뜻과 줄로 잇고, 쓰임을 익혀라.

■ 이곳은 入山 금지 구역이다. · · 밖으로 나갈 수 있는 통로, 나가는 곳.

■ 동해의 日出 광경은 장관이었다. · · 산에 들어감.

■ 出口 에서 그가 나오기를 기다렸다. · · 해가 뜸.

■ 해가 지기 전에 下山 해야 한다. · · 산에서 내려오거나 내려감.

■ 유망한 中小 기업에 투자하겠다. · · 훌륭하고 뛰어난 임금을 높여 이르는 말.

■ 낮에 기온이 오르자 上衣 를 벗었다. · · 규모나 수준 따위가 중간 정도인 것과 그 이하인 것.

■ 세종 大王 의 위대한 업적, 한글창제. · · 윗옷(위에 입는 옷).

■ 여기 이 가방의 主人 이 누구냐? · · 전대(지나간 시대)의 사람.

■ 속담과 격언에 담긴 先人 들의 지혜. · · 엄청나게 큼.

■ 네가 出生 하고 자란 곳은 어디냐? · · 대상이나 물건 따위를 소유한 사람.

■ 巨大 한 몸집의 공룡 화석 발견. · · 세상에 나옴, 태어남.

■ 나는 서예에 入門 한지 한 달 되었다. · · 빛깔이 하얀 옥.

■ 앳된 얼굴에 白玉 같이 고운 피부. · · 무엇을 배우는 길에 처음 들어섬, 또는 그 길.

■ 따가운 日光 이 내리쬐이는 백사장. · · 의심할 바 없이 아주 뚜렷함.

■ 그의 행동은 明白 한 잘못이었다. · · 햇빛.

■ 四方 이 바다로 둘러싸인 섬. · · 동, 서, 남, 북 네 방위를 통틀어 이르는 말.

■ 한자 실력이 날로 向上 되고 있다. · · 대담하지 못하고 조심성이 지나치게 많음.

■ 그는 의외로 小心 한 성격이었어. · · 실력, 수준 기술 따위가 나아짐, 또는 나아지게 함.

■ 그 두 사람은 共生 관계에 있다. · · 둘 이상의 조직이나 개인이 모여 행동이나 일을 함께 함.

■ 이 마을에는 서른 家口 가 산다. · · 서로 도우며 함께 삶.

■ 군경이 合同 으로 수사에 착수. · · 현실적으로 주거 및 생계를 같이 하는 사람의 집단.

·입산 ·일출 ·출구 ·하산 ·중소 ·상의 ·대왕 ·주인 ·선인 ·출생 ·거대 ·입문 ·백옥 ·일광 ·명백 ·사방 ·향상 ·소심 ·공생 ·가구 ·합동

■ 아래 한자어의 뜻을 생각하며 음을 적어라.

- 月出 ☐
- 入口 ☐
- 人口 ☐
- 小人 ☐

- 下人 ☐
- 山中 ☐
- 君王 ☐
- 一生 ☐

- 巨人 ☐
- 山石 ☐
- 水門 ☐
- 下女 ☐

- 山水 ☐
- 主力 ☐
- 火力 ☐
- 月光 ☐

- 明月 ☐
- 上向 ☐
- 合一 ☐
- 國力 ☐

- 國王 ☐
- 青石 ☐
- 石片 ☐
- 小舟 ☐

■ 아래 글 속의 한자어를 보기에서 찾아 써 넣어라.

보기

| 女人 | 生水 | 青山 | 生日 | 出力 | 大人 | 人家 |
| 月石 | 天下 | 中心 | 同一 | 木星 | 大門 | 火山 |

- 그 이야기는 천하 ☐☐ 가 다 아는 사실.
- 저 여인 ☐☐ 이 데리고 온 강아지를 봐.

- 입장료가 대인 ☐☐ 은 2000원.
- 나는 대문 ☐☐ 을 열고 집을 나섰다.

- 산에 오르기 전 생수 ☐☐ 한병을 샀다.
- 프린터로 이 문서를 출력 ☐☐ 하여라.

- 거대한 화산 ☐☐ 이 폭발하였다.
- 달에서 가져온 월석 ☐☐ 을 보고 싶다.

- 생일 ☐☐ 선물로 가장 원하는 것은?
- 오늘날 자녀 중심 ☐☐ 의 가정 생활.

- 그의 생각도 나와 동일 ☐☐ 한 것 같아.
- 산 아래에 드문드문 인가 ☐☐ 가 보인다.

·일출·입구·인구·소인·하인·산중·군왕·일생·거인·산석·수문·하녀·산수·주력·화력·월광·명월·상향·합일·국력·국왕·청석·석편·소주

65

■ 한자의 음과 훈을 되새기며 필순에 따라 바르게 써 보자.

方	모 방	方(모방)/총 4획

丶 一 亇 方

方　方　方　方

向	향할 향	口(입구)/총 6획

丶 亻 宀 向 向 向

向　向　向　向

合	합할 합	口(입구)/총 6획

丿 人 스 수 合 合

合　合　合　合

心	마음 심	心(마음심)/총 4획

丿 心 心 心

心　心　心　心

共	한가지 공	八(여덟팔)/총 6획

一 十 卄 芈 共 共

共　共　共　共

同	한가지 동	口(입구)/총 6획

丨 冂 冂 同 同 同

同　同　同　同

國	나라 국	囗(큰입구몸)/총 11획

丨 冂 冂 冃 冋 囘 同 國 國 國 國

國　國　國　國

家	집 가	宀(갓머리)/총 10획

丶 丷 宀 宀 宀 宁 㝮 家 家 家

家　家　家　家

丹	붉을 단	丶(점주)/총 4획

丿 刀 月 丹

丹　丹　丹　丹

青	푸를 청	靑(푸를청)/총 8획

一 十 キ 主 丰 青 青 青

青　青　青　青

片	조각 편	片(조각편)/총 4획

丿 丿' 尸 片

片　片　片　片

舟	배 주	舟(배주)/총 6획

丿 丿 力 月 舟 舟

舟　舟　舟　舟

甲	갑옷 갑	田(밭전)/총 5획

丨 冂 日 日 甲

甲　甲　甲　甲

乙	새 을	乙(새을)/총 1획

乙

乙　乙　乙　乙

■ 공부할 한자의 모양을 살펴보며 음과 훈을 알아보자,

묶음 1-5

음 ■ 한자를 읽는 소리
아래 한자의 음을 찾아 적고 소리내어 읽어 보자.

– 바탕색과 글자색이 같은 것을 찾아 보자 –

훈 ■ 한자의 뜻 새김
한자의 음을 적고 훈과 함께 외어 보자.

土	흙	地	땅	田	밭	畓	논
安	편안	全	온전할	馬	말	車	수레
男	사내	子	아들	長	길	身	몸

알아보기

■ 한자어와 한자어를 이루는 개별 한자의 뜻을 알아보자.
■ 아래 한자어의 음을 적고 그 뜻을 생각하며 글을 읽어 보자.
■ 공부할 한자의 뜻을 알아보고 필순에 따라 바르게 써 보자.

土地 [　　] ▶ 땅, 논밭, 집터.

「 土地 는 그것이 있는 곳의 조건에 따라서도
쓰임이 달라질 수 있다. 어떤 사람이
목장을 만들어 젖소를 키우고 싶고,
과수원을 만들어 사과나무도
가꾸고 싶은데 두 가지 중에서
어느 한 쪽을 선택할 수밖에
없다면, 이 사람은 그 땅이
어느 것에 더 적합한 土地 인가를
생각하여야 한다. 」

* 선택: 여럿 가운데서 필요한 것을 골라 뽑음.   * 적합: 일이나 조건 따위에 꼭 알맞음.
# 조건: 어떤 일이 이루어지려면 갖추어야 할 상태(놓여 있는 모양이나 형편)나 요소(꼭 필요한 성분).

Ω 는 땅 위에 수북이 쌓아 놓은 흙무더기를 나타낸다. 곡물을 키우는 〈흙〉, 사람이 살아가는 터전인 〈땅〉, 그리고 숭배의 대상으로서 〈토지의 신〉을 의미한다.

[새김] ▪ 흙 ▪ 땅 ▪ 향토 ▪ 토지신

一 十 土			
土	土	土	土
土	土	土	土

坤 는 '땅'을 뜻하는 土 ⋯ 土(토)와 '이것', '~이다'처럼 실질적인 뜻이 없이 다른 글자를 보조하여 주는 말인 屮 ⋯ 也(어조사 야)를 결합한 것이다.   만물이 나고 자라는 터전인 〈땅〉을 의미한다.

[새김] ▪ 땅 ▪ 곳, 장소 ▪ 자리

一 十 土 圵 地 地			
地	地	地	地
地	地	地	地

田畓 ▶ 논과 밭.

「 옛날 어느 마을에 놀부와 흥부라는 형제가
살았습니다. 형 놀부는 아주 욕심이 많고
심술궂었으나, 동생 흥부는 형과는 달리,
마음씨가 곱고 착했습니다.
놀부는 아버지가 물려준 많은
田畓과 재산을 독차지하고,
동생인 흥부를 빈손으로
내쫓았습니다. 」

* 독차지: 혼자서 모두 차지함.

田 은 경계를 지어 갈라놓은 밭의 모습이다.   농작물
을 재배하여 수확을 얻는 터인 〈밭〉을 의미한다.

새김 ■ 밭 ■ 경작지 ■ 사냥터

ㅣ 冂 冂 田 田			
田	田	田	田
田	田	田	田

畓

畓 은 '물'을 뜻하는 水(수)와 '밭'을 뜻하는 田(전)을
결합한 것이다.   물을 가두어 농사짓는 밭인 〈논〉을 의
미한다.

새김 ■ 논

ノ 기 水 水 水 杏 杏 畓 畓			
畓	畓	畓	畓
畓	畓	畓	畓

알아보기

■ 한자어와 한자어를 이루는 개별 한자의 뜻을 알아보자.
■ 아래 한자어의 음을 적고 그 뜻을 생각하며 글을 읽어 보자.
■ 공부할 한자의 뜻을 알아보고 필순에 따라 바르게 써 보자.

安全 ☐

▶ 위험이 생기거나 사고가 날 염려가 없음, 또는 그런 상태.

「 바닷물이 빠져 나가고 거무죽죽한 개펄이
드러나면, 작은 잠수함 같은 게들의 눈자루가
개펄 위에 나타난다. 밀물 때 집 속에
틀어박혀 있던 게들이 나타난
것이다. 특히 서해안은 게들의
천국이다. 게들은 잠수함의
잠망경처럼 눈자루를 먼저
내밀고 **安全**한지를 파악한
다음에 활동을 개시한다. 」

* 파악: 어떤 대상의 내용이나 본질을 확실하게 이해하여 앎. * 개시: 행동이나 일 따위를 시작함.
# 대상: 어떤 일의 상대 또는 목표나 목적이 되는 것. # 본질: 본디부터 가지고 있는 사물 자체의 성질이나 모습.

🏠은 '집'을 뜻하는 ∩⋯ 宀(면)과 '여자'를 뜻하는
⋯女(여)를 결합한 것이다.   여자가 집안에 들어
앉아 있어 〈편안함〉을 의미한다.

[새김] ▪ 편안 ▪ 편안하다 ▪ 안존하다

﹅ ﹅ 宀 宍 安 安			
安	安	安	安
安	安	安	安

全은 '들다'는 뜻인 入(입)과 '옥'을 뜻하는 玉(옥)⋯
王을 결합한 것이다.   옥으로서 갖추어야 할 고운 빛
깔과 아름다운 결을 모두 지니고(들어) 있어 〈온전함〉을
의미한다.

[새김] ▪ 온전하다 ▪ 완전하다 ▪ 모두, 온

ﾉ 入 全 全 全 全			
全	全	全	全
全	全	全	全

새기고 익히기

■ 공부할 한자와 그들로 이루어진 한자어의 뜻을 새기고 익히자.
■ 한자의 뜻을 연결하여 한자어의 뜻을 생각해 보자.
■ 한자어의 뜻을 알고 예문을 통해 그 쓰임을 익히자.

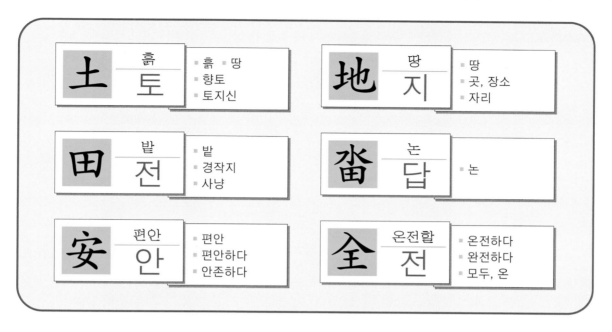

- 흙 · 땅
- 향토
- 토지신

土 흙 토

- 땅
- 곳, 장소
- 자리

地 땅 지

- 밭
- 경작지
- 사냥

田 밭 전

- 논

畓 논 답

- 편안
- 편안하다
- 안존하다

安 편안 안

- 온전하다
- 완전하다
- 모두, 온

全 온전할 전

- 흐리게 나타난 한자어 위에 겹쳐서 쓰고 음을 적어라 -

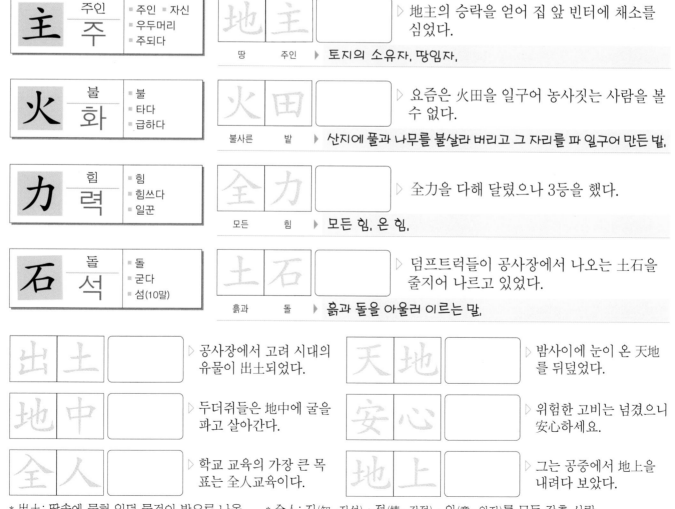

主 주인 주
- 주인 · 자신
- 우두머리
- 주되다

地主 [　] 땅 주인 ▷ 토지의 소유자, 땅임자.
▷ 地主의 승락을 얻어 집 앞 빈터에 채소를 심었다.

火 불 화
- 불
- 타다
- 급하다

火田 [　] 불사른 밭 ▷ 산지에 풀과 나무를 불살라 버리고 그 자리를 파 일구어 만든 밭.
▷ 요즘은 火田을 일구어 농사짓는 사람을 볼 수 없다.

力 힘 력
- 힘
- 힘쓰다
- 일꾼

全力 [　] 모든 힘 ▷ 모든 힘, 온 힘.
▷ 全力을 다해 달렸으나 3등을 했다.

石 돌 석
- 돌
- 굳다
- 섬(10말)

土石 [　] 흙과 돌 ▷ 흙과 돌을 아울러 이르는 말.
▷ 덤프트럭들이 공사장에서 나오는 土石을 줄지어 나르고 있었다.

出土 [　] ▷ 공사장에서 고려 시대의 유물이 出土되었다.

地中 [　] ▷ 두더쥐들은 地中에 굴을 파고 살아간다.

全人 [　] ▷ 학교 교육의 가장 큰 목표는 全人교육이다.

天地 [　] ▷ 밤사이에 눈이 온 天地를 뒤덮었다.

安心 [　] ▷ 위험한 고비는 넘겼으니 安心하세요.

地上 [　] ▷ 그는 공중에서 地上을 내려다 보았다.

* 出土: 땅속에 묻혀 있던 물건이 밖으로 나옴.　* 全人: 지(知-지성) · 정(情-감정) · 의(意-의지)를 모두 갖춘 사람.

알아보기

■ 한자어와 한자어를 이루는 개별 한자의 뜻을 알아보자.
■ 아래 한자어의 음을 적고 그 뜻을 생각하며 글을 읽어 보자.
■ 공부할 한자의 뜻을 알아보고 필순에 따라 바르게 써 보자.

馬車 [　　] ▶ 말이 끄는 수레.

「 천사는 신데렐라에게 쥐 네 마리와 도마뱀 세 마리만
잡아오라고 했습니다. 신데렐라가 쥐에게 부탁하자
쥐는 금방 친구 쥐와 도마뱀을 데리고 왔어요.
천사는 그들을 데리고 호박밭으로
갔어요. 천사가 지팡이를
휘두르자 놀랍게도 호박이
馬車 로 변하고, 쥐가 말로,
도마뱀이 마부로 변했어요.
신데렐라의 누더기옷도
아름다운 드레스로 변했어요. 」

* 부탁: 어떤 일을 해 달라고 청하거나 맡김. 또는 그 일거리. * 마부: 말을 부려 마차나 수레를 모는 사람.

馽 는 길쭉한 얼굴과 긴 갈기가 있는 '말'의 모습이다.
〈말〉을 의미한다.

[새김] ▪ 말 ▪ 큰 것의 비유

｜ ｜ ｌ ｌ ｌ 馬 馬 馬 馬 馬
馬	馬	馬	馬
馬	馬	馬	馬

車 는 바퀴가 달린 수레의 모습이다. 나중에 간단하게
줄인 車로 변하였다.
바퀴를 달아 굴러가게 만든 〈수레〉를 의미한다.

[새김] ▪ 수레 ▪ 수레바퀴 ▪ 차

一 一 一 一 百 亘 車
車	車	車	車
車	車	車	車

男子 [ ]
▶ 남성인 사람.

「 정말 알 수 없는 일이다. 왜 이렇게 불공평할까?
얼마 전에 아버지께서 친구분과 이런 말씀을 나누셨다.
우리집은 '원 볼, 원 스트라이크'라고. 즉,
동생은 **男子** 니까 '스트라이크'이고,
난 여자니까 '볼'이라는 것이었다.
나는 하도 어이가 없어 눈물이
찔끔 나올 지경이었다. 」

* 불공평: 한쪽으로 치우쳐 고르지 못함. * 지경: '경우'나 '형편', '정도'의 뜻을 나타내는 말

男은 '힘쓰다'는 뜻인 ♪ ⋯ 力(력)과 '밭'을 뜻하는
田 ⋯ 田(전)을 결합한 것이다. 힘을 써서 밭 가는 일
을 하는 〈사내〉를 의미한다.

[새김] ▪ 남자 ▪ 사내 ▪ 아들

ᅵ 冂 冊 田 田 甼 男			
男	男	男	男
男	男	男	男

♀ 는 포대기에 싸인 어린 아이의 모습이다. 낳은 아
이, 특히 〈아들〉을 의미한다.

[새김] ▪ 아들, 자식 ▪ 사람 ▪ 씨 ▪ 열매

ㄱ 了 子			
子	子	子	子
子	子	子	子

알아보기

■ 한자어와 한자어를 이루는 개별 한자의 뜻을 알아보자.
■ 아래 한자어의 음을 적고 그 뜻을 생각하며 글을 읽어 보자.
■ 공부할 한자의 뜻을 알아보고 필순에 따라 바르게 써 보자.

長身 [　　] ▶ 키가 큰 몸.

「 경호는 자기네 반 아이들의 별명을 조사해 보았다.
별명에는 그 사람의 이름을 본떠서 만들어진 것도 있고,
생김새나 행동, 성격 등에 따라 만들어진 것도 있었다.
예를 들어, '장민아'는 '장미화'라 불렸고,
늘 웃는 얼굴을 하고 있는 철민이는
'하회탈'이라 불렸고, 長身인
동국이는 '장다리'라 불렸다. 」

장미화　장다리　하회탈

* 별명: 사람의 외모나 성격 따위의 특징을 바탕으로 남들이 지어 부르는 이름.
* 성격: 개인이 가지고 있는 고유(본래부터 가지고 있는 특유한 것)의 성질이나 품성.

은 머리를 길게 기르고 지팡이를 짚은 노인의 모습
이다. 옛사람들은 나이가 들면 머리를 길게 길렀다.
머리를 길게 기른 나이 든 〈어른〉을 의미한다.

은 배꼽이 있는 사람 몸의 모습이다. 배꼽은 탯줄을
끊은 자리로 사람의 몸에는 반드시 있는 것이다.　사람
의 〈몸〉을 의미한다.

[새김] ▪길다 ▪길이 ▪어른 ▪자라다 ▪낮다

[새김] ▪몸 ▪줄기 ▪나, 자신 ▪신분

ㅣ　ㄷ　ㄷ　ㅌ　ㅌ　長　長　長
長　長　長　長
長　長　長　長

ㅤ　ㅤ　ㅤ　ㅤ　ㅤ　身
身　身　身　身
身　身　身　身

새기고 익히기

■ 공부할 한자와 그들로 이루어진 한자어의 뜻을 새기고 익히자.
■ 한자의 뜻을 연결하여 한자어의 뜻을 생각해 보자.
■ 한자어의 뜻을 알고 예문을 통해 그 쓰임을 익히자.

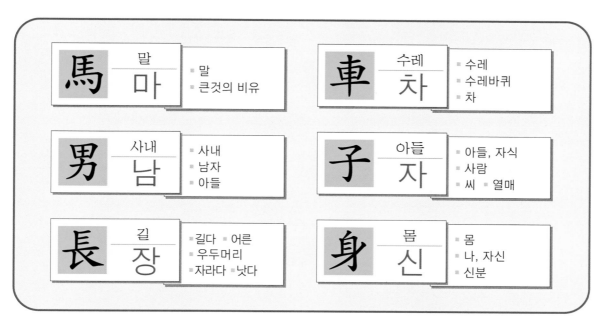

馬 말 마	■ 말 ■ 큰것의 비유	車 수레 차	■ 수레 ■ 수레바퀴 ■ 차
男 사내 남	■ 사내 ■ 남자 ■ 아들	子 아들 자	■ 아들, 자식 ■ 사람 ■ 씨 ■ 열매
長 길 장	■ 길다 ■ 어른 ■ 우두머리 ■ 자라다 ■ 낫다	身 몸 신	■ 몸 ■ 나, 자신 ■ 신분

– 흐리게 나타난 한자어 위에 겹쳐서 쓰고 음을 적어라 –

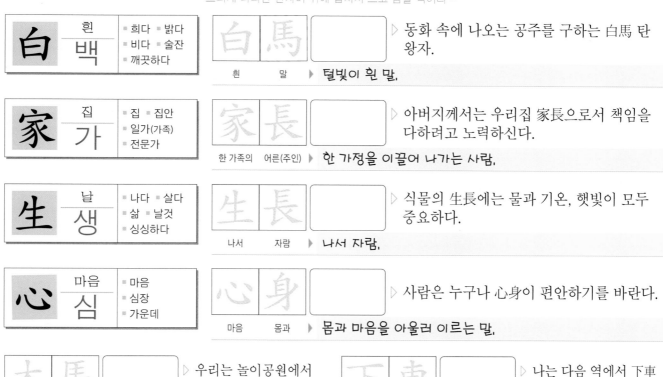

白 흰 백	■ 희다 ■ 밝다 ■ 비다 ■ 술잔 ■ 깨끗하다	白馬 흰 말 ▶ 털빛이 흰 말.	▷ 동화 속에 나오는 공주를 구하는 白馬 탄 왕자.
家 집 가	■ 집 ■ 집안 ■ 일가(가족) ■ 전문가	家長 한 가족의 어른(주인) ▶ 한 가정을 이끌어 나가는 사람.	▷ 아버지께서는 우리집 家長으로서 책임을 다하려고 노력하신다.
生 날 생	■ 나다 ■ 살다 ■ 삶 ■ 날것 ■ 싱싱하다	生長 나서 자람 ▶ 나서 자람.	▷ 식물의 生長에는 물과 기온, 햇빛이 모두 중요하다.
心 마음 심	■ 마음 ■ 심장 ■ 가운데	心身 마음 몸과 ▶ 몸과 마음을 아울러 이르는 말.	▷ 사람은 누구나 心身이 편안하기를 바란다.

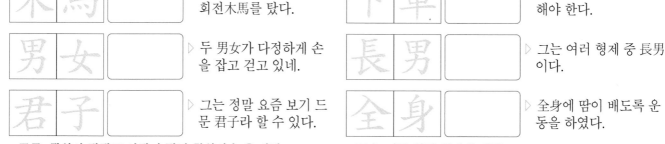

木馬	▷ 우리는 놀이공원에서 회전木馬를 탔다.	下車	▷ 나는 다음 역에서 下車해야 한다.
男女	▷ 두 男女가 다정하게 손을 잡고 걷고 있네.	長男	▷ 그는 여러 형제 중 長男이다.
君子	▷ 그는 정말 요즘 보기 드문 君子라 할 수 있다.	全身	▷ 全身에 땀이 배도록 운동을 하였다.

* 君子: 행실이 점잖고 어질며 덕과 학식이 높은 사람.

* 下車: 타고 있던 차에서 내림.

■ 한자의 음과 훈을 되새기며 필순에 따라 바르게 써 보자.

土 흙 토	土(흙토)/총 3획
一 十 土	

地 땅 지	土(흙토)/총 6획
一 十 土 圹 圹 地	

田 밭 전	田(밭전)/총 5획
丨 冂 田 田 田	

畓 논 답	田(밭전)/총 9획
丿 刀 氺 水 水 沓 沓 畓 畓	

安 편안 안	宀(갓머리)/총 6획
丶 丷 宀 宀 安 安	

全 온전할 전	入(들입)/총 6획
丿 入 仝 全 全 全	

馬 말 마	馬(말마)/총 10획
丨 厂 厂 厍 严 馬 馬 馬 馬 馬	

車 수레 차	車(수레거)/총 7획
一 厂 厂 后 盲 車 車	

男 사내 남	田(밭전)/총 7획
丨 冂 田 田 田 男 男	

子 아들 자	子(아들자)/총 3획
了 了 子	

長 길 장	長(길장)/총 8획
丨 厂 F F 토 토 長 長	

身 몸 신	身(몸신)/총 7획
丶 丿 丨 自 自 身 身	

丙 남녘 병	一(한일)/총 5획
一 厂 厂 丙 丙	

丁 고무래 정	一(한일)/총 2획
一 丁	

76

공부할 한자

■ 공부할 한자의 모양을 살펴보며 음과 훈을 알아보자.

묶음 1-6

음 ■ 한자를 읽는 소리
아래 한자의 음을 찾아 적고 소리내어 읽어 보자.

– 바탕색과 글자색이 같은 것을 찾아 보자 –

훈 ■ 한자의 뜻 새김
한자의 음을 적고 훈과 함께 외어 보자.

父 아버지	母 어머니	兄 형	弟 아우
老 늙을	少 적을	平 평평할	行 다닐
失 잃을	手 손	不 아닐	足 발

不(불)은 'ㄷ', 'ㅈ' 소리 앞에서는 '부'로 읽는다.
→ 不足 (부족)

77

알아보기

■ 한자어와 한자어를 이루는 개별 한자의 뜻을 알아보자.
■ 아래 한자어의 음을 적고 그 뜻을 생각하며 글을 읽어 보자.
■ 공부할 한자의 뜻을 알아보고 필순에 따라 바르게 써 보자.

父母 〔　〕 ▶ 아버지와 어머니, 어버이, 양친.

「 父母 님이 우리에게 바라시는 것은, 우리를
사랑하고 우리가 잘 되기를 바라는 마음에서
나온 것이다. 그러므로 내 노력과 능력으로
들어 들이기 어려운 요구를 하실 때에도
'나는 할 수 없다'고 생각하지 말고
'父母 님이 나를 위해 격려하신다.'
생각하고, 父母 님의 뜻에 가까이
이르도록 노력해야 한다. 」

＊격려: 용기나 의욕(무엇을 하고자 하는 적극적인 마음. 노력)이 솟아나도록 북돋워 줌.

𤓱 는 손(𠂇)에 일을 하기 위한 도구(|)를 쥐고 있는
모습이다.　일을 하며 집안을 이끌어가는 어른인 〈아버
지〉를 의미한다.

새김 ▪ 아버지, 아비 ▪ 친족의 어른 ▪ 늙으신네

`丶` `ハ` `グ` `父`			
父	父	父	父
父	父	父	父

𪐁 는 여인(女)의 가슴에 아이를 먹여 기르는 젖(ᐧᐧ)이
있는 모습이다.　아이를 낳아 기르는 〈어머니(어미)〉를
의미한다.

새김 ▪ 어머니, 어미 ▪ 여자 ▪ 기르다

`𠃊` `母` `母` `母` `母`			
母	母	母	母
母	母	母	母

兄弟 ☐ ▶ 형과 아우.

「 兄弟 는 여름내 땀 흘려 가꾼 벼를 거두어 똑같이
나누었습니다. 집에 돌아온 형은 곰곰히 생각을
해보니, 아우는 장가도 들어야 하니 곡식이 더
필요할 것이란 생각이 들었습니다.
형은 밤에 나가 자기의 볏단을
아우 낟가리에 얹어 놓았습니다.
그런데 이튿날, 들판에 나가 보니
어찌된 일인지 자기 낟가리가
조금도 줄어 있지 않았습니다. 」

* 낟가리: 낟알이 붙은 곡식을 그대로 쌓은 더미. # 낟알: 껍질을 벗기지 아니한 곡식의 알. (낱알: 하나하나 따로따로인 알.)

兄 은 하늘을 향해 입을 크게 벌린 사람의 모습이다.
제사를 주관하며 신령에게 고하는(알리는) 사람인, 형제
중에 가장 나이가 많은 〈맏이(형)〉를 의미한다.

[새김] ■형 ■맏이 ■나이가 많은 사람

ㅣ ㅁ ㅁ 尸 兄			
兄	兄	兄	兄
兄	兄	兄	兄

弟 는 나무토막( )을 줄(乙)로 엮어 만든 줄사다리의
모습이다. 위에서 아래로 드리워 차례로 디뎌 내려가
는 것으로 '차례', '순서'를 뜻하였으나 나중에 형제간
의 순서에서 아래인 〈아우〉를 의미하게 되었다.

[새김] ■아우 ■제자 ■나이 어린 사람

` ` ` ` 兰 弟 弟			
弟	弟	弟	弟
弟	弟	弟	弟

알아보기

한자어와 한자어를 이루는 개별 한자의 뜻을 알아보자.

아래 한자어의 음을 적고 그 뜻을 생각하며 글을 읽어 보자.

공부할 한자의 뜻을 알아보고 필순에 따라 바르게 써 보자.

老少 [　　] ▶ 늙은이와 젊은이.

「 윷놀이는 남녀 老少 누구나 즐길 수 있는 우리 고유의 민속 놀이라 할 수 있다. 옛날 부여국에서는 왕이 다섯 종류의 가축을 부락에 나누어 주고, 그 가축들을 잘 번식시키기 위한 목적으로 윷놀이를 하였다고 한다. 그래서 윷놀이를 할 때에 도, 개, 걸, 윷, 모를 돼지, 개, 양, 소, 말 등에 비유하기도 한다. 」

* 고유: 본래부터 가지고 있는 특유한(일정한 사물만이 특별히 갖추고 있는) 것.

는 지팡이(|)를 짚은 노인( )의 모습이다.   나이 들어 〈늙음〉을 의미한다. 나이든 노인은 오랜 경험으로 여러 가지에 익숙하고 능란한 데서, 〈노련하다〉는 의미도 지닌다.

[새김] ▪늙다 ▪노련하다 ▪오래 되다

一 十 土 耂 耂 老			
老	老	老	老
老	老	老	老

는 '작은 것'을 뜻하는 네 개의 점이다.   처음엔 小가 '작다'와 '적다'를 함께 의미하였으나 나중에 小는 크기가 '작다', 少는 양이 〈적다〉는 의미로 구별하였다.

[새김] ▪적다 ▪젊다 ▪줄다

丿 小 小 少			
少	少	少	少
少	少	少	少

새기고 익히기

■ 공부할 한자와 그들로 이루어진 한자어의 뜻을 새기고 익히자.
■ 한자의 뜻을 연결하여 한자어의 뜻을 생각해 보자.
■ 한자어의 뜻을 알고 예문을 통해 그 쓰임을 익히자.

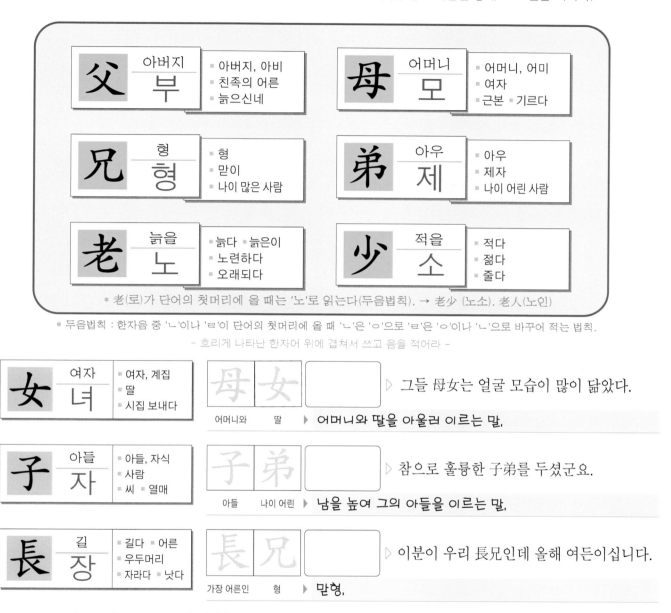

父 아버지 부	▪ 아버지, 아비 ▪ 친족의 어른 ▪ 늙으신네	母 어머니 모	▪ 어머니, 어미 ▪ 여자 ▪ 근본 ▪ 기르다
兄 형 형	▪ 형 ▪ 맏이 ▪ 나이 많은 사람	弟 아우 제	▪ 아우 ▪ 제자 ▪ 나이 어린 사람
老 늙을 노	▪ 늙다 ▪ 늙은이 ▪ 노련하다 ▪ 오래되다	少 적을 소	▪ 적다 ▪ 젊다 ▪ 줄다

* 老(로)가 단어의 첫머리에 올 때는 '노'로 읽는다(두음법칙). → 老少 (노소). 老人(노인)

* 두음법칙 : 한자음 중 'ㄴ'이나 'ㄹ'이 단어의 첫머리에 올 때 'ㄴ'은 'ㅇ'으로 'ㄹ'은 'ㅇ'이나 'ㄴ'으로 바꾸어 적는 법칙.

– 흐리게 나타난 한자어 위에 겹쳐서 쓰고 음을 적어라 –

女 여자 녀	▪ 여자, 계집 ▪ 딸 ▪ 시집 보내다	母女 [ ] 어머니와 딸 ▶ 어머니와 딸을 아울러 이르는 말.	▷ 그들 母女는 얼굴 모습이 많이 닮았다.
子 아들 자	▪ 아들, 자식 ▪ 사람 ▪ 씨 ▪ 열매	子弟 [ ] 아들 나이 어린 ▶ 남을 높여 그의 아들을 이르는 말.	▷ 참으로 훌륭한 子弟를 두셨군요.
長 길 장	▪ 길다 ▪ 어른 ▪ 우두머리 ▪ 자라다 ▪ 낫다	長兄 [ ] 가장 어른인 형 ▶ 맏형.	▷ 이분이 우리 長兄인데 올해 여든이십니다.
人 사람 인	▪ 사람 ▪ 백성	老人 [ ] 늙은 사람 ▶ 나이가 들어 늙은 사람.	▷ 인구 고령화가 될수록 老人들이 할 수 있는 일자리가 더 많아져야 한다.

生父 [ ]	▷ 그는 어릴 때 生父와 이별하게 되었다.	老母 [ ]	▷ 고향에 老母가 계십니다.
老兄 [ ]	▷ 老兄께서 저를 아우처럼 대해주시기 바랍니다.	弟子 [ ]	▷ 가끔 옛날 弟子들이 찾아오지요.
長男 [ ]	▷ 그는 2남 1녀 중 長男으로 태어났다.	少女 [ ]	▷ 귀여운 少女들이 재잘거리며 지나갔다.

* 生父: 자기를 낳은 아버지. * 老兄: 나이가 비슷한 사람 사이에 나이를 더 먹은 사람을 높여서 부르는 말.

알아보기

■ 한자어와 한자어를 이루는 개별 한자의 뜻을 알아보자.
- 아래 한자어의 음을 적고 그 뜻을 생각하며 글을 읽어 보자.
- 공부할 한자의 뜻을 알아보고 필순에 따라 바르게 써 보자.

平行 [   ]

▸ 나란히 감.

「 아무리 늘여도 만나지 않는 두 직선을 서로 平行하다고 한다. 이 때, 서로 平行한 직선을 평행선이라고 한다. 평행선은 우리 둘레에서 쉽게 찾을 수 있는데, 가장 대표적인 것으로는 철길이 있다. 만약 철길이 平行하지 않다면 어떤 일이 벌어질까? 」

* 평행선: 같은 평면(평평한 표면) 위에 있는 둘 이상의 평행한(나란히 가는) 직선.

은 양쪽 끝에 저울판을 매단 저울의 모습이다. 무게를 달 때 양쪽 저울판에 올려놓는 무게를 고르게 하여 저울대가 평평하게 되도록 하는 데서, 〈고르고 평평함〉을 의미한다.

새김 ▪ 평평하다 ▪ 편안하다 ▪ 고르다 ▪ 보통

一 丆 丌 二 平			
平	平	平	平
平	平	平	平

은 사람들이 왕래하는 네거리의 모습이다. 이리저리로 길을 〈다님〉을 의미한다.

새김 ▪ 다니다 ▪ 가다 ▪ 행하다

ノ 彡 彳 彳 行 行			
行	行	行	行
行	行	行	行

失手 [ ] ▶ 잘못하여 그르침. 또, 그 짓.

「 사람들은 모여 살기 때문에 가끔 다른 사람에게 피해를 주고, 서로 충돌하기 쉽다. 복잡한 버스에서 발을 밟기도 하고, 사람이 많은 곳에서 다른 사람과 부딪치기도 한다. 우리들은 다른 사람에게 이러한 피해를 주지 않도록 조심해야 한다. 또, 그와 같은 일은 失手 로 할 수도 있으므로, 다른 사람의 失手 를 넓은 마음으로 이해할 수 있어야 한다. 」

* 피해: 생명이나 신체, 재산, 명예 따위에 손해를 입음. 또는 그 손해.   * 충돌: 서로 맞부딪치거나 맞섬.

失 은 손( ) 에서 물건을 놓침( ) 을 나타낸다. 〈잘못하여 놓침〉을 의미한다.

[새김] ▪ 잃다 ▪ 놓치다 ▪ 잘못하다

ノ	ト	二	失	失

失	失	失	失
失	失	失	失

는 다섯 손가락을 펴고 있는 손의 모습이다. 〈손〉을 의미한다. 또, 손을 써서 일하는 사람', '손을 써서 하는 능력' 등도 의미한다.

[새김] ▪ 손 ▪ 솜씨 ▪ 수단 ▪ 사람

ノ	二	三	手

手	手	手	手
手	手	手	手

알아보기

■ 한자어와 한자어를 이루는 개별 한자의 뜻을 알아보자.
- 아래 한자어의 음을 적고 그 뜻을 생각하며 글을 읽어 보자.
- 공부할 한자의 뜻을 알아보고 필순에 따라 바르게 써 보자.

不足 [　　　]

▶ 모자람. 넉넉하지 못함.

「 사람들은 서로 너그럽게 감싸 주거나 이해하는 마음이 不足하여 때로는 다투기도 한다. 그리고 사람들을 괴롭게 하거나 다른 사람들에게 피해를 주는 때도 있다. 그러한 일이 자주 생긴다면, 우리는 즐겁고 평화롭게 살아갈 수 없다. 」

* 이해: 남의 사정을 잘 헤아려 너그러이 받아들임. 깨달아 앎. 또는 잘 알아서 받아들임.

 는 그루터기나 씨앗의 싹()이 땅거죽(一)을 뚫고 나오지 못하는 모습이다. 〈~하지 못하다〉는 부정의 의미를 지닌다.

새김 ▪ 아니다 ▪ 아니하다 ▪ 못하다

一 丆 不 不			
不	不	不	不
不	不	不	不

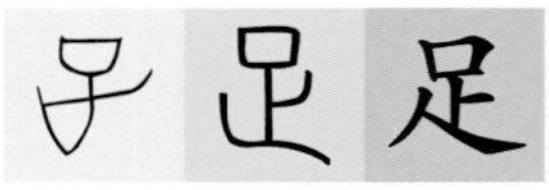

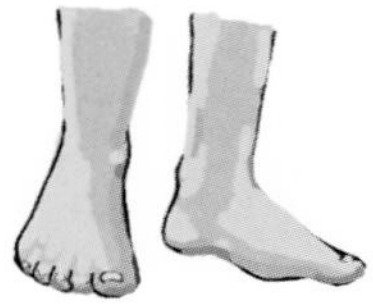

 은 어느 한 곳(口)에 도달한 발() 이다. 가고자 하는 곳까지 간 〈발〉을 의미한다.

새김 ▪ 발 ▪ 가다 ▪ 족하다

丨 ㄇ 口 ㅁ 早 𧾷 足			
足	足	足	足
足	足	足	足

새기고 익히기

■ 공부할 한자와 그들로 이루어진 한자어의 뜻을 새기고 익히자.
■ 한자의 뜻을 연결하여 한자어의 뜻을 생각해 보자.
■ 한자어의 뜻을 알고 예문을 통해 그 쓰임을 익히자.

平	평평할 평	■ 평평하다 ■ 편안하다 ■ 고르다 ■ 보통
行	다닐 행	■ 다니다 ■ 가다 ■ 행하다
失	잃을 실	■ 잃다 ■ 놓지다 ■ 잘못하다
手	손 수	■ 손 ■ 솜씨 ■ 수단 ■ 사람
不	아닐 부	■ 아니다 ■ 아니하다 ■ 못하다
足	발 족	■ 발 ■ 가다 ■ 족하다

* 不(불)은 'ㄷ', 'ㅈ' 소리 앞에서는 '부'로 읽는다. → 不足 (부족)

― 흐리게 나타난 한자어 위에 　　　　音을 적어라 ―

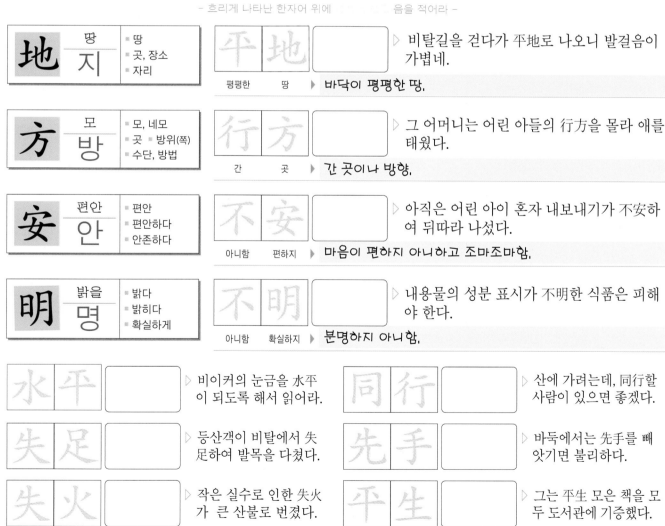

| 地 | 땅
지 | ■ 땅
■ 곳, 장소
■ 자리 |

平地 ▷ 비탈길을 걷다가 平地로 나오니 발걸음이 가볍네.
평평한　땅 ▶ 바닥이 평평한 땅.

| 方 | 모
방 | ■ 모, 네모
■ 곳 ■ 방위(쪽)
■ 수단, 방법 |

行方 ▷ 그 어머니는 어린 아들의 行方을 몰라 애를 태웠다.
간　곳 ▶ 간 곳이나 방향.

| 安 | 편안
안 | ■ 편안
■ 편안하다
■ 안존하다 |

不安 ▷ 아직은 어린 아이 혼자 내보내기가 不安하여 뒤따라 나섰다.
아니함　편하지 ▶ 마음이 편하지 아니하고 조마조마함.

| 明 | 밝을
명 | ■ 밝다
■ 밝히다
■ 확실하게 |

不明 ▷ 내용물의 성분 표시가 不明한 식품은 피해야 한다.
아니함　확실하지 ▶ 분명하지 아니함.

水平 ▷ 비이커의 눈금을 水平이 되도록 해서 읽어라.

同行 ▷ 산에 가려는데, 同行할 사람이 있으면 좋겠다.

失足 ▷ 등산객이 비탈에서 失足하여 발목을 다쳤다.

先手 ▷ 바둑에서는 先手를 빼앗기면 불리하다.

失火 ▷ 작은 실수로 인한 失火가 큰 산불로 번졌다.

平生 ▷ 그는 平生 모은 책을 모두 도서관에 기증했다.

* 水平: 기울지 않고 평평한 상태.　* 失足: 발을 헛디딤.　* 先手: 남이 하기 전에 앞질러 하는 행동.

85

한자성어

■ 한자성어의 음을 적고 그에 담긴 의미와 적절한 쓰임을 알아보자.

家家戶戶

▶ 한 집 한 집마다, 집집마다, 집집이.

▷ 개천절인 오늘 家家戶戶 태극기를 게양하였다.
▷ 아파트 관리사무소 직원이 家家戶戶 다니며 동의서를 받았다.

一片丹心

▶ 한 조각 붉은 마음이라는 뜻으로, 진심에서 우러나오는 변치 아니하는 마음을 이르는 말.

▷ 옛날엔 신하는 임금을 一片丹心으로 섬기는 것을 도리로 여겼다.
▷ '임 향한 一片丹心이야 가실줄이 있으랴' <단심가>

三水甲山

▶ 우리나라에서 가장 험한 산골이라 이르던 삼수와 갑산, 조선 시대에 귀양지의 하나였다. 매우 힘들고 어려운 지경을 비유.

▷ 三水甲山을 가더라도 나는 그 일만은 꼭 하고야 말겠다.

青天白日

▶ 하늘이 맑게 갠 대낮, 맑은 하늘에 뜬 해, 혐의나 원죄가 풀리어 무죄가 됨.

▷ 그의 결백함이 青天白日처럼 명백히 밝혀졌다.

중국 당나라 때 명문장가로 손꼽히는 한유라는 사람에게 최군이라는 벗이 있었다. 한유가 그 벗의 인품을 칭찬하며 <최군에게 주는 글>을 써 보냈는데 뛰어나게 잘 지은 글로 유명한 그 글 속에는 이런 구절이 있다.

"사람들은 저마다 좋고 싫은 감정이 있을 터인데 현명한 사람이든 어리석은 사람이든 모두 자네를 마음으로 우러러 받들며 따르는 까닭은 무엇일까? 봉황이 복되고 운이 좋은 징조임을 누구나 알고 있듯이 '청천백일'이 맑고 밝다는 것은 누군들 모르겠는가?"

여기서 이 말은 '청천백일(맑은 하늘에 밝은 해)'이 맑고 밝다는 것을 누구나 알듯이 최군처럼 인품이 훌륭한 인물은 누구든지 알아본다는 뜻이다.

· 가가호호 · 일편단심 · 삼수갑산 · 청천백일

더 살펴 익히기

■ 공부한 한자와 한자어를 한 번 더 살펴가며 익히자.

■ 같은 한자로 이루어진 두 한자어의 뜻 차이를 알아보고, 짧은 글의 ( ) 안에 알맞은 한자어의 음을 써 넣어라.

長身 : 키가 큰 몸.

■ 우리 팀에 (　　　　)선수가 많다.

身長 : 사람의 키.

■ 너의 (　　　　)은 얼마나 되니?

同一 : 어떤 것과 비교하여 똑같음. 각각 다른 것이 아니라 하나임.

■ 내 휴대폰이 네 것과 (　　　　) 기종이야.

一同 : 어떤 단체나 모임의 모든 사람.

■ 졸업생 (　　　　)이 강당으로 이동하였다.

子弟 : 남을 높여 그의 아들을 이르는 말.

■ 어르신의 큰 (　　　　)는 어디에 사나요?

弟子 : 스승으로부터 가르침을 받거나 받은 사람.

■ 스승의 날을 맞아 (　　　　)들이 찾아왔다.

■ [男]과 상대되는 뜻을 지닌 한자에 ○표 하여라.　⇨　[子 · 長 · 王 · 女]

■ [兄]과 상대되는 뜻을 지닌 한자에 ○표 하여라.　⇨　[君 · 生 · 弟 · 身]

■ [父]와 상대되는 뜻을 지닌 한자에 ○표 하여라.　⇨　[男 · 老 · 兄 · 母]

■ [手]와 상대되는 뜻을 지닌 한자에 ○표 하여라.　⇨　[水 · 失 · 才 · 足]

■ [老]와 상대되는 뜻을 지닌 한자에 ○표 하여라.　⇨　[父 · 小 · 主 · 少]

■ [土]와 비슷한 뜻을 지닌 한자에 ○표 하여라.　⇨　[家 · 石 · 地 · 國]

한자 접두사

어떤 단어의 앞에 붙어 새로운 단어가 되게 하는 말.

手~ : '손으로 함'을 나타냄.　⇨　수(手)공업 · 수(手)제품 · 수(手)작업

老~ : '나이가 많은', '늙은'을 나타냄.　⇨　노(老)총각 · 노(老)신사 · 노(老)처녀

長~ : '길이가 긴', '시간이 오랜'을 나타냄.　⇨　장(長)거리 · 장(長)시간 · 장(長)기간

不~ : '아니다', '하지 못하다' 등 부정의 뜻.　⇨　불(不)합격 · 불(不)가능 · 불(不)완전

　　→ ※ 'ㄷ', 'ㅈ'의 앞에 붙을 때는 <부>로.　⇨　부(不)정직 · 부(不)주의 · 부(不)자유

· 장신. 신장 · 동일. 일동 · 자제. 제자

어휘력 다지기

■ 글 속 한자어의 음을 적고, 그 뜻과 줄로 잇고, 쓰임을 익혀라.

■ 자자손손 살아갈 우리의 國土⬜ 보존. • • 어느 방면의 땅. 서울 이외의 지역.

■ 그는 낯선 地方⬜ 으로 여행을 떠났다. • • 모든 힘.

■ 아직 安心⬜ 하기에는 이른 것 같다. • • 나라의 땅. 한 나라의 통치권이 미치는 지역을 이른다.

■ 결승점을 향해 全力⬜ 으로 달렸다. • • 모든 걱정을 떨쳐 버리고 마음을 편히 가짐.

■ 나는 회장 선거에 出馬⬜ 하려 한다. • • 타고 있던 차에서 내림.

■ 두 정거장 지나서 下車⬜ 하여라. • • 선거에 입후보하다.

■ 그는 一男⬜ 삼녀 중 막내이다. • • 여성으로 태어난 사람.

■ 우리 반은 女子⬜ 가 한 명 더 많다. • • 아들 한 사람.

■ 나는 내 고향인 숲말에서 生長⬜ 했다. • • 나서 자람. 또는 그런 과정.

■ 산에 오르니 心身⬜ 이 다 상쾌하다. • • 자기가 태어난 나라.

■ 그들 父子⬜ 는 모습이 꼭 닮았다. • • 마음과 몸을 아울러 이르는 말.

■ 해외 동포들의 母國⬜ 방문 행사. • • 나이가 들어 늙은 사람.

■ 이분이 저의 長兄⬜ 이십니다. • • 아버지와 아들을 아울러 이르는 말.

■ 경로당으로 老人⬜ 들이 모였다. • • 둘 이상의 형 가운데 맏이인 형을 이르는 말.

■ 훌륭한 子弟⬜ 를 두셨습니다. • • 남을 높여 그의 아들을 이르는 말.

■ 저 산 아래 平地⬜ 는 모두 논밭이다. • • 어떠한 것보다 앞서 가거나 앞에 있음.

■ 先行⬜ 주자가 2루에서 아웃되었다. • • 바닥이 편편한 땅.

■ 뜻하지 않은 失火⬜ 로 큰불이 났다. • • 돈 한 푼 없이 빈둥거리며 놀고 먹는 건달.

■ 취직을 못하여 白手⬜ 생활을 하였다. • • 손발. 손과 발을 아울러 이르는 말.

■ 밤길이 어두워서 더욱 不安⬜ 하였다. • • 실수하여 불을 냄. 또는 그렇게 난 불.

■ 그는 몸을 다쳐 手足⬜ 을 잘 못쓴다. • • 마음이 편하지 아니하고 조마조마함.

· 국토 · 지방 · 안심 · 전력 · 출마 · 하차 · 일남 · 여자 · 생장 · 심신 · 부자 · 모국 · 장형 · 노인 · 자제 · 평지 · 선행 · 실화 · 백수 · 불안 · 수족

■ 아래 한자어의 뜻을 생각하며 음을 적어라.

- 土石 [ ]
- 土星 [ ]
- 地下 [ ]
- 山地 [ ]
- 火田 [ ]
- 木馬 [ ]
- 人馬 [ ]
- 車主 [ ]
- 王子 [ ]
- 長男 [ ]
- 長女 [ ]
- 身上 [ ]
- 生父 [ ]
- 生母 [ ]
- 父兄 [ ]
- 平日 [ ]
- 行人 [ ]
- 同行 [ ]
- 先手 [ ]
- 入手 [ ]
- 不平 [ ]
- 不同 [ ]
- 木手 [ ]
- 地中 [ ]

■ 아래 글 속의 한자어를 보기에서 찾아 써 넣어라.

보기

| 出身 | 天地 | 老母 | 行方 | 男女 | 父女 | 手中 |
| 失明 | 少女 | 出土 | 行人 | 白馬 | 全國 | 平生 |

- 청동기 유물이 출토 [ ][ ] 된 곳이다.
- 밤새 흰눈이 온 천지 [ ][ ] 를 덮었다.
- 자전거로 전국 [ ][ ] 을 일주하려 한다.
- 나는 백마 [ ][ ] 를 한 번도 못 보았다.
- 우리 학교는 남녀 [ ][ ] 공학이다.
- 같은 초등학교 출신 [ ][ ] 모임을 만들자.
- 부녀 [ ][ ] 간에 정다운 대화를 나누었다.
- 그는 노모 [ ][ ] 를 모시며 살고 있다.
- 너의 평생 [ ][ ] 소원은 무엇이냐?
- 그의 행방 [ ][ ] 은 아무도 모른다.
- 눈을 크게 다쳐 실명 [ ][ ] 의 위기에.
- 수중 [ ][ ] 에 돈이 한 푼도 없네.

·토석 · 토성 · 지하 · 산지 · 화전 · 목마 · 인마 · 차주 · 왕자 · 장남 · 장녀 · 신상 · 생부 · 생모 · 부형 · 평일 · 행인 · 동행 · 선수 · 입수 · 불평 · 부동 · 목수 · 지중

되새기기

한자의 음과 훈을 되새기며 필순에 따라 바르게 써 보자.

父 아버지 부	父(아비부)/총 4획

` 丶 丷 仌 父 `

父 父 父 父

母 어머니 모	母(말무)/총 5획

` 乚 乛 毋 母 母 `

母 母 母 母

兄 형 형	儿(어진사람인발)/총 5획

` 丨 冂 口 尸 兄 `

兄 兄 兄 兄

弟 아우 제	弓(활궁)/총 7획

` 丶 丷 并 羊 弟 弟 `

弟 弟 弟 弟

老 늙을 로. 노	老(늙을로)/총 6획

` 一 十 土 耂 耂 老 `

老 老 老 老

少 적을 소	小(작을소)/총 4획

` 丿 亅 小 少 `

少 少 少 少

平 평평할 평	干(방패간)/총 5획

` 一 丷 平 平 平 `

平 平 平 平

行 다닐 행	行(다닐행)/총 6획

` 丿 丿 彳 彳 行 行 `

行 行 行 行

失 잃을 실	大(큰대)/총 5획

` 丿 丶 乍 失 失 `

失 失 失 失

手 손 수	手(사람인)/총 4획

` 丿 二 三 手 `

手 手 手 手

不 아닐 불. 부	一(한일)/총 4획

` 一 丆 不 不 `

不 不 不 不

足 발 족	足(발족)/총 7획

` 丨 口 口 尸 무 무 足 `

足 足 足 足

地 땅 지	土(흙토)/총 6획

` 一 十 土 圵 地 地 `

地 地 地 地

安 편안 안	宀(갓머리)/총 6획

` 丶 丷 宀 宀 安 安 `

安 安 安 安

90

묶음 1-7

음 ■ 한자를 읽는 소리
아래 한자의 음을 찾아 적고 소리내어 읽어 보자.

– 바탕색과 글자색이 같은 것을 찾아 보자 –

훈 ■ 한자의 뜻 새김
한자의 음을 적고 훈과 함께 외어 보자.

肉 고기	食 먹을	果 실과	刀 칼
有 있을	利 이로울	自 스스로	己 몸
作 지을	品 물건	正 바를	直 곧을

알아보기

■ 한자어와 한자어를 이루는 개별 한자의 뜻을 알아보자.
■ 아래 한자어의 음을 적고 그 뜻을 생각하며 글을 읽어 보자.
■ 공부할 한자의 뜻을 알아보고 필순에 따라 바르게 써 보자.

肉食 [　　] ▶ 동물의 고기를 먹음.

「 소와 말, 토끼, 노루, 사슴과 같은 동물은 나뭇잎이나
풀을 뜯어 먹고 산다. 이와 같이 식물을 먹고 사는 동물을
초식 동물이라 한다. 그러나 호랑이, 사자, 독수리, 뱀,
상어, 고래 등과 같은 동물들은
작은 짐승이나 물고기 같은
동물들을 잡아 먹고 산다.
이와 같이 동물을 먹고 사는
동물을 肉食 동물이라 한다. 」

* 짐승: 몸에 털이 나고 네발 가진 동물. 사람이 아닌 동물을 이르는 말.

𠕎 은 잘라 놓은 고기 덩어리를 나타낸다. 𠕎에서 꺾어
진 두 선은 뼈를 발라낸 흔적이다.　동물의 몸을 이루
는 살인 〈고기〉를 의미한다.

[새김] ■고기 ■살 ■몸 ■혈연

丨 冂 冋 内 肉 肉			
肉	肉	肉	肉
肉	肉	肉	肉

𠊊 은 그릇에 담긴 밥(皀)을 입을 벌려(亼) 먹는 모습
이다.　밥이나 음식을 〈먹음〉을 의미한다.

[새김] ■음식 ■먹다 ■먹이, 밥

丿 人 亼 今 今 仐 仐 食 食			
食	食	食	食
食	食	食	食

92

果刀 [ ] ▶ 과일 깎는 칼.

「 외할머니께서 오셨습니다. 어머니는 과일을
내오셨습니다. 나는 비록 서툰 솜씨지만
果刀 로 과일을 깎았습니다.

　"할머니, 과일 드세요."
　"오냐, 우리 소운이도 인제
　다 컸구나!"
　외할머니는 무척 대견해하셨습니다.
옆에서 지켜보시던 어머니도
흐뭇해하셨습니다. 」

＊ 대견하다: 흐뭇하고 자랑스럽다.

는 나무에 열매가 달려 있는 모습이다. 　실과 나무
에 맺힌 〈열매〉를 의미한다. 나무가 자라 꽃을 피우고 열
매를 맺는 데서, 어떤 〈일의 결과나 결실〉이라는 의미도
지닌다.

[새김] ▪ 실과, 열매 ▪ 일의 결과 ▪ 과단성 있다

ノ 口 曰 旦 里 果 果 果
果	果	果	果
果	果	果	果

는 한 자루 칼의 모습이다. 　물건을 자르거나 베는
〈칼〉을 의미한다. 물살을 가르며 가는 〈거룻배〉도 의미
한다.

[새김] ▪ 칼 ▪ 거룻배(돛이 없는 작은 배)

ㄱ 刀
刀	刀	刀	刀
刀	刀	刀	刀

■ 한자어와 한자어를 이루는 개별 한자의 뜻을 알아보자.
■ 아래 한자어의 음을 적고 그 뜻을 생각하며 글을 읽어 보자.
■ 공부할 한자의 뜻을 알아보고 필순에 따라 바르게 써 보자.

有利 ▸ 이익이 있음, 이로움.

「 생물은 그 수가 늘어나면서 치열한 생존 경쟁을
벌인다. 이러한 생존 경쟁에서 살아남은 것은
살아가는데 有利 한 특징을 가진
생물로 그 형질을 자손에게
물려준다. 대를 거듭함에 따라
이러한 형질이 누적되어 오랜
세월이 흐른 다음에는 조상과는
다른 생물로 진화한다고 한다. 」

* 치열: 기세나 세력. 따위가 불길같이 맹렬함. # 맹렬하다: 기세(기운차게 뻗치는 모양이나 상태)가 몹시 사납고 세차다.
* 거듭: 어떤 일을 되풀이하여. * 형질: 사물의 생긴 모양과 성질 * 누적: 포개져 여러 번 쌓임.

有 는 손( )에 고기( )를 쥐고 있는 모습이다.
〈가지고 있음〉을 의미한다.

利 는 '벼'를 뜻하는 → 禾(화)와 '칼'을 뜻하는
→ 刀(도)= 刂 를 결합한 것이다. 날카로운 칼날(날붙
이)로 벼를 베는 것이 〈편리하고, 이로움〉을 의미한다.

[새김] ▪있다 ▪존재하다 ▪가지고 있다

ノ ナ 才 有 有 有
有	有	有	有
有	有	有	有

[새김] ▪이롭다 ▪이익 ▪편리하다 ▪날카롭다

´ 二 千 禾 禾 利 利
利	利	利	利
利	利	利	利

새기고 익히기

■ 공부할 한자와 그들로 이루어진 한자어의 뜻을 새기고 익히자.
　■ 한자의 뜻을 연결하여 한자어의 뜻을 생각해 보자.
　■ 한자어의 뜻을 알고 예문을 통해 그 쓰임을 익히자.

肉　고기　육　■ 고기　■ 살 ■ 몸　■ 혈연

食　먹을　식　■ 먹다　■ 음식　■ 먹이, 밥

果　실과　과　■ 실과, 열매　■ 일의 결과　■ 과단성 있다

刀　칼　도　■ 칼　■ 거룻배

有　있을　유　■ 있다　■ 존재하다　■ 가지고 있다

利　이로울　리　■ 이롭다 ■ 이익　■ 편리하다　■ 날카롭다

* 利(리)가 단어의 첫머리에 올 때는 '이'로 읽는다(두음법칙). → 利己 (이기)

* 두음법칙 : 한자음 중 'ㄴ'이나 'ㄹ'이 단어의 첫머리에 올 때 'ㄴ'은 'ㅇ'으로 'ㄹ'은 'ㅇ'이나 'ㄴ'으로 바꾸어 적는 법칙.

– 흐리게 나타난 한자어 위에 겹쳐서 쓰고 음을 적어라 –

水　물　수　■ 물　■ 강물, 냇물　■ 평평하다

食水　　먹는　물 ▶ 먹는물.

▷ 우리는 근처 약수터에서 나오는 물을 食水로 사용하고 있다.

靑　푸를　청　■ 푸르다　■ 젊다　■ 고요하다

靑果　　푸른 채소와　과일 ▶ 신선한 채소나 과일을 통틀어 이르는 말.

▷ 靑果 시장에 가보니 다양한 채소와 과일을 팔고 있었다.

共　한가지　공　■ 한가지　■ 함께하다　■ 함께, 같이

共有　　함께　가짐 ▶ 두 사람 이상이 한 물건을 공동으로 소유함.

▷ 아파트 정원이나 주차장은 주민들의 共有 시설이다.

身　몸　신　■ 몸　■ 나, 자신　■ 신분

肉身　　몸　몸 ▶ 육체, 사람의 몸.

▷ 그는 강한 정신력으로 肉身의 고통을 견뎌 내었다.

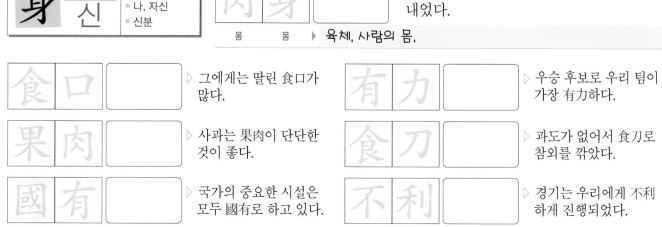

食口
▷ 그에게는 딸린 食口가 많다.

果肉
▷ 사과는 果肉이 단단한 것이 좋다.

國有
▷ 국가의 중요한 시설은 모두 國有로 하고 있다.

有力
▷ 우승 후보로 우리 팀이 가장 有力하다.

食刀
▷ 과도가 없어서 食刀로 참외를 깎았다.

不利
▷ 경기는 우리에게 不利하게 진행되었다.

* 果肉: 열매에서 씨를 둘러싸고 있는 살.
* 國有: 나라의 소유.

* 有力: 가능성이 많다.
* 食刀: 부엌(주방)에서 쓰는 칼

95

■ 한자어와 한자어를 이루는 개별 한자의 뜻을 알아보자.
■ 아래 한자어의 음을 적고 그 뜻을 생각하며 글을 읽어 보자.
■ 공부할 한자의 뜻을 알아보고 필순에 따라 바르게 써 보자.

自己 [　　　] ▶ 그 사람 자신.

「 사람이 살아가면서 겪는 싸움의 한 가지는, 自己 자신과의 싸움이다. 이것은 내가 나 자신과 싸우는 것이다. 인간의 마음 속에는 이기심이나. 시기심이 있다. 그러나 인간의 마음 속에는 시기심과 같은 좋지 못한 마음에 대항하여 싸우려는 선한 의지, 즉 양심도 있다. 결국 자신과의 싸움은 악한 욕심과 선한 의지와의 대결이라고 볼 수 있다. 」

* 이기심: 자기 자신의 이익만을 꾀하는 마음. * 시기심: 남이 잘되는 것을 샘하고 미워하는 마음.
* 대항: 굽히거나 지지 않으려고 맞서서 버티거나 항거함(순순히 따르지 아니하고 맞서서 반항함). 그것끼리 서로 겨룸.

는 사람 얼굴의 중심이 되는 코의 모습이다. '코'를 뜻하는 것이었는데, 사람들이 자기 자신을 가리킬 때 손가락이 주로 얼굴에 있는 코를 향하게 되는 데서, 〈스스로〉를 의미하게 되었다.

[새김] ■ 스스로 ■ 자기, 자신 ■ ~로 부터

´ ´ ̍ ̍ ͐ 自 自			
自	自	自	自
自	自	自	自

己 는 기록할 내용으로 다스려진 새끼줄 몸체의 모습이다. 새끼줄의 몸체를 정해진 모양과 매듭으로 다스려서 자기가 나중을 위해 남길 어떤 사실을 적을 수가 있었다. 〈몸〉, 〈다스리다〉를 의미한다.

[새김] ■ 몸 ■ 자기 ■ 다스리다

ㄱ ㄱ 己			
己	己	己	己
己	己	己	己

作品 [   ] ▶ 만든 물건, 예술상의 창작품.

「 우리 학교는 매년 개교 기념일을 맞아, 여러
가지 행사를 하며 뜻있게 보내고 있습니다.
금년에는 개교 기념일 행사로
作品 전시회를 가졌습니다.
先生님들의 作品 과 우리들이
정성스럽게 만든 作品 들을
모아 복도와 강당에 전시를
하였습니다. 」

* 행사: 어떤 일을 시행함(실지로 행함). 또는 그 일. * 전시: 여러 가지 물품을 한곳에 별여 놓고 보임.

╚ 은 저고리 옷깃의 모습이다. 나중에 '사람'을 뜻하는
刀 ┈ 人(인)= 亻 을 결합하였다. 옷을 지을 때 옷깃을
달아야 옷이 완성된다. 옷깃을 달아 옷을 〈지음〉을 의
미한다.

[새김] ▪ 짓다, 만들다 ▪ 행하다 ▪ 일으키다

ノ 亻 亻 亻 亻 作 作			
作	作	作	作
作	作	作	作

品 은 '여러 가지 물건(口)'을 뜻한다.   여러 가지 종
류의 〈물건〉을 의미한다.

[새김] ▪ 물건, 물품 ▪ 종류 ▪ 품격 ▪ 등급

丨 口 口 口 品 品 品 品 品			
品	品	品	品
品	品	品	品

■ 한자어와 한자어를 이루는 개별 한자의 뜻을 알아보자.
■ 아래 한자어의 음을 적고 그 뜻을 생각하며 글을 읽어 보자.
■ 공부할 한자의 뜻을 알아보고 필순에 따라 바르게 써 보자.

正直 [　　　] ▶ 거짓이나 꾸밈이 없이 마음이 바르고 곧음.

「 正直 한 마음을 가져야 한다.
우리는 자신도 모르는 사이에,
조그만 잘못이나 실수를 숨기기
위해 거짓말을 하는 수가 있다.
이럴 때에는 빨리 뉘우치고
사과해야 한다. 그렇지 않고
거짓말을 숨기려한다면
그 사람은 남의 눈이 두려워
불안해 할 수밖에 없다. 」

* 실수: 조심하지 아니하여 잘못함. 또는 그런 행위. * 사과: 자기의 잘못을 인정하고(확실히 그러하다고 여기고) 용서를 빎.

正은 '바르게 다스려야 할 곳'을 뜻하는 口과 '그곳으로 가는 발'을 뜻하는 ↓을 결합한 것이다. 다스려서 〈바로잡음〉을 의미한다.

[새김] ▪바르다 ▪바로 ▪결정하다 ▪주가 되는 것

一 丁 下 正 正			
正	正	正	正
正	正	正	正

直은 바라보는 눈길(罒)이 곧음(ㅣ)을 나타낸다. 굽지 않고 〈곧음〉을 의미한다.

[새김] ▪곧다 ▪바르다 ▪바로, 곧

一 十 广 古 古 肖 直 直			
直	直	直	直
直	直	直	直

새기고 익히기

■ 공부할 한자와 그들로 이루어진 한자어의 뜻을 새기고 익히자.
■ 한자의 뜻을 연결하여 한자어의 뜻을 생각해 보자.
■ 한자어의 뜻을 알고 예문을 통해 그 쓰임을 익히자.

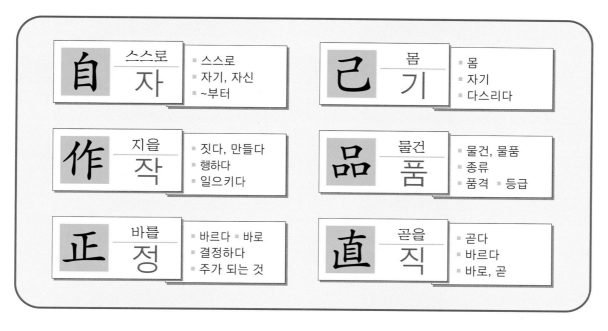

自 스스로 자
- 스스로
- 자기, 자신
- ~부터

己 몸 기
- 몸
- 자기
- 다스리다

作 지을 작
- 짓다, 만들다
- 행하다
- 일으키다

品 물건 품
- 물건, 물품
- 종류
- 품격 · 등급

正 바를 정
- 바르다 · 바로
- 결정하다
- 주가 되는 것

直 곧을 직
- 곧다
- 바르다
- 바로, 곧

– 흐리게 나타난 한자어 위에 겹쳐서 쓰고 음을 적어라 –

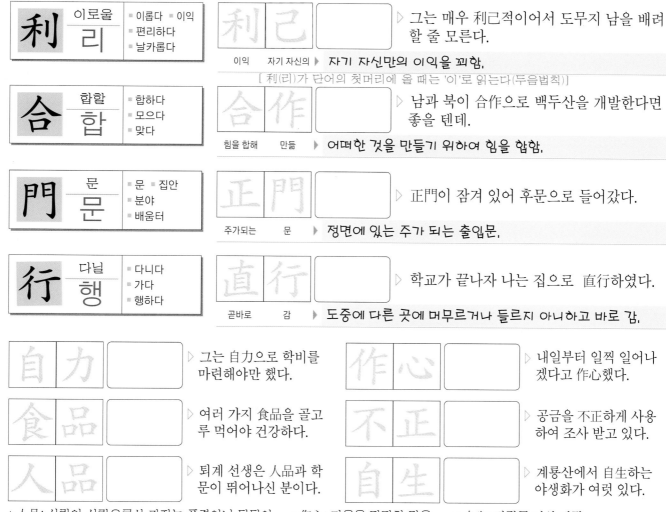

利 이로울 리
- 이롭다 · 이익
- 편리하다
- 날카롭다

利己 ▷ 그는 매우 利己적이어서 도무지 남을 배려할 줄 모른다.
이익　자기 자신의 ▶ 자기 자신만의 이익을 꾀함.
[利(리)가 단어의 첫머리에 올 때는 '이'로 읽는다(두음법칙)]

合 합할 합
- 합하다
- 모으다
- 맞다

合作 ▷ 남과 북이 合作으로 백두산을 개발한다면 좋을 텐데.
힘을 합해　만듦 ▶ 어떠한 것을 만들기 위하여 힘을 합함.

門 문 문
- 문 · 집안
- 분야
- 배움터

正門 ▷ 正門이 잠겨 있어 후문으로 들어갔다.
주가되는　문 ▶ 정면에 있는 주가 되는 출입문.

行 다닐 행
- 다니다
- 가다
- 행하다

直行 ▷ 학교가 끝나자 나는 집으로 直行하였다.
곧바로　감 ▶ 도중에 다른 곳에 머무르거나 들르지 아니하고 바로 감.

自力 ▷ 그는 自力으로 학비를 마련해야만 했다.

作心 ▷ 내일부터 일찍 일어나겠다고 作心했다.

食品 ▷ 여러 가지 食品을 골고루 먹어야 건강하다.

不正 ▷ 공금을 不正하게 사용하여 조사 받고 있다.

人品 ▷ 퇴계 선생은 人品과 학문이 뛰어나신 분이다.

自生 ▷ 계룡산에서 自生하는 야생화가 여럿 있다.

* 人品: 사람이 사람으로서 가지는 품격이나 됨됨이.　* 作心: 마음을 단단히 먹음.　* 自生: 저절로 나서 자람.

99

■ 한자의 음과 훈을 되새기며 필순에 따라 바르게 써 보자.

肉 고기 육　　　　　肉(고기육)/총 6획

ノ 冂 内 内 肉 肉

肉　肉　肉　肉

果 실과 과　　　　　木(나무목)/총 8획

丶 冂 曰 旦 旦 甲 果 果

果　果　果　果

有 있을 유　　　　　月(달월)/총 6획

ノ ナ オ 有 有 有

有　有　有　有

自 스스로 자　　　　自(스스로자)/총 6획

ノ 丨 冂 自 自 自

自　自　自　自

作 지을 작　　　　亻(사람인변)/총 7획

ノ 亻 亻 仁 竹 作 作

作　作　作　作

正 바를 정　　　　止(그칠지)/총 5획

一 丁 下 正 正

正　正　正　正

老 늙을 로. 노　　　老(늙을로)/총 6획

一 十 土 耂 耂 老

老　老　老　老

食 먹을 식　　　　食(밥식)/총 9획

ノ 人 入 今 今 今 食 食 食

食　食　食　食

刀 칼 도　　　　　刀(칼도)/총 2획

フ 刀

刀　刀　刀　刀

利 이로울 리. 이　　刂(선칼도방)/총 7획

ノ 二 千 禾 禾 利 利

利　利　利　利

己 몸 기　　　　　己(몸기)/총 3획

フ コ 己

己　己　己　己

品 물건 품　　　　口(입구)/총 9획

丨 口 口 口 吕 吕 品 品 品

品　品　品　品

直 곧을 직　　　　目(눈목)/총 8획

一 十 广 古 古 直 直 直

直　直　直　直

足 발 족　　　　　足(발족)/총 7획

丨 口 口 口 尸 尺 足

足　足　足　足

묶음 1-8

음 ■ 한자를 읽는 소리
아래 한자의 음을 찾아 적고 소리내어 읽어 보자.

– 바탕색과 글자색이 같은 것을 찾아 보자 –

훈 ■ 한자의 뜻 새김
한자의 음을 적고 훈과 함께 외어 보자.

公 공평할	私 사사	松 소나무	竹 대
羊 양	毛 털	牛 소	乳 젖
皮 가죽	骨 뼈	血 피	色 빛

■ 한자어와 한자어를 이루는 개별 한자의 뜻을 알아보자.
■ 아래 한자어의 음을 적고 그 뜻을 생각하며 글을 읽어 보자.
■ 공부할 한자의 뜻을 알아보고 필순에 따라 바르게 써 보자.

公私 [　　] ▶ 공공의 일과 사사로운 일.

「 가족 중심의 생활에 치중하다 보면, 가끔 公私를 구분하지 못하고 일을 처리하게 되는 경우가 생기기도 한다. 일을 공평하고 정당하게 처리하지 않고, 자기의 가족이나 친족이라 하여 특별히 유리하게 해 준다면 공동체의 질서를 어지럽히는 결과를 초래하게 될 것이다. 」

*치중: 어떠한 것에 특히 중점을 둠. #중점: 가장 중요하게 여겨야 할 점.
*공동체: 생활이나 행동 또는 목적 따위를 같이하는 집단. *초래: 일의 결과로서 어떤 현상을 생겨나게 함.

)ᑊᑊ 은 물건(ㅂ)을 똑같이 나눔() ())을 나타낸다. 물건을 서로 나눌 때 사사로움 없이 〈공평함〉을 의미한다.

ᕣ 는 자기의 몫으로 거두어들임을 뜻한다. 나중에 수확한 '곡식'을 뜻하는 ᣭ ┈ 禾(화)를 결합하였다. 〈개인적인 것임〉을 의미한다.

[새김] ▪공평하다 ▪공공의 ▪드러내놓다

[새김] ▪사사(개인의) ▪가족 ▪사사롭다

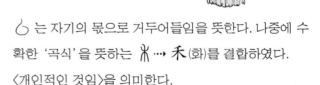

ノ 八 公 公			
公	公	公	公
公	公	公	公

´ ∸ 千 手 禾 私 私			
私	私	私	私
私	私	私	私

松竹 [　　] ▶ 솔과 대, 소나무와 대나무.

「 오우가(五友歌) -윤선도-

(윤선도가 물, 돌, 소나무, 대나무, 달을 벗에 비유하여 노래한 시조)

내 벗이 몇이나 하니
수석과 **松竹** 이라.
동산에 달 오르니
긔(그것이) 더욱 반갑고야.
두어라, 이 다섯 밖에
또 더하여 무엇하리. 」

* 동산: 마을 부근에 있는 작은 산이나 언덕.

 **松**

松 은 '나무'를 뜻하는 木(목)과 '존칭(공경의 뜻으로 높여 부르는 칭호)'로 쓰이는 말인 公(공)을 결합한 것이다. 언제나 한결같이 푸르르고 꿋꿋한 모습으로 칭송을 받는 〈소나무〉를 의미한다.

[새김] ■소나무

一 十 才 木 才 松 松 松			
松	松	松	松
松	松	松	松

 **竹**

Λ∧은 줄기에 아래로 뻗은 잎사귀가 달린 대나무의 모습이다. 〈대나무〉를 의미한다.

[새김] ■대, 대나무 ■대쪽 ■피리

ノ ト ヒ ゲ 竹 竹			
竹	竹	竹	竹
竹	竹	竹	竹

■ 한자어와 한자어를 이루는 개별 한자의 뜻을 알아보자.
■ 아래 한자어의 음을 적고 그 뜻을 생각하며 글을 읽어 보자.
■ 공부할 한자의 뜻을 알아보고 필순에 따라 바르게 써 보자.

羊毛 [＿＿＿] ▶ 양의 털.

「 오스트레일리아는 약 200년 전 영국을 중심으로 한
유럽인들이 옮겨 와서 밀을 가꾸고 양과 소를 기르면서
발전했다. 땅이 메마르고 가뭄이 심해
처음에는 어려움이 많았으나
수 많은 우물을 파서, 그
물을 이용하여 농사를 짓고
양을 길러 지금은 세계적인
羊毛와 밀 생산국이 되었다. 」

* 세계적: 이름이나 영향(어떤 사물의 효과나 작용이 다른 것에 미치는 일) 따위가 온 세계에 미치거나 세계에서 가장 뛰어난 것.

은 아래쪽으로 굽은 두 개의 뿔이 있는 양의 모습이다. 옛 사람들은 맛있는 고기와 유용한 털가죽을 얻을 수 있는 양을 상서로운 짐승으로 여겼다. 〈양〉을 의미한다.

[새김] ■ 양 ■ 상서롭다(복되고 길한 일이 일어날 조짐이 있다)

` ′ ″ ′′ ″ ′′ 羊			
羊	羊	羊	羊
羊	羊	羊	羊

는 새의 부드러운 깃털의 모습이다. 사람이나 동물의 살갗에 난 〈털〉을 의미하며,〈땅 위에 돋아나는 풀〉도 의미한다.

[새김] ■ 털, 터럭 ■ 땅 위에 돋아난 풀

′ ′ ′ ′ 毛			
毛	毛	毛	毛
毛	毛	毛	毛

새기고 익히기

■ 공부할 한자와 그들로 이루어진 한자어의 뜻을 새기고 익히자.
■ 한자의 뜻을 연결하여 한자어의 뜻을 생각해 보자.
■ 한자어의 뜻을 알고 예문을 통해 그 쓰임을 익히자.

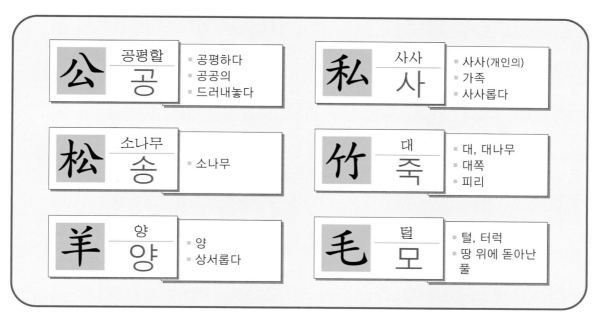

公 공평할 공
■ 공평하다
■ 공공의
■ 드러내놓다

私 사사 사
■ 사사(개인의)
■ 가족
■ 사사롭다

松 소나무 송
■ 소나무

竹 대 죽
■ 대, 대나무
■ 대쪽
■ 피리

羊 양 양
■ 양
■ 상서롭다

毛 털 모
■ 털, 터럭
■ 땅 위에 돋아난 풀

– 흐리게 나타난 한자어 위에 겹쳐서 쓰고 음을 적어라 –

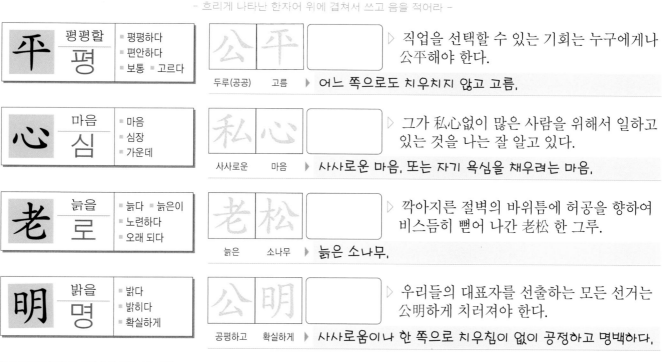

平 평평할 평
■ 평평하다
■ 편안하다
■ 보통 ■ 고르다

公平
두루(공공)　고름

▷ 직업을 선택할 수 있는 기회는 누구에게나 公平해야 한다.
▶ 어느 쪽으로도 치우치지 않고 고름.

心 마음 심
■ 마음
■ 심장
■ 가운데

私心
사사로운　마음

▷ 그가 私心없이 많은 사람을 위해서 일하고 있는 것을 나는 잘 알고 있다.
▶ 사사로운 마음, 또는 자기 욕심을 채우려는 마음.

老 늙을 로
■ 늙다 ■ 늙은이
■ 노련하다
■ 오래 되다

老松
늙은　소나무

▷ 깎아지른 절벽의 바위틈에 허공을 향하여 비스듬히 뻗어 나간 老松 한 그루.
▶ 늙은 소나무.

明 밝을 명
■ 밝다
■ 밝히다
■ 확실하게

公明
공평하고　확실하게

▷ 우리들의 대표자를 선출하는 모든 선거는 公明하게 치러져야 한다.
▶ 사사로움이나 한 쪽으로 치우침이 없이 공정하고 명백하다.

公正
▷ 판사는 법률에 따라서 公正한 재판을 해야 한다.

私利
▷ 자기의 지위를 이용하여 私利를 취하면 안 된다.

竹刀
▷ 竹刀를 꺼내 들고 검도장으로 향했다.

靑竹
▷ 그 집 뒷뜰에는 靑竹이 숲을 이루고 있다.

山羊
▷ TV를 통해 山羊들의 생활 모습을 보았다.

不毛
▷ 그곳은 不毛의 땅이다.

* 公正: 공평하고 올바름.　* 私利: 사사로운(개인적인) 이익.　* 不毛: 땅이 거칠고 메말라 식물이 나거나 자라지 아니함.

■ 한자어와 한자어를 이루는 개별 한자의 뜻을 알아보자.
■ 아래 한자어의 음을 적고 그 뜻을 생각하며 글을 읽어 보자.
■ 공부할 한자의 뜻을 알아보고 필순에 따라 바르게 써 보자.

牛乳 [   ] ▶ 암소의 젖.

「 우리는 젖소를 길러 牛乳 를 얻는다. 과거에
젖소를 기르는 일이 발달하지 못했을 때에는
우리는 牛乳 를 먹기 여려웠다.
그러나 오늘날은 젖소를 많이
기르게 되어 많은 사람들이
牛乳 를 먹고 있다.
특히 어린이들은 거의 대부분
牛乳 를 마시며 자라게 되어,
옛날에 비하여 성장이 충실해지고 있다. 」

* 성장: 사람이나 동식물 따위가 자라서 점점 커짐. 사물의 규모나 세력 따위가 점점 커짐.
* 충실: 내용이 알차고 단단함. 주로 아이들의 몸이 건강하여 튼튼함.

ⓨ 는 위쪽으로 굽은 두 개의 뿔이 달린 소의 모습이다.
소는 우직하고 고집스런 성질이 있다.   〈소〉를 의미한다.

鼃 는 아이(子)에게 젖을 먹이는(爪) 모습이다.   아이
를 먹여 기르는 〈젖〉을 의미한다.

[새김] ■ 소 ■ 고집스럽다

[새김] ■ 젖 ■ 젖을 먹이다

ノ ヒ ゠ 牛			
牛	牛	牛	牛
牛	牛	牛	牛

ノ ィ ^ ^ ^ ^ 乎 乎 乳			
乳	乳	乳	乳
乳	乳	乳	乳

皮骨 [ ] ▸ 살가죽과 뼈를 통틀어 이르는 말.

「 지금도 세계 여러 곳에서는 지진, 홍수,
가뭄 등 자연 재해나 전쟁으로 소중한
생명들이 사라져 가고 있습니다.
얼마전 가뭄이 심한 지역의
사람들이 식량이 부족해
마른 나뭇가지처럼 皮骨 만
남은채 쓰러져 있는 모습을
텔레비젼에서 보았습니다. 」

* 재해: 지진, 태풍, 홍수, 가뭄, 해일, 화재, 전염병 따위의 재앙으로 말미암아 받는 피해. * 소중하다: 매우 귀중하다.

는 손(✕)으로 짐승의 가죽(🐾)을 벗겨 내는 모습이
다. 짐승에게서 벗겨 낸 껍질인 〈가죽〉을 의미한다.

[새김] ▪가죽 ▪껍질 ▪거죽

ノ 广 广 皮 皮

은 관절이 서로 이어져 있는 뼈의 모습이다. 나중에
'살(몸)'을 뜻하는 ⺼ … 肉(육)을 결합하였다. 몸 속
의 〈뼈〉를 의미한다.

[새김] ▪뼈 ▪골격 ▪기골

丨 冂 冎 冎 咼 冎 骨 骨 骨 骨

알아보기

■ 한자어와 한자어를 이루는 개별 한자의 뜻을 알아보자.
■ 아래 한자어의 음을 적고 그 뜻을 생각하며 글을 읽어 보자.
■ 공부할 한자의 뜻을 알아보고 필순에 따라 바르게 써 보자.

血色 [ ] ▶ 살갗에 보이는 핏기.

「 아버지께서는 회사일로 출장도 자주
다니시고, 밤늦게 들어오시는 날이 많다.
어느날, 아버지께서는 몹시 피곤하고
가슴이 답답하다시며 일찍
들어오셨다. 얼굴의 血色도
좋지 않으셨다. 아버지께서는
병원에 가 진찰을 받으셨는데,
의사 선생님은 몇 가지 자세한
검사를 더 해 봐야겠다고 하셨다. 」

* 출장: 용무(해야 할 일)를 위하여 임시로 다른 곳으로 나감.

은 제기(⊔)에 피(◦)를 받아 놓은 모습이다. 옛날
에 '혈제(血祭)'라 하여 산 짐승의 피를 받아 신에게 바
치는 제사가 있었다고 한다. 〈피〉를 의미한다.

[새김] ■ 피 ■ 근친 ■ 빨간색

`ノ ′ 宀 宀 血 血`			
血	血	血	血
血	血	血	血

은 잘 차려입은 남자( )와 낮빛이 붉어져 돌아앉은
여자( )의 모습이다. 남녀가 가까이 할 때 심정의 작
용으로 얼굴에 나타나는 〈낯빛〉을 의미한다.

[새김] ■ 빛, 빛깔 ■ 낮빛 ■ 미색 ■ 꿰매다

`ノ ク ク 争 叾 色`			
色	色	色	色
色	色	色	色

새기고 익히기

■ 공부할 한자와 그들로 이루어진 한자어의 뜻을 새기고 익히자.
　■ 한자의 뜻을 연결하여 한자어의 뜻을 생각해 보자.
　■ 한자어의 뜻을 알고 예문을 통해 그 쓰임을 익히자.

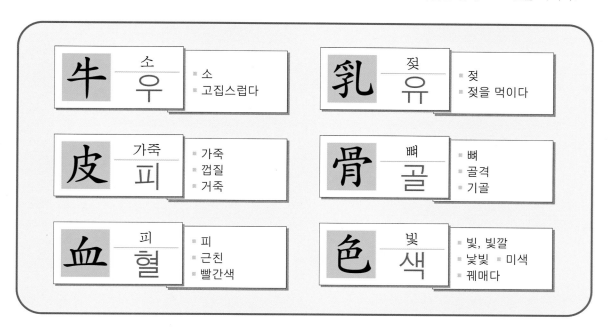

牛 소 우	▪ 소 ▪ 고집스럽다	乳 젖 유	▪ 젖 ▪ 젖을 먹이다
皮 가죽 피	▪ 가죽 ▪ 껍질 ▪ 거죽	骨 뼈 골	▪ 뼈 ▪ 골격 ▪ 기골
血 피 혈	▪ 피 ▪ 근친 ▪ 빨간색	色 빛 색	▪ 빛, 빛깔 ▪ 미색 ▪ 낯빛 ▪ 꿰매다

- 흐리게 나타난 한자어 위에 겹쳐서 쓰고 음을 적어라 -

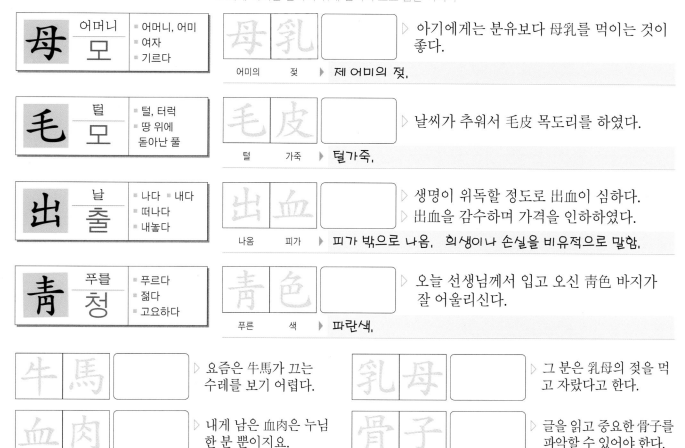

母 어머니 모	▪ 어머니, 어미 ▪ 여자 ▪ 기르다	母乳 [　]	▷ 아기에게는 분유보다 母乳를 먹이는 것이 좋다.
		어미의 젖 ▶ 제 어미의 젖.	
毛 털 모	▪ 털, 터럭 ▪ 땅 위에 돋아난 풀	毛皮 [　]	▷ 날씨가 추워서 毛皮 목도리를 하였다.
		털 가죽 ▶ 털가죽.	
出 날 출	▪ 나다 ▪ 내다 ▪ 떠나다 ▪ 내놓다	出血 [　]	▷ 생명이 위독할 정도로 出血이 심하다. ▷ 出血을 감수하며 가격을 인하하였다.
		나옴 피가 ▶ 피가 밖으로 나옴. 희생이나 손실을 비유적으로 말함.	
靑 푸를 청	▪ 푸르다 ▪ 젊다 ▪ 고요하다	靑色 [　]	▷ 오늘 선생님께서 입고 오신 靑色 바지가 잘 어울리신다.
		푸른 색 ▶ 파란색.	

牛馬 [　]	▷ 요즘은 牛馬가 끄는 수레를 보기 어렵다.	乳母 [　]	▷ 그 분은 乳母의 젖을 먹고 자랐다고 한다.
血肉 [　]	▷ 내게 남은 血肉은 누님 한 분 뿐이지요.	骨子 [　]	▷ 글을 읽고 중요한 骨子를 파악할 수 있어야 한다.
心血 [　]	▷ 그가 평생 동안 心血을 기울인 사업이었다.	才色 [　]	▷ 김 진사댁의 셋째 딸은 才色을 갖추었다?

* 血肉: 부모, 자식, 형제 따위의 한 혈통으로 맺어진 육친.　　　* 骨子: 말이나 일의 내용에서 중심이 되는 줄기를 이루는 것.
* 心血: 마음과 힘을 아울러 이르는 말.　　　　　　　　　　　　* 才色: 여자의 재주와 아름다운 용모.

어휘력 다지기

글 속 한자어의 음을 적고, 그 뜻과 줄로 잇고, 쓰임을 익혀라.

■ 점심에 소머리 국밥과 **片肉** 　을 먹자. • • 밥이나 빵과 같이 끼니에 주로 먹는 음식.

■ 우리는 쌀을 **主食** 　으로 한다. • • 두 사람 이상이 한 물건을 공동으로 소유함.

■ 우리집 근처에 **青果** 　시장이 있다. • • 얇게 저민 수육(삶아 내어 물기를 뺀 고기).

■ 나는 동생과 컴퓨터를 **共有** 　하고 있어. • • 청과물(신선한 과일과 채소를 통틀어 이르는 말.).

■ 어째 사태가 **不利** 　하게 변해가고 있네. • • 그 사람의 몸. 또는 바로 그 사람을 이르는 말.

■ 그 사람 **自身** 　이 직접 한 말이야. • • 이롭지 아니함.

■ 끝까지 싸우겠노라 **作心** 　하였다. • • 품성과 행실을 아울러 이르는 말.

■ 그는 **品行** 　이 올바른 학생이다. • • 자기 혼자의 힘.

■ 학교 **正門** 　앞에서 만나기로 했어. • • 마음을 단단히 먹음. 또는 그 마음.

■ 그는 **自力** 　으로 문제를 해결했다. • • 건물의 정면에 있는 주가 되는 출입문.

■ 수익금을 **公平** 　하게 나누자. • • 어느 쪽으로도 치우치지 않고 고름.

■ **私心** 　없이 공정하게 일을 처리했다. • • 대칼(대나무로 만든 칼).

■ 언덕 위에 서 있는 **老松** 　한 그루. • • 사사로운 마음. 또는 자기 욕심을 채우려는 마음.

■ 기합 소리와 함께 **竹刀** 　를 내리쳤다. • • 늙은 소나무.

■ 나는 아직 **羊肉** 　을 먹어보지 못했다. • • 고기를 얻으려고 기르는 소.

■ 저 목장에서는 **肉牛** 　를 기른다. • • 털가죽(털이 그대로 붙어 있는 짐승의 가죽).

■ 그곳에서 **羊乳** 　로 만든 치즈를 판다. • • 양의 고기.

■ 그는 **毛皮** 　로 만든 외투를 입었다. • • 양의 젖.

■ 글의 중요한 **骨子** 　를 파악하여라. • • 파란색.

■ 내가 **心血** 　을 기울여 만든 작품들. • • 말이나 일의 내용에서 중심이 되는 줄기를 이루는 것.

■ 우리 모두 **青色** 　모자를 쓰기로 하자. • • 마음과 힘을 아울러 이르는 말.

· 편육 · 주식 · 청과 · 공유 · 불리 · 자신 · 작심 · 품행 · 정문 · 자력 · 공평 · 사심 · 노송 · 죽도 · 양육 · 육우 · 양유 · 모피 · 골자 · 심혈 · 청색

■ 아래 한자어의 뜻을 생각하며 음을 적어라.

- 肉身 ⬚
- 食口 ⬚
- 衣食 ⬚
- 百果 ⬚
- 有人 ⬚
- 自國 ⬚
- 利己 ⬚
- 大作 ⬚
- 食品 ⬚
- 上品 ⬚
- 正月 ⬚
- 自主 ⬚
- 公明 ⬚
- 公主 ⬚
- 青松 ⬚
- 不毛 ⬚
- 牛馬 ⬚
- 羊皮 ⬚
- 人骨 ⬚
- 骨肉 ⬚
- 血肉 ⬚
- 有色 ⬚
- 一色 ⬚
- 長刀 ⬚

■ 아래 글 속의 한자어를 보기에서 찾아 써 넣어라.

보기

| 肉食 | 公正 | 自生 | 山羊 | 食水 | 利子 | 不正 |
| 出血 | 同色 | 作家 | 有力 | 自作 | 直行 | 出品 |

- 이 섬은 식수 ⬚⬚ 가 넉넉하지는 않아.
- 그가 유력 ⬚⬚ 한 우승 후보라 생각해.
- 빌린 돈과 이자 ⬚⬚ 를 매달 갚고 있다.
- 무인도에서 자생 ⬚⬚ 하는 식물을 발견.
- 젊은 작가 ⬚⬚ 들의 조각 작품전시회.
- 나도 서예 공모전에 출품 ⬚⬚ 해 볼까?
- 고향으로 가는 직행 ⬚⬚ 버스를 탔다.
- 심판이 공정 ⬚⬚ 하지 못한 경기였어.
- 바위 절벽을 쉽게 오르내리는 산양 ⬚⬚ .
- 그 환자는 출혈 ⬚⬚ 이 심한 상태였다.
- 초록과 녹색은 동색 ⬚⬚ 이다.
- 부정 ⬚⬚ 한 방법으로 얻은 재산을 몰수.

· 육신 · 식구 · 의식 · 백과 · 유인 · 자국 · 이기 · 대작 · 식품 · 상품 · 정월 · 자주 · 공명 · 공주 · 청송 · 불모 · 우마 · 양피 · 인골 · 골육 · 혈육 · 유색 · 일색 · 장도

111

한자성어

■ 한자성어에 담긴 함축된 의미를 이해하고 그 쓰임을 익히자.

━ 한자성어의 음을 적고 그에 담긴 의미와 적절한 쓰임을 알아보자.

作	心	三	日

▶ 단단히 먹은 마음이 사흘을 가지 못한다는 뜻으로, 결심이 굳지 못함을 이르는 말.

▷ 아버지께서는 이번에 담배를 끊겠다고 결심하셨는데, 作心三日로 끝내지 않으시면 좋겠다.

身	土	不	二

▶ 몸과 땅은 둘이 아니고 하나라는 뜻, 자기가 사는 땅에서 산출한 농산물이라야 체질에 잘 맞음을 이르는 말.

▷ 요즘 사람들은 身土不二라는 생각으로 수입 농산물 보다는 우리 땅에서 생산한 농산물을 더 찾는다.

公	明	正	大

▶ 하는 일이나 태도가 사사로움이나 그릇됨이 없이 아주 정당하고 떳떳하다.

▷ 누가 이기든 지든 우리 公明正大하게 겨루어 보자.

一	日	之	長

▶ 하루 먼저 세상에 태어났다는 뜻으로, 나이가 조금 위임을 이르는 말.

▷ 내가 친구들 모임에 회장을 맡게된 것은 단지 一日之長이라는 이유 때문입니다.

如	足	如	手

▶ 형제는 몸에서 떼어 놓을 수 없는 팔다리와 같음을 이르는 말로, 형제는 서로 떨어질 수 없는 사이임을 비유.

▷ 한부모에게서 태어난 우리 형제들은 서로가 如足如手임을 알기에 우애가 도탑다.

之	갈 지	▪ 가다, 이르다 ▪ 가다, 이르다 ▪ ~의, ~에 있어서

`丶 冫 之`

如	같을 여	▪ 같다, 같게하다 ▪ 따르다, 좇다 ▪ 어찌, 가령

`く 攵 攵 如 如 如`

· 작심삼일 · 신토불이 · 공명정대 · 일일지장 · 여족여수

더 살펴 익히기

■ 같은 한자로 이루어진 두 한자어의 뜻 차이를 알아보고, 짧은 글의 ( ) 안에 알맞은 한자어의 음을 써 넣어라.

長生 : 오래 삶.

生長 : 나서 자람, 또는 그런 과정.

肉食 : 음식으로 고기를 먹음, 또는 그런 식사.

食肉 : 식용육(쇠고기, 돼지고기, 닭고기 따위와 같이 음식으로 먹는 고기).

母乳 : 제 어미의 젖, 어미젖.

乳母 : 남의 아이에게 그 어머니 대신 젖을 먹여주는 여자, 젖어머니.

● 사람들은 대부분 (   )을 원한다.

● 개구리의 (   ) 과정을 관찰하고 있다.

● 나는 (   )을 많이 하는 편이다.

● (   )을 얻기 위해서 가축을 기른다.

● 분유가 없었으니 (   )가 있어야 했어.

● 아기에게는 (   )가 가장 좋다.

■ [色]을 나타내는 한자에 모두 ○표 하여라. ⇨ [白 · 光 · 丹 · 靑]

■ [食]과 관계가 있는 한자에 모두 ○표 하여라. ⇨ [衣 · 乳 · 肉 · 果]

■ [身]과 관계가 있는 한자에 모두 ○표 하여라. ⇨ [手 · 骨 · 心 · 足]

■ 아래의 뜻을 지닌 한자성어를 찾아 줄로 잇고 독음을 적어라.

▶ 사흘간의 천하라는 뜻으로 어떤 지위나 상태가 오래 지속되지 못하고 극히 짧은 동안에 끝이 남을 비유.

| 家家戶戶 | |

▶ 한 집 한 집마다, 집집마다, 집집이.

| 一片丹心 | |

▶ 한 조각 붉은 마음이라는 뜻으로, 진심에서 우러나오는 변치 아니하는 마음을 이르는 말.

| 三日天下 | |

▶ 갑이란 남자와 을이란 여자라는 뜻으로, 평범한 사람들을 이르는 말.

| 十中八九 | |

▶ 서너 사람 또는 대여섯 사람이 떼를 지어 다니거나 무슨 일을 함, 또는 그런 모양.

| 三三五五 | |

▶ 열 가운데 여덟이나 아홉 정도로 거의 대부분이거나 거의 틀림없음.

| 甲男乙女 | |

· 생장. 장생 · 육식. 식육 · 모유. 유모

■ 한자의 음과 훈을 되새기며 필순에 따라 바르게 써 보자.

公	공평할 공		八(여덟팔)/총 4획

ノ 八 公 公

公　公　公　公

私	사사 사		禾(벼화)/총 7획

ノ 二 千 千 禾 私 私

私　私　私　私

松	소나무 송		木(나무목)/총 8획

一 十 オ 木 松 松 松 松

松　松　松　松

竹	대 죽		竹(대죽)/총 6획

ノ ト ト ヤ 竹 竹

竹　竹　竹　竹

羊	양 양		羊(양양)/총 6획

丶 丷 半 半 兰 羊

羊　羊　羊　羊

毛	털 모		毛(터럭모)/총 4획

ノ 二 三 毛

毛　毛　毛　毛

牛	소 우		牛(소우)/총 4획

ノ 二 牛 牛

牛　牛　牛　牛

乳	젖 유		乙(새을)/총 8획

乳　乳　乳　乳

皮	가죽 피		皮(가죽피)/총 5획

ノ 厂 广 皮 皮

皮　皮　皮　皮

骨	뼈 골		骨(뼈골)/총 10획

骨　骨　骨　骨

血	피 혈		血(피혈)/총 6획

ノ 丶 竹 白 血 血

血　血　血　血

色	빛 색		色(빛색)/총 6획

ノ ク 久 务 名 色

色　色　色　色

之	갈 지		ノ(삐침별)/총 획

丶 二 之

之　之　之　之

如	같을 여		女(계집녀)/총 6획

く 女 女 如 如 如

如　如　如　如

묶음 1-9

음 ■ 한자를 읽는 소리
아래 한자의 음을 찾아 적고 소리내어 읽어 보자.

훈 ■ 한자의 뜻 새김
한자의 음을 적고 훈과 함께 외어 보자.

半 반	分 나눌	工 장인	事 일
元 으뜸	首 머리	孝 효도	道 길
朝 아침	夕 저녁	名 이름	弓 활

■ 한자어와 한자어를 이루는 개별 한자의 뜻을 알아보자.
■ 아래 한자어의 음을 적고 그 뜻을 생각하며 글을 읽어 보자.
■ 공부할 한자의 뜻을 알아보고 필순에 따라 바르게 써 보자.

半分 [　　] ▶ 절반으로 나눔.

「 우리나라는 한 민족으로 이루어진 나라입니다.
지금은 남과 북으로 **半分** 되어 있지만, 원래는
한 민족, 한 형제입니다. 우리 민족은 남북
분단으로 많은 슬픔과 어려움을 겪고 있습니다.
이러한 슬픔과 어려움은 통일이 되지 않는 한
결코 가벼워지지 않을 것이지만, 통일이 그리
쉬운 것은 아닙니다. 따라서, 통일이 이루어지기
전까지 우리는 한 민족, 한 형제로서 평화롭게
지낼 수 있도록 서로 노력해야 합니다. 」

* 분단: 동강이 나게 끊어 가름. * 통일: 나누어진 것들을 합쳐서 하나의 조직·체계 아래 모이게 함.
# 조직: 짜서 이루거나 얽어서 만듦. # 체계: 일정한 원리에 따라서 낱낱의 부분이 짜임새 있게 조직되어 통일된 전체.

半 은 '소'를 뜻하는 半…▶牛(우)와 '갈라 나눔'을 뜻
하는 八…▶八(팔)로 이루어졌다.　소를 잡아 반으로
갈라 나눈 〈절반〉을 의미한다.

[새김] ▪반, 절반 ▪가운데 ▪반쪽을 내다

ﾉ ﾑﾑ ﾑﾑ 半			
半	半	半	半
半	半	半	半

分 은 '칼'을 뜻하는 ﾉ…▶刀(도)와 '갈라 나눔'을 뜻
하는 八…▶八(팔)을 결합한 것이다.　〈갈라서 나눔〉을
의미한다.

[새김] ▪나누다 ▪구분 ▪몫 ▪1분

ﾉ 八 今 分			
分	分	分	分
分	分	分	分

工事 ▶ 토목이나 건축 따위의 일.

「 리비아 사람들은 한국인이라고 하면 엄지 손가락을 세우며 '코리아 최고'라고 한다. 대부분 사막으로 이루어진 그 나라에 한국의 한 건설 회사가 3500킬로미터가 넘는 대수로 工事 를 해주었기 때문이다. 이제 우리의 우수한 건설 기술은 세계의 곳곳에 잘 알려져 있다. 」

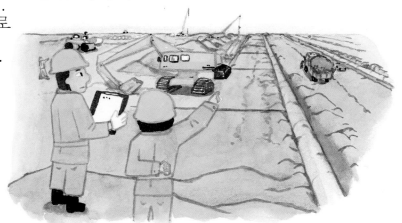

* 건설: 건물, 설비, 시설 따위를 새로 만들어 세움. * 대수로: 넓고 커다란 수로(물이 흐르거나 물을 보내는 통로).
* 우수하다: 여럿 가운데 뛰어나다.

丂 工 工

丂 은 날이 붙어 있는 도구의 모습이다. 도구를 써서 물건을 만드는 〈일〉, 물건을 만드는 일을 업으로 하는 사람인 〈장인〉을 의미한다.

새김 ■ 장인 ■ 일 ■ 공사 ■ 인공

ㄱ ㅜ 工			
工	工	工	工
工	工	工	工

事 事 事

事 는 글자를 새기는 기구인 활비비(丫)를 손(ㅋ)에 잡고 있는 모습이다. 옛날에 나라에 일이 있을 때 거북의 등껍질에 글자를 새겨 점을 치고 그 결과를 기록하던 〈일〉, 그 일을 맡은 〈관직〉을 의미한다.

새김 ■ 일 ■ 사건, 사고 ■ 관직

一 一 一 一 一 事 事 事 事			
事	事	事	事
事	事	事	事

■ 한자어와 한자어를 이루는 개별 한자의 뜻을 알아보자.
■ 아래 한자어의 음을 적고 그 뜻을 생각하며 글을 읽어 보자.
■ 공부할 한자의 뜻을 알아보고 필순에 따라 바르게 써 보자.

元首 [ ]

▶ 한 나라를 대표하는 군주나 대통령.

「 대통령은 국가 元首 로서 외국에 대하여 국가를 대표한다. 대통령은 국민에 의해 직접 선출되며, 정해진 임기 동안 그 직책을 맡는다. 대통령은 나라의 독립과 헌법을 지켜야 할 책임을 지고 있으며, 조국의 평화적 통일을 이루기 위해 노력할 의무도 가지고 있다. 」

* 임기 : 임무를 맡아보는 일정한 기간.   * 직책 : 직무(담당하여 맡은 사무)상의 책임.

元

𠃍 은 '위로 올리다'는 뜻인 二(上의 옛글자)과 '사람' 뜻하는 ∧…人=亻을 결합한 것이다. 〈가장 위로 올림〉을 의미한다.

새김 ▪으뜸 ▪처음 ▪근본 ▪우두머리

一 二 亓 元			
元	元	元	元
元	元	元	元

首

𦣻 는 눈(目)과 머리털(巛)의 모습이다. 얼굴에 있는 눈과 머리에 있는 머리털로 사람의 '머리'를 나타내었다. 사람의 몸에서 으뜸이 되는 〈머리〉를 의미한다.

새김 ▪머리 ▪으뜸 ▪우두머리 ▪향하다

丷 丷 丷 丱 产 首 首 首			
首	首	首	首
首	首	首	首

새기고 익히기

■ 공부할 한자와 그들로 이루어진 한자어의 뜻을 새기고 익히자.
■ 한자의 뜻을 연결하여 한자어의 뜻을 생각해 보자.
■ 한자어의 뜻을 알고 예문을 통해 그 쓰임을 익히자.

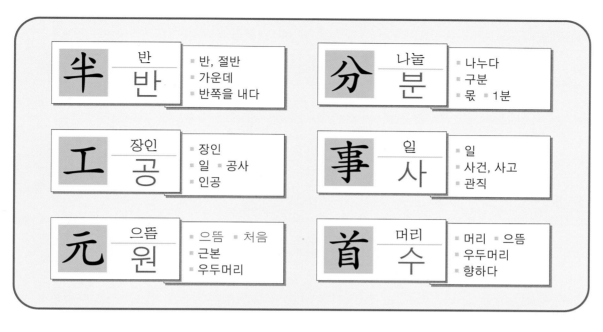

半 반	■ 반, 절반 ■ 가운데 ■ 반쪽을 내다	分 분	■ 나누다 ■ 구분 ■ 몫 ■ 1분
工 공	■ 장인 ■ 일 ■ 공사 ■ 인공	事 사	■ 일 ■ 사건, 사고 ■ 관직
元 원	■ 으뜸 ■ 처음 ■ 근본 ■ 우두머리	首 수	■ 머리 ■ 으뜸 ■ 우두머리 ■ 향하다

– 흐리게 나타난 한자어 위에 겹쳐서 쓰고 음을 적어라 –

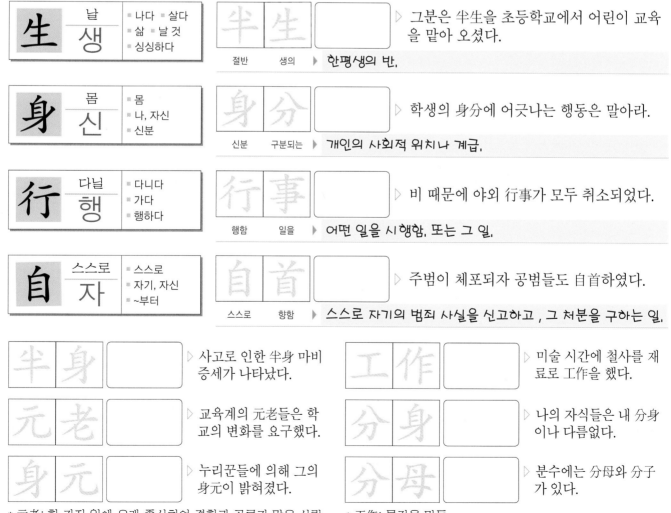

生 생 ■ 나다 ■ 살다 ■ 삶 ■ 날 것 ■ 싱싱하다

半生 / 절반 · 생의 ▷ 한평생의 반.
▷ 그분은 半生을 초등학교에서 어린이 교육을 맡아 오셨다.

身 신 ■ 몸 ■ 나, 자신 ■ 신분

身分 / 신분 · 구분되는 ▷ 개인의 사회적 위치나 계급.
▷ 학생의 身分에 어긋나는 행동은 말아라.

行 행 ■ 다니다 ■ 가다 ■ 행하다

行事 / 행함 · 일을 ▷ 어떤 일을 시행함, 또는 그 일.
▷ 비 때문에 야외 行事가 모두 취소되었다.

自 자 ■ 스스로 ■ 자기, 자신 ■ ~부터

自首 / 스스로 · 향함 ▷ 스스로 자기의 범죄 사실을 신고하고, 그 처분을 구하는 일.
▷ 주범이 체포되자 공범들도 自首하였다.

半身 ▷ 사고로 인한 半身 마비 증세가 나타났다.
元老 ▷ 교육계의 元老들은 학교의 변화를 요구했다.
身元 ▷ 누리꾼들에 의해 그의 身元이 밝혀졌다.

工作 ▷ 미술 시간에 철사를 재료로 工作을 했다.
分身 ▷ 나의 자식들은 내 分身이나 다름없다.
分母 ▷ 분수에는 分母와 分子가 있다.

* 元老: 한 가지 일에 오래 종사하여 경험과 공로가 많은 사람.
* 身元: 개인의 신분이나 평소 행실, 주소, 직업 따위를 이른다.
* 工作: 물건을 만듦.
* 分身: 하나의 주체에서 갈라져 나온 것.

■ 한자어와 한자어를 이루는 개별 한자의 뜻을 알아보자.
■ 아래 한자어의 음을 적고 그 뜻을 생각하며 글을 읽어 보자.
■ 공부할 한자의 뜻을 알아보고 필순에 따라 바르게 써 보자.

孝道 [____]

▶ 부모를 잘 섬기는 도리, 부모를 정성껏 잘 섬기는 일.

「 우리의 전통 문화로서 길이 지켜 갈 만한 것으로는 어떤 것이 있을까? 수많은 것이 있겠지만, 부모를 섬기는 효사상이 으뜸이 아닐까 생각한다. 孝道란, 자기를 낳아 준 부모를 섬기는 사람의 도리이다. 일상 생활에서는 정성껏 봉양하고, 정신 세계에서는 그 뜻을 받들어 이어 가는 것으로 근본을 삼는다. 」

* 전통: 어떤 집단이나 공동체에서, 지난 시대에 이미 이루어져 계통을 이루며 전하여 내려오는 사상·관습·행동 따위의 양식.
* 섬기다: 신이나 윗사람을 잘 모시어 받들다.   * 도리: 사람이 어떤 입장에서 마땅히 행하여야 할 바른길.

耆는 '자식'을 뜻하는 우⋯子(자)와 '늙은이'를 뜻하는 耂⋯耂(老)의 줄인 모양을 결합한 것이다. 자식이 늙은 부모를 등에 업은 모습이다.   자식이 〈부모를 섬김〉을 의미한다

[새김] ▪효도 ▪부모를 섬기다

一 十 十 耂 耂 孝 孝			
孝	孝	孝	孝
孝	孝	孝	孝

衜는 '가다', '행하다'는 뜻인 彳⋯行(행)과 '향하다'는 뜻인 首⋯首(수)를 결합한 것이다. 나중에 彳이 辵(쉬엄쉬엄갈착) = 辶(책받침)으로 바뀌었다.   좇는 바를 향해 〈가는 길〉을 의미한다.

[새김] ▪길 ▪도리 ▪행하다 ▪기예

丷 丷 产 产 首 首 首 首 道 道 道			
道	道	道	道
道	道	道	道

朝夕 [　　] ▶ 아침과 저녁.

「 숭늉에는 한국의 맛이 있다고들 한다. 나 역시
朝夕 으로 숭늉을 마실 때마다 한국을 느낀다.
숭늉에는 은은한 온돌의 장판 색 같은 빛깔이
있고, 역시 그렇게 구수한 맛이 있다.
그러나 그 빛깔은 있는 듯하면서도
없는 것 같고, 그 맛은 없는
듯하면서도 있는 것 같다.
마시고 나야 비로소 그 맛을
알 수 있으며, 따라 놓고 봐야
그 빛깔을 볼 수가 있다. 」

＊ 숭늉: 밥을 지은 솥에서 밥을 푼 뒤에 물을 붓고 데운 물. 구수한 맛이 있다.

☼ 는 초원(☼)에 해(⊙)는 떠오르는데(☼) 달(♪)은
아직 남아 있는 모습이다.　지평선 너머로 동이 터오고
새벽달은 아직 서쪽 하늘에 걸려 있는 때인 〈아침〉을 의
미한다.

[새김] ▪아침 ▪처음 ▪조정

一	十	土	吉	吉	卓	車	朝	朝	朝	朝
朝		朝		朝		朝				
朝		朝		朝		朝				

〗 은 초생달의 모습이다.　해가 기울고 달이 뜨는
〈저녁〉을 의미한다.

[새김] ▪저녁 ▪밤 ▪기울다

ノ	夕	夕
夕	夕	夕	夕
夕	夕	夕	夕

알아보기

■ 한자어와 한자어를 이루는 개별 한자의 뜻을 알아보자.
■ 아래 한자어의 음을 적고 그 뜻을 생각하며 글을 읽어 보자.
■ 공부할 한자의 뜻을 알아보고 필순에 따라 바르게 써 보자.

名弓 [　　]

▶ 활을 잘 쏘기로 이름난 사람,　이름난 활, 또는 좋은 활.

「 아기는 세 살 때부터 활을 쏘았다. 일곱 살이되면서부터는 아무리 빨리 달리는 짐승도 놓치는 일이 없었다. 타고난 名弓 이었다. 그 때, 동부여에서는 활을 가장 잘 쏘는 사람을 뽑아 '주몽'이라 불렀다. 아이도 왕자들이 참가하는 활쏘기 대회에 나갔다. 아이의 활 솜씨는 백발백중이었다. 모든 왕자들을 제치고 주몽이 되었다. 」

* 참가: 모임이나 단체 또는 일에 관계하여 들어감.

ㅂ) 은 '저녁'을 뜻하는) ⋯ 夕 (석)과 '말하다' 는 뜻인 ㅂ ⋯ 口 (구)를 결합한 것이다.　어두워진 저녁에 거리가 떨어져 있는 사람을 식별하기 위해 불러 보는 〈이름〉을 의미한다.

[새김] ■이름 ■이름나다 ■평판

ノ ク タ 夕 夕 名 名			
名	名	名	名
名	名	名	名

ㆀ 은 활의 모습이다.　〈활〉을 의미한다.

[새김] ■활 ■활 모양 ■궁술

ㄱ ㄱ 弓			
弓	弓	弓	弓
弓	弓	弓	弓

새기고 익히기

■ 공부할 한자와 그들로 이루어진 한자어의 뜻을 새기고 익히자.
■ 한자의 뜻을 연결하여 한자어의 뜻을 생각해 보자.
■ 한자어의 뜻을 알고 예문을 통해 그 쓰임을 익히자.

孝 효도 효	■ 효도 ■ 부모를 섬기다		道 길 도	■ 길 ■ 도리 ■ 행하다 ■ 기예
朝 아침 조	■ 아침 ■ 처음 ■ 조정		夕 저녁 석	■ 저녁 ■ 밤 ■ 기울다
名 이름 명	■ 이름 ■ 이름나다 ■ 평판		弓 활 궁	■ 활 ■ 활 모양 ■ 궁술

- 흐리게 나타난 한자어 위에 겹쳐서 쓰고 음을 적어라 -

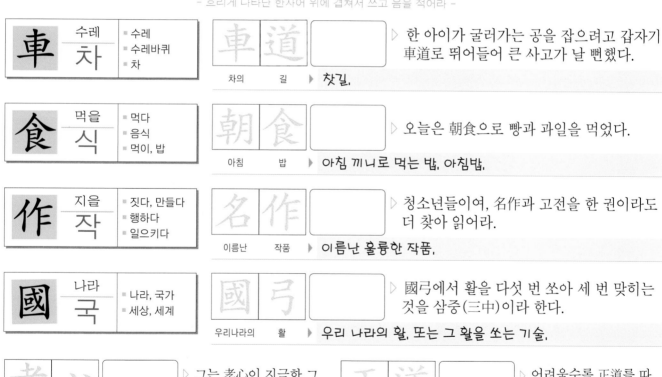

| 車 수레 차 | ■ 수레
■ 수레바퀴
■ 차 | 車道 | | ▷ 한 아이가 굴러가는 공을 잡으려고 갑자기 車道로 뛰어들어 큰 사고가 날 뻔했다. |
| | | 차의 길 ▶ 찻길. | |

| 食 먹을 식 | ■ 먹다
■ 음식
■ 먹이, 밥 | 朝食 | | ▷ 오늘은 朝食으로 빵과 과일을 먹었다. |
| | | 아침 밥 ▶ 아침 끼니로 먹는 밥, 아침밥. | |

| 作 지을 작 | ■ 짓다, 만들다
■ 행하다
■ 일으키다 | 名作 | | ▷ 청소년들이여, 名作과 고전을 한 권이라도 더 찾아 읽어라. |
| | | 이름난 작품 ▶ 이름난 훌륭한 작품. | |

| 國 나라 국 | ■ 나라, 국가
■ 세상, 세계 | 國弓 | | ▷ 國弓에서 활을 다섯 번 쏘아 세 번 맞히는 것을 삼중(三中)이라 한다. |
| | | 우리나라의 활 ▶ 우리 나라의 활, 또는 그 활을 쏘는 기술. | |

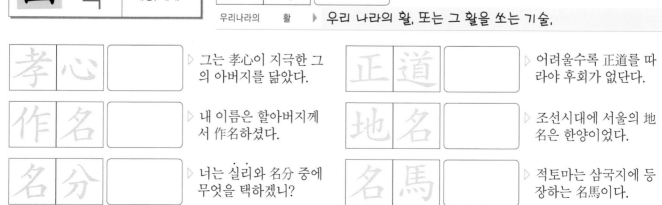

孝心		▷ 그는 孝心이 지극한 그의 아버지를 닮았다.
作名		▷ 내 이름은 할아버지께서 作名하셨다.
名分		▷ 너는 실리와 名分 중에 무엇을 택하겠니?

正道		▷ 어려울수록 正道를 따라야 후회가 없단다.
地名		▷ 조선시대에 서울의 地名은 한양이었다.
名馬		▷ 적토마는 삼국지에 등장하는 名馬이다.

* 名分: 각각의 이름이나 신분에 따라 마땅히 지켜야 할 도리.
# 실리(實利): 실제로 얻는 이익.

* 正道: 올바른 길. 또는 정당한 도리.
* 名馬: 매우 우수한 말.

123

■ 한자의 음과 훈을 되새기며 필순에 따라 바르게 써 보자.

半 반 반	十(열십)/총 5획
ノ ハ ム 兰 半	
半 半 半 半	

分 나눌 분	刀(칼도)/총 4획
ノ 八 今 分	
分 分 分 分	

工 장인 공	工(장인공)/총 3획
一 丁 工	
工 工 工 工	

事 일 사	亅(갈고리궐)/총 8획
一 一 亓 亓 马 写 写 事	
事 事 事 事	

元 으뜸 원	儿(어진사람인발)/총 4획
一 二 テ 元	
元 元 元 元	

首 머리 수	首(머리수)/총 9획
丶 丷 꼳 꼳 产 首 首 首 首	
首 首 首 首	

孝 효도 효	子(아들자)/총 7획
一 十 土 耂 耂 孝 孝	
孝 孝 孝 孝	

道 길 도	辶(책받침)/총 13획
丷 丷 产 产 首 首 首 首 渞 渞 道 道	
道 道 道 道	

朝 아침 조	月(달월)/총 12획
一 十 壮 古 吉 古 直 卓 朝 朝 朝 朝	
朝 朝 朝 朝	

夕 저녁 석	夕(저녁석)/총 3획
ノ ク 夕	
夕 夕 夕 夕	

名 이름 명	口(입구)/총 6획
ノ ク 夕 夕 名 名	
名 名 名 名	

弓 활 궁	弓(활궁)/총 3획
一 コ 弓	
弓 弓 弓 弓	

私 사사 사	禾(벼화)/총 7획
ノ 二 千 禾 禾 私 私	
私 私 私 私	

骨 뼈 골	骨(뼈골)/총 10획
丨 冂 冋 円 咼 咼 骨 骨 骨 骨	
骨 骨 骨 骨	

묶음 1-10

음 ■ 한자를 읽는 소리
아래 한자의 음을 찾아 적고 소리내어 읽어 보자.

– 바탕색과 글자색이 같은 것을 찾아 보자 –

훈 ■ 한자의 뜻 새김
한자의 음을 적고 훈과 함께 외어 보자.

內 안	外 바깥	耳 귀	目 눈
見 볼	本 근본	南 남녘	北 북녘
東 동녘	西 서녘	萬 일만	里 마을

알아보기

■ 한자어와 한자어를 이루는 개별 한자의 뜻을 알아보자.
■ 아래 한자어의 음을 적고 그 뜻을 생각하며 글을 읽어 보자.
■ 공부할 한자의 뜻을 알아보고 필순에 따라 바르게 써 보자.

内外 [　　] ▶ 안과 밖. 안팎. 부부.

「 기차는 따사로운 햇볕을 담뿍 받으며, 싱그러운
5월의 풍경 속을 달렸다. 두 시간 남짓하여 전주에
도착하니, 외삼촌께서 마중나와 계셨다.
外家에 가서 외할머니와 외삼촌
内外 분께 인사를 드렸다.
　"아이고, 우리 수미도 다 컸구나!"
　외할머니께서는 무척 반기시며
대견해하셨다. 」

* 남짓: 크기, 수효, 부피 따위가 어느 한도에 차고 조금 남는 정도임을 나타내는 말. * 마중: 오는 사람을 나가서 맞이함.
# 수효: 사물의 수. 낱낱의 수. # 한도: 일정하게 정한 정도.

内는 '들다', '들이다'는 뜻인 ＾…▶入(입)이 경계로
구분한 冂의 안에 들어간 모습이다.　바깥과 구분되는
〈안〉을 의미한다.

[새김] ■ 안, 속 ■ 몰래 ■ 들이다

丨 冂 内 内			
内	内	内	内
内	内	内	内

까는 '저녁'을 뜻하는 刀…▶夕(석)과 '점치다'는 뜻
인 卜…▶卜(복)을 결합한 것이다.　점은 아침에 치는
것인데 저녁에 또 점치는 것은 관례에서 벗어나는 일이
라는 데서, 〈밖으로 벗어남〉을 의미한다.

[새김] ■ 바깥 ■ 외국 ■ 벗어나다 ■ 추가로

ノ ク タ 列 外			
外	外	外	外
外	外	外	外

耳目 [   ]
▶ 귀와 눈을 아울러 이르는 말. 주의나 관심.

「 사람들 중에는 못마땅한 사람들이 간혹 있어요.
가령 시골에 왔으면 조용히 놀다가 주변을 말끔히
치우고 가야잖아요? 그래야 거기
사는 사람들이나 나중에 놀러 올
사람들에게도 피해가 가지 않지요.
그런데 남의 耳目 을 피해 놀던
자리에다 슬쩍 쓰레기를 버리거나,
돌아가는 길 주변에 내던지고
가는 사람들이 있어요. 」

* 간혹: 어쩌다 한 번씩.   * 가령: 가정하여(사실인지 아닌지 분명하지 않은 것을 임시로 인정하여) 말하여. 예를 들어.
* 말끔히: 티 없이 맑고 환할 정도로 깨끗하게.

는 귀의 모습이다.   소리를 듣는 〈귀〉를 의미한다.

은 사람 눈의 모습이다.   사물을 바라보는 〈눈〉을
의미한다.

[새김] ▪ 귀 ▪ 듣다

[새김] ▪ 눈 ▪ 보다 ▪ 일컫다 ▪ 조목 ▪ 목록

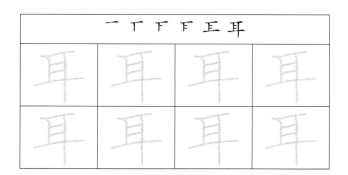

一 丁 F F 王 耳

丨 冂 冃 月 目

알아보기

■ 한자어와 한자어를 이루는 개별 한자의 뜻을 알아보자.
■ 아래 한자어의 음을 적고 그 뜻을 생각하며 글을 읽어 보자.
■ 공부할 한자의 뜻을 알아보고 필순에 따라 바르게 써 보자.

見本 [　　] ▶ 본보기 물건.

「 "이 곳 무역 센터는 무역 협회를 비롯해서 종합 전시장,
백화점과 호텔 등 많은 건물이 들어서 있단다. 우리나라
물건을 수입해 갈 외국 손님들이
공항에서 곧장 이 곳으로 오면
모든 일을 다 볼 수 있지.
종합 전시장에서 상품의
見本 을 보고, 생산 업체와
상담을 통해 직접 계약을
맺을 수도 있단다." 」

* 상품: 사고 파는 물품.   * 상담: 문제를 해결하거나 궁금증을 풀기 위하여 서로 의논함.

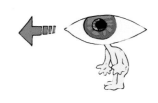

𥇒 은 사람(𠂊 ⋯▶ 儿)이 눈(⋯▶ 目)을 크게 뜨고 바라
보는 모습이다.   눈으로 〈봄〉을 의미한다.

朩 은 '나무'를 뜻하는 朩 ⋯▶ 木 (목)에 밑동 부분을 가
리키는 점 • 을 찍어 놓은 것이다.   나무의 밑동에 있
는 〈뿌리〉를 의미한다.

[새김] ▪ 보다 ▪ 보이다 ▪ 보는 바, 소견

[새김] ▪ 근본, 뿌리 ▪ 책 ▪ 주가 되는 것

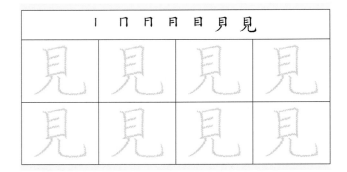

ㅣ ㄇ ㄇ ㄇ 目 貝 見
見	見	見	見
見	見	見	見

一 十 才 木 本
本	本	本	本
本	本	本	本

새기고 익히기

■ 공부할 한자와 그들로 이루어진 한자어의 뜻을 새기고 익히자.
■ 한자의 뜻을 연결하여 한자어의 뜻을 생각해 보자.
■ 한자어의 뜻을 알고 예문을 통해 그 쓰임을 익히자.

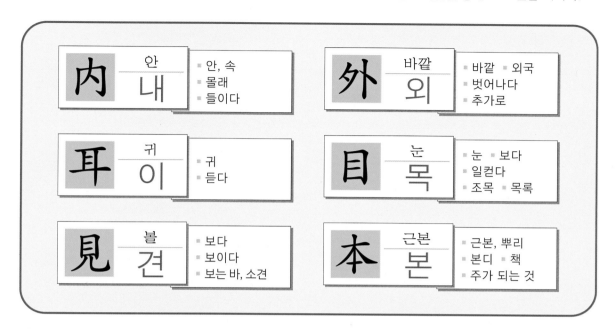

内 안 내	■ 안, 속 ■ 몰래 ■ 들이다
外 바깥 외	■ 바깥 ■ 외국 ■ 벗어나다 ■ 추가로
耳 귀 이	■ 귀 ■ 듣다
目 눈 목	■ 눈 ■ 보다 ■ 일컫다 ■ 조목 ■ 목록
見 볼 견	■ 보다 ■ 보이다 ■ 보는 바, 소견
本 근본 본	■ 근본, 뿌리 ■ 본디 ■ 책 ■ 주가 되는 것

- 흐리게 나타난 한자어 위에 겹쳐서 쓰고 음을 적어라 -

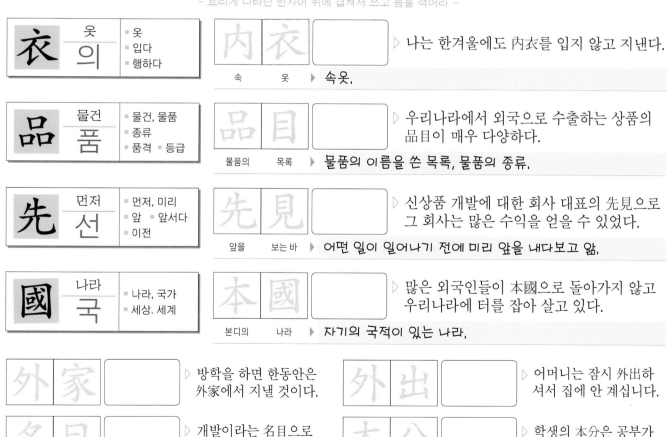

衣 옷 의 ■ 옷 ■ 입다 ■ 행하다

内衣 [   ]
속   옷 ▷ 속옷.
▷ 나는 한겨울에도 内衣를 입지 않고 지낸다.

品 물건 품 ■ 물건, 물품 ■ 종류 ■ 품격 ■ 등급

品目 [   ]
물품의 목록 ▷ 물품의 이름을 쓴 목록, 물품의 종류.
▷ 우리나라에서 외국으로 수출하는 상품의 品目이 매우 다양하다.

先 먼저 선 ■ 먼저, 미리 ■ 앞 ■ 앞서다 ■ 이전

先見 [   ]
앞을   보는 바 ▷ 어떤 일이 일어나기 전에 미리 앞을 내다보고 앎.
▷ 신상품 개발에 대한 회사 대표의 先見으로 그 회사는 많은 수익을 얻을 수 있었다.

國 나라 국 ■ 나라, 국가 ■ 세상. 세계

本國 [   ]
본디의   나라 ▷ 자기의 국적이 있는 나라.
▷ 많은 외국인들이 本國으로 돌아가지 않고 우리나라에 터를 잡아 살고 있다.

外家 [   ]
▷ 방학을 하면 한동안은 外家에서 지낼 것이다.

外出 [   ]
▷ 어머니는 잠시 外出하셔서 집에 안 계십니다.

名目 [   ]
▷ 개발이라는 名目으로 자연을 훼손하고 있다.

本分 [   ]
▷ 학생의 本分은 공부가 기본이다.

内心 [   ]
▷ 형은 할머니가 용돈을 주시리라 内心 바랐다.

一見 [   ]
▷ 이것은 一見 진품 같지만 실은 짝퉁이다.

* 名目: 겉으로 내세우는 이름. 구실이나 이유.
* 内心: 겉으로 드러나지 아니한 실제의 마음.

* 本分: 의무적으로 마땅히 지켜 행하여야 할 직분.
* 一見: 한 번 봄. 또는 언뜻 봄.

알아보기

■ 한자어와 한자어를 이루는 개별 한자의 뜻을 알아보자.
■ 아래 한자어의 음을 적고 그 뜻을 생각하며 글을 읽어 보자.
■ 공부할 한자의 뜻을 알아보고 필순에 따라 바르게 써 보자.

南北 [　　] ▶ 남쪽과 북쪽.

「둘로 갈라진 우리 겨레는, 다시 하나가 되기 위해 노력하고 있다. 南北 체육 교류는 두드러진 성과를 보였다. 남한의 축구 선수들이 평양에 가서 경기를 하였고, 북한 선수들이 서울에 와서 경기를 한 것이다. 남북한 선수들이 나란히 손을 잡고 입장하는 모습을 본 사람들은 모두 흐뭇해하였다.」

* 겨레: 같은 핏줄을 이어받은 민족. 같은 핏줄을 이어받은 사람.   * 성과: 이루어 낸 결실.
* 흐뭇하다: 마음에 흡족하여(조금도 모자람이 없을 정도로 넉넉하여) 매우 만족스럽다.

은 옛날 남방 사람들이 악기로 사용하던 종의 모습이다.   이 악기 소리가 매우 맑고 독특하여 이 악기를 연주하는 남방 사람을 '南'이라 일컬었다 한다. 나중에 주로 방위의 〈남쪽〉을 의미하게 되었다.

[새김] ■ 남녘, 남쪽

一 十 十 冇 冇 南 南 南 南
南	南	南	南
南	南	南	南

은 두 사람이 서로 등지고 있는 모양이다.   본래의 의미는 '서로 등지다'인데, 나중에 해를 향했을 때 등지는 쪽인 〈북쪽〉을 의미하게 되었다.

[새김] ■ 북녘, 북쪽 ■ 등지다 ■ 달아나다

丨 丬 丬 北 北
北	北	北	北
北	北	北	北

東西 ▢ ▸ 동쪽과 서쪽,

「 공원이나 관광지에는 그 곳을 안내하는
지도가 있습니다. 지도를 보고
목적지를 찾아가려면, 먼저
지도에서 자기가 있는 곳과
그 주위의 모습을 알아본 다음,
東西 南北의 방향을 보고
찾아야 합니다. 」

* 관광지: 경치가 뛰어나거나 사적, 온천 따위가 있어 관광할 만한 곳.   * 안내: 어떤 내용을 소개하여 알려 줌. 또는 그런 일.

東 은 물건을 담아 꾸려 놓은 전대의 모습이다.   짐을
꾸려 두었다가 동녘이 밝아 올 때에 길을 떠나거나 일하
러 나가는 데서, 해 뜨는 쪽인 〈동쪽〉을 의미한다.

[새김] ▪ 동녘, 동쪽 ▪ 오른쪽 ▪ 주인

一 𠆢 戸 FT 戸 由 東 東
東	東	東	東
東	東	東	東

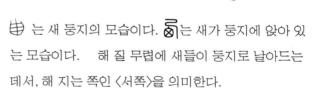

西 는 새 둥지의 모습이다. 西는 새가 둥지에 앉아 있
는 모습이다.   해 질 무렵에 새들이 둥지로 날아드는
데서, 해 지는 쪽인 〈서쪽〉을 의미한다.

[새김] ▪ 서녘, 서쪽 ▪ 서양

一 𠆢 冋 两 两 西
西	西	西	西
西	西	西	西

알아보기

■ 한자어와 한자어를 이루는 개별 한자의 뜻을 알아보자.
- 아래 한자어의 음을 적고 그 뜻을 생각하며 글을 읽어 보자.
- 공부할 한자의 뜻을 알아보고 필순에 따라 바르게 써 보자.

萬里 ☐

▶ 천리의 열 갑절. 매우 먼 거리.

삭풍은 나무 끝에 불고
명월은 눈 속에 찬데
萬里 변성에
일장검 짚고 서서
긴 파람 큰 한 소리에
거칠 것이 없어라.

– 김종서 –

* 삭풍: 겨울철에 북쪽에서 불어오는 찬 바람. * 명월: 밝은 달. * 변성: 나라의 경계가 되는 변두리에 있는 성. * 파람: 휘파람.

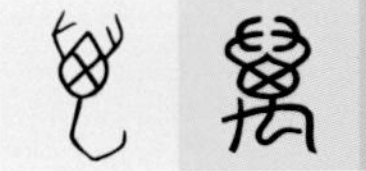 萬

萬은 전갈의 모습이다. 전갈과 전갈처럼 꽁지 부분에 독침이 있는 벌도 뜻한다. 벌이 수만 마리가 떼를 지어 생활하는 데서, 많은 수인 〈일만〉을 의미하게 되었다.

새김 ▪ 일만 ▪ 많은 ▪ 온갖 ▪ 절대로

丶 亠 艹 艹 艹 节 苜 苩 萬 萬 萬 萬			
萬	萬	萬	萬
萬	萬	萬	萬

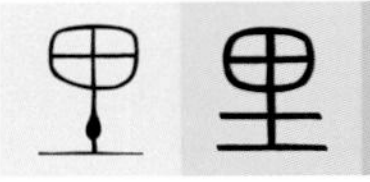 里

里는 '밭'을 뜻하는 ⊕ ··· 田(전)과 '흙', '땅'을 뜻하는 ⊥ ··· 土(토)를 결합한 것이다. 농토와 집 지을 터가 있어 사람들이 자리 잡아 살아가는 〈마을〉을 의미한다. 거리의 단위(里)로도 쓰인다.

새김 ▪ 마을 ▪ 속 ▪ 거리의 단위

丨 冂 曰 日 甲 里 里			
里	里	里	里
里	里	里	里

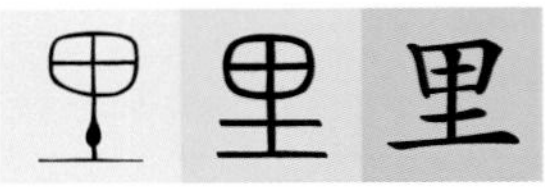

새기고 익히기

■ 공부할 한자와 그들로 이루어진 한자어의 뜻을 새기고 익히자.
  ■ 한자의 뜻을 연결하여 한자어의 뜻을 생각해 보자.
  ■ 한자어의 뜻을 알고 예문을 통해 그 쓰임을 익히자.

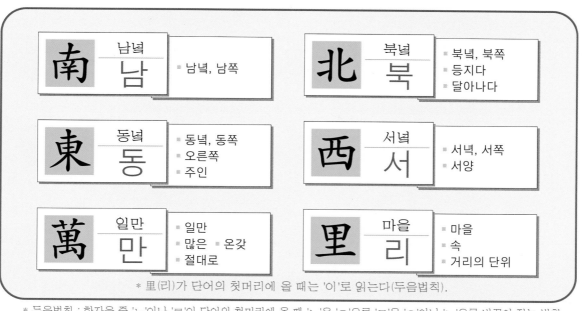

南 남녘 남	▪ 남녘, 남쪽
東 동녘 동	▪ 동녘, 동쪽 ▪ 오른쪽 ▪ 주인
萬 일만 만	▪ 일만 ▪ 많은 ▪ 온갖 ▪ 절대로
北 북녘 북	▪ 북녘, 북쪽 ▪ 등지다 ▪ 달아나다
西 서녘 서	▪ 서녘, 서쪽 ▪ 서양
里 마을 리	▪ 마을 ▪ 속 ▪ 거리의 단위

* 里(리)가 단어의 첫머리에 올 때는 '이'로 읽는다(두음법칙).

* 두음법칙 : 한자음 중 'ㄴ'이나 'ㄹ'이 단어의 첫머리에 올 때 'ㄴ'은 'ㅇ'으로 'ㄹ'은 'ㅇ'이나 'ㄴ'으로 바꾸어 적는 법칙.

– 흐리게 나타난 한자어 위에 겹쳐서 쓰고 음을 적어라 –

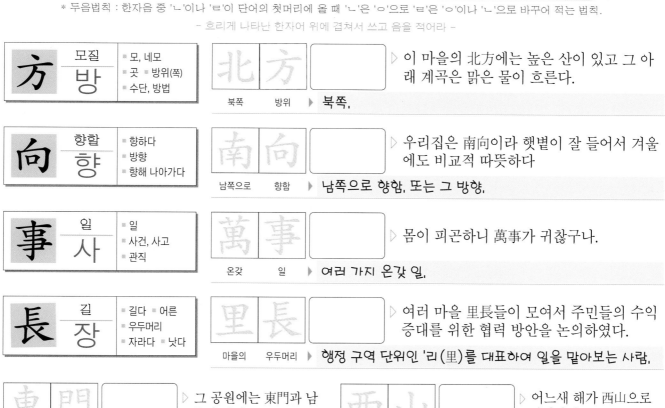

方 모질 방	▪ 모, 네모 ▪ 곳 ▪ 방위(쪽) ▪ 수단, 방법
北方 북쪽 방위 ▶ 북쪽,	▷ 이 마을의 北方에는 높은 산이 있고 그 아래 계곡은 맑은 물이 흐른다.
向 향할 향	▪ 향하다 ▪ 방향 ▪ 향해 나아가다
南向 남쪽으로 향함 ▶ 남쪽으로 향함, 또는 그 방향.	▷ 우리집은 南向이라 햇볕이 잘 들어서 겨울에도 비교적 따뜻하다
事 일 사	▪ 일 ▪ 사건, 사고 ▪ 관직
萬事 온갖 일 ▶ 여러 가지 온갖 일.	▷ 몸이 피곤하니 萬事가 귀찮구나.
長 길 장	▪ 길다 ▪ 어른 ▪ 우두머리 ▪ 자라다 ▪ 낫다
里長 마을의 우두머리 ▶ 행정 구역 단위인 '리(里)를 대표하여 일을 맡아보는 사람.	▷ 여러 마을 里長들이 모여서 주민들의 수익 증대를 위한 협력 방안을 논의하였다.

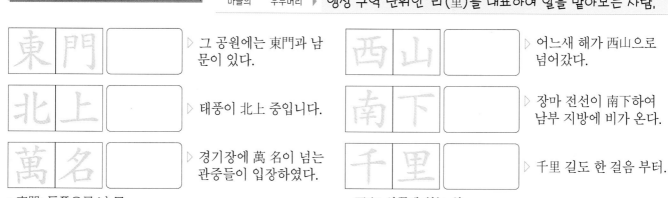

東門	▷ 그 공원에는 東門과 남문이 있다.	西山	▷ 어느새 해가 西山으로 넘어갔다.
北上	▷ 태풍이 北上 중입니다.	南下	▷ 장마 전선이 南下하여 남부 지방에 비가 온다.
萬名	▷ 경기장에 萬名이 넘는 관중들이 입장하였다.	千里	▷ 千里 길도 한 걸음 부터.

* 東門: 동쪽으로 난 문.
* 北上: 북쪽을 향하여 올라감.

* 西山: 서쪽에 있는 산.
* 南下: 남쪽으로 내려감.

133

한자성어

■ 한자성어의 음을 적고 그에 담긴 의미와 적절한 쓰임을 알아보자.

四	大	六	身

▶ 두 팔, 두 다리, 머리, 몸뚱이라는 뜻으로, 온몸을 이르는 말.

▷ 대학까지 졸업하고 四大六身이 멀쩡한 놈이 매일 할 일없이 놀고만 있느냐? 무어라도 해야지.

先	見	之	明

▶ 어떤 일이 일어나기 전에 미리 앞을 내다보고 아는 지혜.

▷ 그 시절에 10년 만이라도 앞을 내다보는 先見之明이 있는 사람이라면 크게 성공할 수 있었다.

十	目	十	手

▶ 열 사람의 눈과 열 사람의 손이란 뜻으로, 보는 사람과 손가락질하는 사람이 많음을 비유적으로 이르는 말.

▷ 네 주변의 十目十手가 두렵지 않느냐? 그런 행동은 삼가도록 하여라.

九	牛	一	毛

▶ 아홉 마리의 소 가운데 박힌 하나의 털이란 뜻으로, 매우 많은 것 가운데 극히 적은 수를 이르는 말.

▷ 현재 이산가족 수는 700만 명이 넘는다고 한다. 이에 비하면 지금까지 상봉한 이산가족은 九牛一毛에 지나지 않는다.

左	之	右	之

☞ 이리저리 마음대로 휘두르거나 다룸.

▷ 그 친구는 힘이 좀 세다고 우리들을 左之右之하려 든다.

左 왼 좌
- 왼, 왼쪽
- 아랫자리
- 증거

一 ナ 左 左 左

右 오른쪽 우
- 오른쪽
- 오른손
- 돕다

ノ ナ 右 右 右

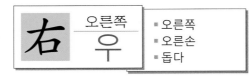

· 사대육신 · 선경지명 · 십목십수 · 구우일모 · 좌지우지

더 살펴 익히기

■ 한자가 지닌 여러가지 뜻과 한자어를 한 번 더 살펴 익히자.

■ 같은 한자로 이루어진 두 한자어의 뜻 차이를 알아보고, 짧은 글의 ( ) 안에 알맞은 한자어의 음을 써 넣어라.

人名 : 사람의 이름.	■ 그 수첩에는 많은 ( )이 적혀 있었다.
名人 : 어떤 분야에서 기예가 뛰어나 유명한 사람.	■ 국악 ( )들의 합동 공연은 대단했어.
作名 : 이름을 지음.	■ 갓 태어난 아이의 ( )을 부탁합니다.
名作 : 이름난 훌륭한 작품.	■ 이 영화는 그 감독이 남긴 ( )이란다.
外國 : 자기 나라가 아닌 다른 나라.	■ ( )로 탈출하려던 범인을 체포했다.
國外 : 한 나라의 영토 밖.	■ 나의 첫 ( ) 여행은 어디로 갈까?

■ [朝]와 상대되는 뜻을 지닌 한자에 ○표 하여라. ⇨ [明 · 向 · 夕 · 月]

■ [內]와 상대되는 뜻을 지닌 한자에 ○표 하여라. ⇨ [門 · 入 · 家 · 外]

■ [南]과 상대가 되는 한자에 ○표 하여라. ⇨ [東 · 西 · 星 · 北]

■ [東]과 상대가 되는 한자에 ○표 하여라. ⇨ [行 · 西 · 北 · 見]

■ 아래의 뜻을 지닌 한자성어를 찾아 줄로 잇고 독음을 적어라.

▶ 우리나라에서 가장 험한 산골이라 이르던 삼수와 갑산. 조선 시대에 귀양지의 하나였다. 매우 힘들고 어려운 지경을 비유.

▶ 단단히 먹은 마음이 사흘을 가지 못한다는 뜻으로, 결심이 굳지 못함을 이르는 말.

▶ 하늘이 맑게 갠 대낮, 맑은 하늘에 뜬 해, 혐의나 원죄가 풀리어 무죄가 됨.

▶ 하는 일이나 태도가 사사로움이나 그릇됨이 없이 아주 정당하고 떳떳하다.

▶ 몸과 땅은 둘이 아니고 하나라는 뜻, 자기가 사는 땅에서 산출한 농산물이라야 체질에 잘 맞음을 이르는 말.

▶ 하루 먼저 세상에 태어났다는 뜻으로, 나이가 조금 위임을 이르는 말.

青天白日	
三水甲山	
公明正大	
作心三日	
一日之長	
身土不二	

· 명인. 인명 · 작명. 명작 · 외국. 국외

135

어휘력 다지기

■ 글 속 한자어의 음을 적고, 그 뜻과 줄로 잇고, 쓰임을 익혀라.

■ 아버지의 머리가 半白 이 되셨다.	• 틀림없이 확실하게.
■ 그의 목소리를 分明 하게 들었어.	• 끼니로 음식을 먹음. 또는 그 음식.
■ 石工 이 돌을 쪼아 다듬고 있었다.	• 흰색과 검은색이 반반 정도인 머리털.
■ 점심 食事 로 만두국을 먹기로 했어.	• 석수(돌을 다듬어 물건을 만드는 사람).
■ 너의 孝心 을 부모님께 표현하여라.	• 올바른 길. 또는 정당한 도리.
■ 아침 출근길 車道 는 항상 붐빈다.	• 효성스러운 마음.
■ 그의 행동은 正道 에서 벗어났어.	• 찻길.
■ 그는 가끔 朝食 으로 빵을 먹는다.	• 이름을 지음.
■ 이곳의 地名 을 정확하게 알고 있니?	• 아침밥(아침 끼니로 먹는 밥).
■ 새로 개업할 가게의 作名 을 의뢰.	• 마을이나 지방, 산천, 지역 따위의 이름.
■ 弓手 는 화살로 적장을 겨누었다.	• 활 쏘는 일을 맡아 하는 군사.
■ 이 곳이 國內 에서 가장 긴 터널이다.	• 물품의 이름을 쓴 목록, 물품 종류의 이름.
■ 비가 와서 外出 을 하지 않았다.	• 외관(겉으로 드러난 모양).
■ 야영에 필요한 品目 을 적어 보아라.	• 나라의 안.
■ 그는 外見 과는 달리 힘이 센 편이다.	• 집이나 근무지 따위에서 벗어나 잠시 밖으로 나감.
■ 그는 자기 本心 을 감추고 말하였다.	• 남쪽으로 향함. 또는 그 방향.
■ 南向 으로 지은 집이 따뜻하다.	• 본디부터 변함없이 그대로 가지고 있는 마음.
■ 그 마을 北方 에는 큰 산이 있다.	• 의무적으로 마땅히 지켜 행하여야 할 직분.
■ 학생의 本分 은 학업에 열중하는 것.	• 자기가 사는 곳 밖의 다른 고장.
■ 萬一 을 대비해 비상약품을 챙겨라.	• 북쪽. 북쪽 지방.
■ 그는 外地 로 나가서 살고 있단다.	• 혹시 있을 지도 모르는 뜻밖의 경우.

· 반백 · 분명 · 석공 · 식사 · 효심 · 차도 · 정도 · 조식 · 지명 · 작명 · 궁수 · 국내 · 외출 · 품목 · 외견 · 본심 · 남향 · 북방 · 본분 · 만일 · 외지

■ 아래 한자어의 뜻을 생각하며 음을 적어라.

- 半生 ☐
- 上半 ☐
- 水分 ☐
- 工作 ☐
- 手工 ☐
- 行事 ☐
- 元老 ☐
- 不孝 ☐
- 夕食 ☐
- 名人 ☐
- 名馬 ☐
- 弓道 ☐
- 外國 ☐
- 外家 ☐
- 名目 ☐
- 一見 ☐
- 本名 ☐
- 南行 ☐
- 北向 ☐
- 國外 ☐
- 西方 ☐
- 萬全 ☐
- 十里 ☐
- 萬人 ☐

■ 아래 글 속의 한자어를 보기에서 찾아 써 넣어라.

보기

| 内衣 | 孝行 | 身元 | 主見 | 身分 | 西方 | 自首 |
| 西山 | 人工 | 本人 | 名目 | 有名 | 人事 | 外食 |

- 학생 신분 ☐☐ 에 맞게 행동을 해라.
- 공원에 인공 ☐☐ 폭포를 만들었다.

- 서로 만나 첫 인사 ☐☐ 를 나누었다.
- 사건 용의자의 신원 ☐☐ 이 밝혀졌다.

- 자신의 잘못을 뉘우치고 자수 ☐☐ 했다.
- 우리가 실천할 수 있는 효행 ☐☐ 은?

- 이곳이 세계적으로 유명 ☐☐ 한 관광지.
- 날씨가 추워서 내의 ☐☐ 를 입었어.

- 오랜만에 온 가족이 외식 ☐☐ 을 하였다.
- 그는 주견 ☐☐ 이 없어 남에게 휘둘린다.

- 잘못한 일은 본인 ☐☐ 이 직접 사과해라.
- 해가 점점 서산 ☐☐ 으로 넘어가고 있다.

·반생·상반·수분·공작·수공·행사·원로·불효·석식·명인·명마·궁도·외국·외가·명목·일견·본명·남행·북향·국외·서방·만전·십리·만인

137

한자의 음과 훈을 되새기며 필순에 따라 바르게 써 보자.

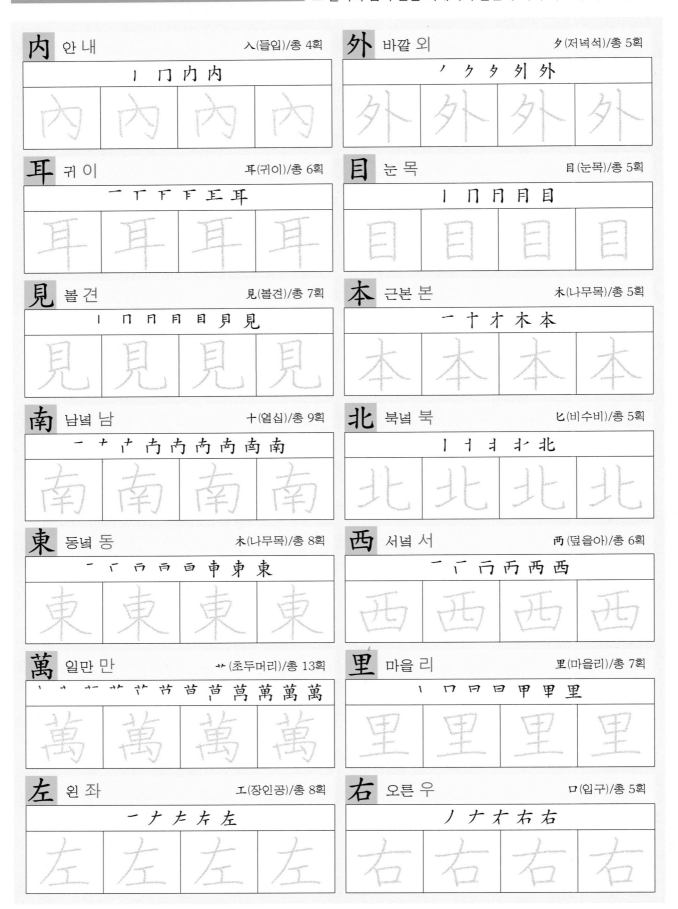

| 内 | 안 내 | | 入(들입)/총 4획 |
| 丨 冂 内 内 | | | |

| 外 | 바깥 외 | | 夕(저녁석)/총 5획 |
| ノ ク タ 外 外 | | | |

| 耳 | 귀 이 | | 耳(귀이)/총 6획 |
| 一 厂 厂 斤 斤 耳 | | | |

| 目 | 눈 목 | | 目(눈목)/총 5획 |
| 丨 冂 冂 目 目 | | | |

| 見 | 볼 견 | | 見(볼견)/총 7획 |
| 丨 冂 冂 目 目 見 見 | | | |

| 本 | 근본 본 | | 木(나무목)/총 5획 |
| 一 十 才 木 本 | | | |

| 南 | 남녘 남 | | 十(열십)/총 9획 |
| 一 十 广 内 内 内 南 南 南 | | | |

| 北 | 북녘 북 | | 匕(비수비)/총 5획 |
| 丨 丿 圹 北 北 | | | |

| 東 | 동녘 동 | | 木(나무목)/총 8획 |
| 一 厂 厂 厂 百 市 東 東 | | | |

| 西 | 서녘 서 | | 襾(덮을아)/총 6획 |
| 一 一 一 一 西 西 | | | |

| 萬 | 일만 만 | | 艹(초두머리)/총 13획 |
| 丶 十 士 芒 芒 芦 苗 草 萬 萬 萬 萬 | | | |

| 里 | 마을 리 | | 里(마을리)/총 7획 |
| 丨 冂 曰 甲 甲 里 | | | |

| 左 | 왼 좌 | | 工(장인공)/총 8획 |
| 一 ナ 左 左 左 | | | |

| 右 | 오른 우 | | 口(입구)/총 5획 |
| ノ ナ 才 右 右 | | | |

■ 공부할 한자의 모양을 살펴보며 음과 훈을 알아보자,

묶음 1-11

음 ■ 한자를 읽는 소리
아래 한자의 음을 찾아 적고 소리내어 읽어 보자.

– 바탕색과 글자색이 같은 것을 찾아 보자 –

훈 ■ 한자의 뜻 새김
한자의 음을 적고 훈과 함께 외어 보자.

每 매양	年 해	海 바다	洋 큰 바다
活 살	用 쓸	市 저자	民 백성
回 돌아올	收 거둘	善 착할	良 어질

알아보기

- 한자어와 한자어를 이루는 개별 한자의 뜻을 알아보자.
  - 아래 한자어의 음을 적고 그 뜻을 생각하며 글을 읽어 보자.
  - 공부할 한자의 뜻을 알아보고 필순에 따라 바르게 써 보자.

每年 [   ] ▸ 해마다.

「 이제는 가장 높은 철봉에까지 손이 미친다.
'어어, 그 사이에 철봉대가 낮아졌나?'
입학하던 해 식목일 기념으로 화단에 심어 놓은 나무도 훌쩍 커 버렸다. 교실 뒤편의 담장에 갔다. 여섯 개의 금이 가로로 그어져 있었다. 每年 새 학년이 될 때마다 내 키만큼 표시해 놓은 금이었다.
층층이 새겨져 있는 금이,
'벌써 이만큼 컸어!'라며
뽐내고 있었다. 」

* 기념: 어떤 뜻깊은 일이나 훌륭한 인물 등을 오래도록 잊지 아니하고 마음에 간직함.

는 여인( )이 머리숱이 무성하게 보이도록 장식한 (ㅡ)모습이다. 이는 지체 높은 집안의 부인들 마다 늘 하는 모습인 데서, 〈늘, 매양〉을 의미한다.

새김 ▪ 매양 ▪ 늘 ▪ 마다 ▪ 무성하다

丿 𠂉 𠂉 每 每 每 每			
每	每	每	每
每	每	每	每

는 사람( )이 추수한 벼( )를 등에 지고 가는 모습이다. 농사 지은 곡식을 추수하는 것으로 한 해가 지나는 데서, 1년인 〈해〉를 의미한다.

새김 ▪ 해, 1년 ▪ 나이 ▪ 때, 시대

丿 𠂉 𠂉 𠂉 𠂉 年			
年	年	年	年
年	年	年	年

새기고 익히기

■ 한자의 뜻을 새기고 그 한자로 이루어진 한자어를 익히자.
- 한자의 뜻을 연결하여 한자어의 뜻을 생각해 보자.
- 한자어의 뜻을 알고 예문을 통해 그 쓰임을 익히자.

每 매양
매
- 매양, 늘
- 마다
- 무성하다

年 해
년
- 해, 1년
- 나이
- 때, 시대

年(년)이 단어의 첫머리에 올 때는 '연'으로 읽는다(두음법칙).

– 흐리게 나타난 한자어 위에 겹쳐서 쓰고 음을 적어라 –

月 달
월
- 달
- 월
- 1개월

每月
마다 달 ▶ 달, 달마다.

▷ 우리는 每月 둘째 주에 정기적인 모임을 갖는다.

事 일
사
- 일
- 사건 ▪ 사고
- 관직

每事
마다 일 ▶ 하나하나의 모든 일, 하나하나의 일마다.

▷ 그는 每事에 빈틈이 없다.
▷ 누나는 每事가 다 귀찮다는 표정이다.

少 적을
소
- 적다
- 젊다
- 줄다

少年
적은 나이 ▶ 아직 완전히 성숙하지 아니한 어린 사내아이.

▷ 비록 나이 어린 少年이지만 하는 행동은 제법 의젓해 보였다.

老 늙을
로
- 늙다 ▪ 늙은이
- 노련하다
- 오래 되다

年老
나이 들어 늙음 ▶ 나이가 들어서 늙음.

▷ 할머니는 年老하셔서 멀리 가실 수 없어요.

한 글자 더

活 살
활
- 살다 ▪ 살리다
- 생기가 있다
- 생활

丶 丶 氵 氵 汁 汁 활 活 活

活 活 活 活
活 活 活 活

生 날
생
- 나다 ▪ 살다
- 삶 ▪ 날 것
- 싱싱하다

生活
살아감 활동하며 ▶ 사람이나 동물이 일정한 환경에서 활동하며 살아감.

▷ 일상 生活에서 발생하는 각종 환경 공해가 점점 늘어나고 있다.

力 힘
력
- 힘
- 힘쓰다
- 일꾼

活力
생기 있는 힘 ▶ 살아 움직이는 힘.

▷ 적당한 휴식은 생활에 活力을 불어넣는다.

141

알아보기

海洋 [ ] ▶ 큰 바다.

「 우리의 식량 자원이 되는 海洋 생물에는 김, 미역 등의
해조류 및 식물성 플랑크톤을 포함한 식물과, 다랑어,
연어 등의 어류 및 각종 동물을 포함한
해양 동물이 있다. 해양 생물은 앞으로도
유용한 식량 자원이다. 남극해의
고래 먹이인 크릴만 하더라도
10억 톤이 넘는다고 한다.
이를 개발하면 미래의 훌륭한
식량 자원이 될 것이다. 」

* 포함: 어떤 사물이나 현상 가운데 함께 들어 있거나 함께 넣음. * 유용하다: 쓸모가 있다.
\# 사물: 일과 물건을 아울러 이르는 말. \# 현상: 눈 앞에 나타나 보이는 사물의 모양과 상태.

는 '물'을 뜻하는 〈〈〈 ⋯ 水(수) = 氵 와 '무성하다',
'늘'을 뜻하는 ⋯ 每(매)를 결합한 것이다. 물이
늘 그득한(무성한) 〈바다〉를 의미한다.

[새김] ▪바다 ▪바닷물 ▪넓다

`	`	氵	氵	汁	洰	海	海	海	海
海	海	海	海						
海	海	海	海						

은 '물'을 뜻하는 〈 〈 ⋯ 水(수) = 氵 와 '양'을 뜻하
는 ⋯ 羊(양)을 결합한 것이다. 넓은 벌판에 많은
무리의 양떼가 이리저리 몰려다니듯이 큰 물결이 이는
〈큰 바다〉를 의미한다.

[새김] ▪큰 바다 ▪서양 ▪광대하다

`	`	氵	氵	氵	浐	洋	洋	洋
洋	洋	洋	洋					
洋	洋	洋	洋					

새기고 익히기

■ 한자의 뜻을 새기고 그 한자로 이루어진 한자어를 익히자.
■ 한자의 뜻을 연결하여 한자어의 뜻을 생각해 보자.
■ 한자어의 뜻을 알고 예문을 통해 그 쓰임을 익히자.

 海 바다 / 해
■ 바다
■ 바닷물
■ 넓다

 洋 큰 바다 / 양
■ 큰 바다
■ 서양
■ 광대하다

– 흐리게 나타난 한자어 위에 겹쳐서 쓰고 음을 적어라 –

外 바깥 / 외
■ 바깥 ■ 외국
■ 벗어나다
■ 추가로

 海外 / 바다 밖
▷ 많은 젊은이들이 자신의 꿈을 안고 海外로 진출하고 있다.
▶ 바다의 밖, 바다 밖의 다른 나라.

南 남녘 / 남
■ 남녘, 남쪽

 南海 / 남쪽 바다
▷ 南海에 크고 작은 섬들이 많아 다도해라 불리는 곳은 풍광도 아름답다.
▶ 남쪽에 있는 바다.

大 큰 / 대
■ 크다
■ 많다
■ 훌륭하다

 大洋 / 크고 큰 바다
▷ 태평양, 인도양, 대서양, 북빙양, 남빙양을 5大洋이라고 한다.
▶ 세계의 해양 가운데 넓은 해역을 차지하는 대규모의 바다.

西 서녘 / 서
■ 서녘, 서쪽
■ 서양

 西洋 / 서양 서양
▷ 세계 여러 나라를 동양과 西洋으로 나눌 수 있다.
▶ 유럽과 남북아메리카의 여러 나라를 통틀어 이르는 말.

한 글자 더

用 쓸 / 용
■ 쓰다
■ 부리다
■ 효용 ■ 작용

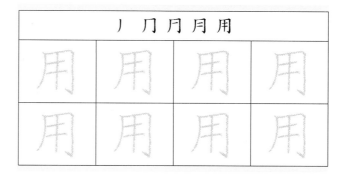
丿 刀 月 月 用

活 살 / 활
■ 살다 ■ 살리다
■ 생기가 있다
■ 생활

 活用 / 살리어 씀
▷ 여가 시간을 活用하여 운동을 하여라.
▶ 충분히 잘 이용함.

食 먹을 / 식
■ 먹다
■ 음식
■ 먹이, 밥

 食用 / 먹이로 씀
▷ 독버섯과 食用버섯을 잘 구별해야 한다.
▶ 먹을 것으로 씀, 또는 그런 물건.

알아보기

■ 한자어와 한자어를 이루는 개별 한자의 뜻을 알아보자.
- 아래 한자어의 음을 적고 그 뜻을 생각하며 글을 읽어 보자.
- 공부할 한자의 뜻을 알아보고 필순에 따라 바르게 써 보자.

市民 [ ] ▶ 그 시에 사는 사람.

「 "애야. 내가 며칠 전까지 수상이었던 맥밀란이란다.
어제의 수상이라도 그 자리에서 물러나면 평범한
영국 市民의 한 사람이지. 수상은
나라일에 바쁘니까 승용차를
타고 다니지만, 나는 이제
급한 일이 없으니까 전차를
타야지. 너도 이다음에 커서
수상이 되었다가 다시 市民이
되면, 이렇게 전차를 타고
다녀야 하지 않겠니?" 」

* 수상: 내각의 우두머리.   * 평범하다: 뛰어나거나 색다른 점이 없이 보통이다.

半는 사람들이 모여드는(푸) 일정한 구역(冂)을 나타
낸다.   사람들이 모여들어 거래하는 곳인 〈저자(시장)〉
를 의미한다.

새김 ▪저자, 시장 ▪시가 ▪행정구역의 단위

` 亠 亣 市 市			
市	市	市	市
市	市	市	市

乎는 날붙이( )로 눈(罒)을 찌르는 모습이다.   옛날
에 전쟁 포로의 한 쪽 눈을 멀게 하여 노예로 삼았는데,
이들을 '民(민)'이라 하였다. 나중에 사대부가 아닌 일반
평민인 〈백성〉을 의미하게 되었다.

새김 ▪백성 ▪사람

ㄱ ㄱ 尸 尸 民			
民	民	民	民
民	民	民	民

144

새기고 익히기

■ 한자의 뜻을 새기고 그 한자로 이루어진 한자어를 익히자.
■ 한자의 뜻을 연결하여 한자어의 뜻을 생각해 보자.
■ 한자어의 뜻을 알고 예문을 통해 그 쓰임을 익히자.

| 市 | 저자
시 | ■ 저자, 시장
■ 시가
■ 행정구획단위 | 民 | 백성
민 | ■ 백성
■ 사람 |

― 흐리게 나타난 한자어 위에 겹쳐서 쓰고 음을 적어라 ―

外	바깥 외	■ 바깥 ■ 외국 ■ 벗어나다 ■ 추가로
市外		▷ 시내를 벗어나서 市外로 나오니 공기도 맑고 한적하다.
시의　　　밖		▶ 도시의 밖, 또는 시 구역 밖의 지역.

内	안 내	■ 안, 속 ■ 몰래 ■ 들이다
市内		▷ 서울 市内는 언제나 교통이 복잡하다.
시의　　　안		▶ 도시의 안, 또는 시의 구역 안.

國	나라 국	■ 나라, 국가 ■ 세상, 세계
國民		▷ 國民들은 모두 그 나라의 주인이다.
나라의　　　백성		▶ 국가를 형성하는 사람, 또는 그 나라의 국적을 가진 사람.

主	주인 주	■ 주인 ■ 자신 ■ 우두머리 ■ 주되다
民主		▷ 우리나라는 국민들의 힘으로 民主 국가를 건설했다.
국민(백성)이　주인임		▶ 주권이 국민에게 있음. 민주주의.

한 글자 더

| 善 | 착할
선 | ■ 착하다
■ 좋다
■ 훌륭하다 |

| 丶 | 丷 | 圵 | 뽜 | 羊 | 羔 | 羔 | 善 | 善 | 善 |

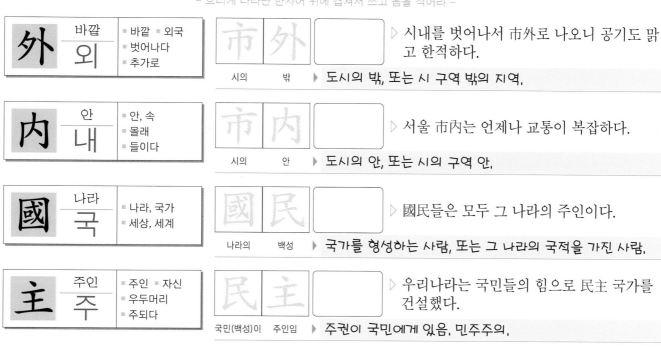

☆ 마음씨가 곱고 어질다.
　착하고 정당하여 도덕적 기준에 맞는 것.

用	쓸 용	■ 쓰다 ■ 부리다 ■ 효용 ■ 작용
善用		▷ 누나는 여가 善用의 하나로 기타를 배운다.
좋게　　　쓰다		▶ 알맞게 쓰거나 좋은 일에 씀.

心	마음 심	■ 마음 ■ 심장 ■ 가운데
善心		▷ 그는 내게 善心 쓰는 척하면서 실속은 다 챙긴다.
착한　　　마음		▶ 선량한 마음, 남에게 베푸는 후한 마음.

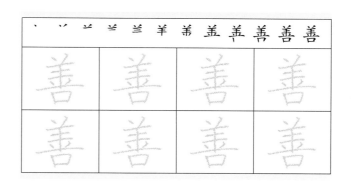

145

알아보기

■ 한자어와 한자어를 이루는 개별 한자의 뜻을 알아보자.
■ 아래 한자어의 음을 적고 그 뜻을 생각하며 글을 읽어 보자.
■ 공부할 한자의 뜻을 알아보고 필순에 따라 바르게 써 보자.

回收 ☐ ▶ 도로 거두어 들임.

「 우리가 버리는 쓰레기 가운데는 다시 활용할 수 있는 것이 많이 있습니다. 한 번 쓰고 난 폐품을 回收 하여 다시 활용한다면 자원을 절약할 수 있고, 쓰레기를 줄여서 환경을 보호하는 데도 도움이 됩니다. 그런데 한꺼번에 섞여져 쌓여 있는 쓰레기 중에서 다시 활용할 수 있는 것을 골라 내는 일은 쉽지 않습니다. 그래서 回收 하여 다시 활용할 수 있는 폐지나 빈병, 플라스틱 등을 분리하여 수거 하고 있습니다. 」

* 활용: 충분히 잘 이용함. * 폐품: 못 쓰게 되어 버린 물품. * 절약: 함부로 쓰지 아니하고 꼭 필요한 데에만 써서 아낌.
* 폐지: 쓰고 버린 종이. * 분리: 서로 나뉘어 떨어짐. 또는 그렇게 되게 함. * 수거: 거두어 감.

ᓂ 는 빙빙도는 소용돌이 모습이다. 〈빙빙돎〉을 의미 한다.

[새김] ▪ 돌아오다 ▪ 돌다 ▪ 번, 횟수

丨 冂 冂 冋 冋 回			
回	回	回	回
回	回	回	回

攵 는 '넝쿨번을', '휘감음'을 뜻하는 ᓂ ⋯ 丩 (구)와 '~하게하다' 는 뜻인 ᓄ ⋯ 攴 (칠 복)= 攵 을 결합한 것이다. 휘감아 모아서 〈거두어들임〉을 의미한다.

[새김] ▪ 거두다 ▪ 모으다 ▪ 빼앗다

丨 丩 丩' 丩丷 收 收			
收	收	收	收
收	收	收	收

146

새기고 익히기

■ 한자의 뜻을 새기고 그 한자로 이루어진 한자어를 익히자.
- 한자의 뜻을 연결하여 한자어의 뜻을 생각해 보자.
- 한자어의 뜻을 알고 예문을 통해 그 쓰임을 익히자.

回	돌아올 회	■ 돌아오다 ■ 돌다 ■ 번·횟수

收	거둘 수	■ 거두다 ■ 모으다 ■ 빼았다

− 흐리게 나타난 한자어 위에 겹쳐서 쓰고 음을 적어라 −

生	날 생	■ 나다 ■ 살다 ■ 삶 ■ 날것 ■ 싱싱하다

回生 [   ]
다시 / 살아남 ▶ 다시 살아남.

▷ 그는 위기를 넘기고 回生하였다.

每	매양 매	■ 매양, 늘 ■ 마다 ■ 무성하다

每回 [   ]
마다 / 회(번) ▶ 한 회 한 회, 한 회 한 회마다.

▷ 야구 경기에서 우리 편이 每回 점수를 냈다.

入	들 입	■ 들다 ■ 들어가다 ■ 들이다

收入 [   ]
거두어 / 들임 ▶ 돈이나 물품 따위를 거두어들임, 또는 그 돈이나 물품.

▷ 그는 부업을 하여 收入을 늘려가고 있다.

用	쓸 용	■ 쓰다 ■ 부리다 ■ 효용 ■ 작용

收用 [   ]
거두어들여 / 씀 ▶ 거두어들여 사용함.

▷ 주변의 논밭이 공업 단지로 收用되었다.

한 글자 더

良	어질 량	■ 어질다 ■ 좋다 ■ 착하다

* 良(량)이 단어의 첫머리에 올 때는 '양'으로 읽는다(두음법칙). → 良心(양심)

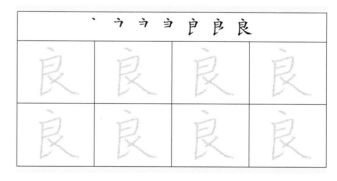

`丶ㄱㅋㅋ艮艮良`

善	착할 선	■ 착하다 ■ 좋다 ■ 훌륭하다

善良 [   ]
착하다 / 착하다 ▶ 행실이나 성질이 착함.

▷ 善良한 품성을 지닌 그에게 누구나 호감을 갖는다.

不	아닐 불	■ 아니다 ■ 아니하다 ■ 못하다

不良 [   ]
아니함 / 좋지 ▶ 행실이나 성품이 나쁨. 물건 따위의 품질이나 상태가 나쁨.

▷ 不良 식품은 절대로 팔지 못하도록 해야 한다.

■ 공부한 한자로 이루어진 한자어를 익혀 어휘력을 다지자.

■ 글 속 한자어의 음을 적고, 그 뜻과 줄로 잇고, 쓰임을 익혀라.

■ 그는 **每日** _____ 4km 이상을 걸으려 한다. •   • 나이가 20대 정도인 남자를 이름,

■ **收入** _____ 을 생각해서 지출을 해야 한다. •   • 하루하루마다,

■ 그는 장래가 유망한 **青年** _____ 이다. •   • 돈이나 물품 따위를 거두어 들임,

■ 그 터널 공사는 **年內** _____ 에 완공할 계획. •   • 나이가 적음, 또는 그런 사람,

■ 입학한 지 벌써 **半年** _____ 이 되었어. •   • 자기보다 나이가 많음, 또는 그런 사람,

■ 동생은 나보다 두 살 **年下** _____ 이다. •   • 올해 안,

■ 누나는 나보다 세 살 **年上** _____ 이다. •   • 한 해의 반,

■ **西海** _____ 에서 보는 일몰이 장관이네. •   • 바닷물,

■ **海水** _____ 를 증발사켜 소금을 생산한다. •   • 서양식으로 만든 활, 또는 그 활로 겨루는 경기,

■ 국제 **洋弓** _____ 대회에서 한국이 우승. •   • 서양 음식이나 식사,

■ 어머니는 **洋食** _____ 을 좋아하는 편이다. •   • 서쪽에 있는 바다,

■ 누구나 **自活** _____ 능력을 길러야 한다. •   • 자기 힘으로 살아감,

■ 우리는 횟감으로 쓸 **活魚** _____ 를 샀다. •   • 어떤 현상을 일으키거나 영향을 미침,

■ 간척지를 농업 **用地** _____ 로 지정했다. •   • 쓸모가 있음,

■ 햇빛은 강한 살균 **作用** _____ 을 한다. •   • 살아있는 물고기,

■ 우리 생활에 매우 **有用** _____ 한 전기. •   • 어떤 일에 쓰기 위한 토지,

■ 현재 **市中** _____ 에서 인기있는 상품이야. •   • 모든 백성 또는 모든 사람,

■ 올해 처음으로 **出市** _____ 된 신제품이다. •   • 사람들이 생활하는 공개된 공간을 이르는 말,

■ 법 앞에서는 **萬民** _____ 이 평등해야 한다. •   • 벼슬이 없는 일반인, 일반 시민,

■ 관직을 떠나 **平民** _____ 으로 돌아갔다. •   • 상품이 시중에 나옴, 상품을 시중에 내보냄,

■ 여러 의견서를 **收合** _____ 하여 참고하겠다. •   • 거두어서 합침, 또는 모아서 합침,

· 매일 · 수입 · 청년 · 연내 · 반년 · 연하 · 연상 · 서해 · 해수 · 양궁 · 양식 · 자활 · 활어 · 용지 · 작용 · 유용 · 시중 · 출시 · 만민 · 평민 · 수합

■ 한자어가 되도록 □ 안에 공통으로 넣을 한자를 보기에서 찾아 □ 안에 쓰고 , 그 한자어들의 뜻을 생각하며 음을 적어라.

		青□	□中	少□

		□外	□上	南□

		西□	□弓	□食

		利□	有□	作□

		□長	□内	□民

		□心	不□	善□

보기

洋 · 用 · 善 · 每 · 市 · 收 · 活 · 良 · 年 · 回 · 海 · 民 · 右

■ 아래의 뜻을 지닌 한자어가 되도록 위의 보기에서 알맞은 한자를 찾아 □ 안에 써 넣어라.

▶ 하루하루<u>마다</u>.
▷ 난 [　] 日 4km 이상을 걸으려 한다.

▶ 국가를 구성하는 <u>사람</u>, 또는 그 나라의 국적을 가진 사람.
▷ 온 國 [　] 이 바라던 선진국으로 진입.

▶ 거의 죽어가다 <u>다시</u> 살아남.
▷ 그는 기적적으로 [　] 生 하였다.

▶ <u>착하고 어진</u> 행실.
▷ 그의 [　] 行 이 널리 알려졌다.

▶ 돈이나 물품 따위를 <u>거두어</u> 들임, 또는 그 돈이나 물품.
▷ 이번 달에는 [　] 入 이 제법 늘었다.

▶ 왼쪽과 <u>오른쪽</u>을 아울러 이르는 말.
▷ 길을 건널 때는 左 [　] 를 살펴라.

▶ <u>살아 움직이는</u> 힘.
▷ 아이들 노는 모습에 [　] 力 이 넘친다.

· 청년. 연중. 소년 · 해외. 해상. 남해 · 서양. 양궁. 양식 · 이용. 유용. 작용 · 시장. 시내. 시민 · 양심. 불량. 선량 / · 매일 · 국민 · 회생 · 선행 · 수입 · 좌우 · 활력

每	매양 매	母(말무)/총 7획

丿 仁 仁 每 每 每 每

每　每　每　每

年	해 년	干(방패간)/총 6획

丿 ᅡ ᅡ ᅡ 年 年

年　年　年　年

海	바다 해	氵(삼수변)/총 10획

丶 丶 氵 汙 汙 汪 海 海 海 海

海　海　海　海

洋	큰 바다 양	氵(삼수변)/총 9획

丶 丶 氵 氵 泮 泮 洋 洋 洋

洋　洋　洋　洋

活	살 활	氵(삼수변)/총 9획

丶 丶 氵 汻 汻 汗 汗 活 活

活　活　活　活

用	쓸 용	用(쓸용)/총 5획

丿 刀 月 月 用

用　用　用　用

市	저자 시	巾(수건건)/총 5획

丶 亠 宀 宀 市

市　市　市　市

民	백성 민	氏(각시씨)/총 5획

フ コ コ 尸 民

民　民　民　民

回	돌아올 회	囗(큰입구몸)/총 6획

丨 冂 冋 回 回 回

回　回　回　回

收	거둘 수	攴(등글월문)/총 6획

丨 丩 屮 屮 收 收

收　收　收　收

善	착할 선	口(입구)/총 12획

丶 丷 丷 圼 圼 羊 羔 羔 善 善 善 善

善　善　善　善

良	어질 량	艮(괘이름간)/총 7획

丶 ラ ⋾ ⋾ 貞 良 良

良　良　良　良

左	왼 좌	工(장인공)/총 5획

一 ナ ナ 左 左

左　左　左　左

右	오른쪽 우	口(입구)/총 5획

丿 ナ 才 右 右

右　右　右　右

공부할 한자

■ 공부할 한자의 모양을 살펴보며 음과 훈을 알아보자,

묶음 1-12

음 ■ 한자를 읽는 소리
아래 한자의 음을 찾아 적고 소리내어 읽어 보자.

– 바탕색과 글자색이 같은 것을 찾아 보자 –

훈 ■ 한자의 뜻 새김
한자의 음을 적고 훈과 함께 외어 보자.

交 사귈	代 대신할	指 가리킬	示 보일
完 완전할	成 이룰	軍 군사	士 선비
命 목숨	令 하여금	兵 병사	卒 마칠

알아보기

■ 한자어와 한자어를 이루는 개별 한자의 뜻을 알아보자.
■ 아래 한자어의 음을 적고 그 뜻을 생각하며 글을 읽어 보자.
■ 공부할 한자의 뜻을 알아보고 필순에 따라 바르게 써 보자.

交代 [　　]

▶ 서로 번갈아 들어서 대신함.

「 교실 입구에 들어설 때, 모두 강당에 모이라는 방송이
나오고 있었습니다. 책가방을 책상 위에 놓은 다음,
급히 선희와 함께 강당으로 갔습니다.

"도훈아, 어디 아프니?"

"응, 머리가 좀 아파."

그럼 당번과 交代 하고

교실에 남아 있어"

그러나 도훈이는 조금 있으면

괜찮아질 것이라고 생각하고

천천히 계단을 내려갔습니다. 」

* 당번: 어떤 일을 책임지고 돌보는 차례가 됨. 또는 그 차례가 된 사람.

交 는 걷는 사람의 두 다리가 교차하는 모습이다.
〈서로 엇걸림(교차함)〉을 의미한다.

새김 ▪ 사귀다, 교제 ▪ 오고가다 ▪ 바꾸다

` 一 ナ 六 交 交			
交	交	交	交
交	交	交	交

伐 는 '사람'을 뜻하는 ⺅ ⋯ 亻(인)과 '말뚝'을 뜻하
는 弋 ⋯ 弋 (익)을 결합한 것이다.   한 곳에 말뚝처럼
서서 보초 서는 일이 〈번갈아듦(한 번씩 차례에 따라 갈아
듦)〉을 의미한다.

새김 ▪ 대신하다 ▪ 번갈아들다 ▪ 세대, 시대

ノ 亻 仁 代 代			
代	代	代	代
代	代	代	代

새기고 익히기

■ 한자의 뜻을 새기고 그 한자로 이루어진 한자어를 익히자.
- 한자의 뜻을 연결하여 한자어의 뜻을 생각해 보자.
- 한자어의 뜻을 알고 예문을 통해 그 쓰임을 익히자.

| 交 사귈 교 | ■ 사귀다, 교제
■ 오고가다
■ 바꾸다 | 代 대신할 대 | ■ 대신하다
■ 번갈아들다
■ 세대 ■ 시대 |

– 흐리게 나타난 한자어 위에 겹쳐서 쓰고 음을 적어라 –

| 國 나라 국 | ■ 나라, 국가
■ 세상, 세계 | 國 交 | ▷ 우리나라는 세계 여러 나라와 國交를 맺고 있다. |
| 나라 간의 교제 | ▶ 나라와 나라 사이에 맺는 외교 관계. |

| 外 바깥 외 | ■ 바깥 ■ 외국
■ 벗어나다
■ 추가로 | 外 交 | ▷ 각 나라는 자국의 이익을 위한 外交 활동을 펼친다. |
| 외국과의 교제 | ▶ 다른 나라와 정치적, 경제적, 문화적 관계를 맺는 일. |

| 用 쓸 용 | ■ 쓰다
■ 부리다
■ 효용 ■ 작용 | 代 用 | ▷ 나는 식탁을 책상 代用으로 쓰고 있다. |
| 대신하여 씀 | ▶ 대신하여 다른 것을 씀. |

| 年 해 년 | ■ 해, 1년
■ 나이
■ 때, 시대 | 年 代 | ▷ 우리는 지금 2000年代에 살고 있다. |
| 해와 시대 | ▶ 해와 대의 수, 시대, 지나온 시대. |

한 글자 더

| 成 이룰 성 | ■ 이루다
■ 갖추어지다
■ 성숙하다 |

☆ '쌓아올려 뜻한 대로 되게 함'을 의미.

| ノ 厂 厂 成 成 成 |
| 成 成 成 成 |
| 成 成 成 成 |

| 合 합할 합 | ■ 합하다
■ 모으다
■ 맞다 | 合 成 | ▷ 이 사진은 사람의 몸에 동물의 얼굴을 合成하여 만든 것이다. |
| 합하여 이룸 | ▶ 둘 이상의 것을 합쳐서 하나를 이룸. |

| 果 실과 과 | ■ 실과 ■ 열매
■ 일의 결과
■ 과단성 있다 | 成 果 | ▷ 열심히 노력한 만큼 좋은 成果가 있기를 기대한다. |
| 이루어 낸 일의 결과 | ▶ 이루어 낸 결실, 일의 이루어진 결과. |

153

알아보기

■ 한자어와 한자어를 이루는 개별 한자의 뜻을 알아보자.
■ 아래 한자어의 음을 적고 그 뜻을 생각하며 글을 읽어 보자.
■ 공부할 한자의 뜻을 알아보고 필순에 따라 바르게 써 보자.

指示 [ ] ▶ 가리키어 보임, 일러서 시킴.

「 현대 사회는 정치, 경제, 사회, 문화 등 모든 측면에서 하루가 다르게 급변하고 있다. 이러한 현대 사회에서 살아가기 위해서는 글을 효과적으로 읽을 수 있어야 한다. 신문 기사에서 사실과 의견을 구분할 수 있고 수많은 정보 중에서 필요한 것을 빨리 찾아 낼 수 있어야 하며, 약을 산 후 거기에 적힌 指示에 따라 바르게 복용하고, 상품 광고문을 읽은 후 그 상품에 대하여 현명하게 판단할 수 있어야 한다. 」

* 급변: 상황이나 상태가 갑자기 달라짐. * 복용: 약을 먹음. * 현명: 어질고 슬기로워 사리에 밝음.
# 상황: 어떤 일이 되어 가는 과정이나 상태, 형편. # 상태: 사물·현상이 놓여 있는 모양이나 형편.

指는 '손'을 뜻하는 ∮⋯手(수)와 '뜻하는 바'를 뜻하는 ∮⋯旨(뜻 지)를 결합한 것이다. 뜻하는 바를 〈손가락으로 가리킴〉을 의미한다.

[새김] ▪ 가리키다 ▪ 손가락 ▪ 지시하다

一 十 ㅓ 扌 扎 扩 指 指 指			
指	指	指	指
指	指	指	指

示는 하늘(신)에 제를 지내는 '제단'을 뜻하는 丅과 '하늘이 보이는 여러 현상'을 가리키는 一를 결합한 것이다. 하늘(신)이 길흉의 여러 현상을 〈보여서 알림〉을 의미한다.

[새김] ▪ 보이다 ▪ 알리다 ▪ 지시

一 二 〒 示 示			
示	示	示	示
示	示	示	示

새기고 익히기

■ 한자의 뜻을 새기고 그 한자로 이루어진 한자어를 익히자.
■ 한자의 뜻을 연결하여 한자어의 뜻을 생각해 보자.
■ 한자어의 뜻을 알고 예문을 통해 그 쓰임을 익히자.

| 指 | 가리킬
지 | ■ 가리키다
■ 손가락
■ 지시하다 | 示 | 보일
시 | ■ 보이다
■ 알리다
■ 지시 |

– 흐리게 나타난 한자어 위에 겹쳐서 쓰고 음을 적어라 –

| 名 | 이름
명 | ■ 이름
■ 평판
■ 이름나다 |
| 指 | 名 | | ▷ 친구들이 우리 학급 달리기 선수로 나를 指名하였다.
가리킴 이름을 ▶ 여러 사람 가운데 누구의 이름을 지정하여 가리킴.

| 目 | 눈
목 | ■ 눈 ■ 보다
■ 일컫다
■ 조목 ■ 목록 |
| 指 | 目 | | ▷ 오늘 가장 많이 떠든 사람으로 영길이가 指目되었다.
가리키어 일컬음 ▶ 사람이나 사물이 어떠하다고 가리켜 정함.

| 明 | 밝을
명 | ■ 밝다
■ 밝히다
■ 확실하게 |
| 明 | 示 | | ▷ 초대장에는 초대하는 시간과 장소를 明示해야 한다.
확실하게 드러내 보임 ▶ 분명하게 드러내 보임.

| 公 | 공평할
공 | ■ 공평하다
■ 공공의
■ 드러내놓다 |
| 公 | 示 | | ▷ 아파트 입주민 대표들의 회의 결과를 公示하였다.
드러내놓고 알림 ▶ 일정한 내용을 공개적으로 게시하여 일반에게 널리 알림.

한 글자 더

| 完 | 완전할
완 | ■ 완전하다
■ 튼튼하다
■ 끝내다 |

丶 冖 宀 宀 宁 宇 完

完 完 完 完
完 完 完 完

| 成 | 이룰
성 | ■ 이루다
■ 갖추어지다
■ 성숙하다 |
| 完 | 成 | | ▷ 온 힘을 기울인 작품이 드디어 完成되었다.
완전히 이룸 ▶ 완전히 다 이룸.

| 工 | 장인
공 | ■ 장인
■ 일 ■ 공사
■ 인공 |
| 完 | 工 | | ▷ 그 터널 공사는 올 연말에 完工 예정이다.
끝냄 공사를 ▶ 공사를 완성함.

알아보기

■ 한자어와 한자어를 이루는 개별 한자의 뜻을 알아보자.
■ 아래 한자어의 음을 적고 그 뜻을 생각하며 글을 읽어 보자.
■ 공부할 한자의 뜻을 알아보고 필순에 따라 바르게 써 보자.

軍士 [　　　] ▶ 군인, 병사, 군졸.

「 軍士 들이 일제히 달려들어 화살을 빗발치듯 퍼붓고, 각종 총통을 우뢰같이 쏘아 보내니, 적들이 두려워 물러나는데, 화살에 맞은 자가 몇백 명인지 알 수 없고 왜적의 머리도 많이 베었다. 軍士 중에도 탄환 맞은 사람이 많았다. 적선 13척을 불태우고 물러 나왔다. 」

* 우뢰: 우레. 뇌성(천둥 칠 때 나는 소리)과 번개를 동반하는 대기중의 방전 현상. * 적선: 적이나 적국의 배.

軍 은 '전차(전쟁에 쓰이는 수레)'를 뜻하는 車 ┅ 車(차) 와 '고르다'는 뜻인 勻 ┅ 勻(균)을 결합한 것이다. 나중에 勻이 冖으로 바뀌었다. 전차를 고르게 배치하여 진친 〈군대〉를 의미한다.

[새김] ■ 군사 ■ 군대 ■ 진치다

⼂ ⼅ ⼊ 宀 写 写 冒 宣 軍
軍 軍 軍 軍
軍 軍 軍 軍

士 은 무관(군사의 일을 맡아보는 관리)이 지니고 다니던 도끼의 모습이다. 학문이나 무예를 닦아 〈벼슬에 나아 가는 사람〉을 의미한다.

[새김] ■ 선비 ■ 벼슬의 이름 ■ 사람(칭호)

一 十 士
士 士 士 士
士 士 士 士

새기고 익히기

■ 한자의 뜻을 새기고 그 한자로 이루어진 한자어를 익히자.
- 한자의 뜻을 연결하여 한자어의 뜻을 생각해 보자.
- 한자어의 뜻을 알고 예문을 통해 그 쓰임을 익히자.

軍 군	군사	▪ 군사 ▪ 군대 ▪ 진치다	士 사	선비	▪ 선비 ▪ 벼슬의 이름 ▪ 사람(칭호)

– 흐리게 나타난 한자어 위에 겹쳐서 쓰고 음을 적어라 –

海 해	바다	▪ 바다 ▪ 바닷물 ▪ 넓다

海軍 | [ ]
바다의 · 군대 ▶ 바다에서 전투를 맡아 하는 군대.

▷ 유사시를 대비하여 육군과 海軍이 합동 훈련을 실시하였다.

行 행	다닐	▪ 다니다 ▪ 가다 ▪ 행하다

行軍 | [ ]
이동해 감 · 군대가 ▶ 군대나 여러 사람이 줄을 지어 먼 거리를 이동하는 일.

▷ 오랜 行軍에 병사들은 지쳐 있었다.

名 명	이름	▪ 이름 ▪ 이름나다 ▪ 평판

名士 | [ ]
이름난 · 사람 ▶ 세상에 널리 알려진 사람.

▷ 이번 영화제에는 연예계 名士들이 많이 참석하였다.

人 인	사람	▪ 사람 ▪ 백성

人士 | [ ]
사람 · 벼슬 있는 ▶ 사회적 지위가 높거나 사회적 활동이 많은 사람.

▷ 사회 지도층 人士들이 솔선하여 법질서를 지켜야 한다.

한 글자 더

命 명	목숨	▪ 목숨 ▪ 명 ▪ 운명 ▪ 표적

ノ 人 𠆢 𠆢 命 命 命 命

命	命	命	命
命	命	命	命

生 생	날	▪ 나다 ▪ 살다 ▪ 삶 ▪ 날것 ▪ 싱싱하다

生命 | [ ]
살아있는 · 목숨 ▶ 목숨, 살아서 숨쉬고 활동할 수 있게 하는 힘.

▷ 중상을 입었지만 生命에는 지장이 없다고 한다.

中 중	가운데	▪ 가운데 ▪ 안, 속 ▪ 사이

命中 | [ ]
표적에 · 맞음 ▶ 화살이나 총알 따위가 겨냥한 곳에 바로 맞음.

▷ 그가 쏜 화살이 모두 표적에 命中하였다.

알아보기

■ 한자어와 한자어를 이루는 개별 한자의 뜻을 알아보자.
■ 아래 한자어의 음을 적고 그 뜻을 생각하며 글을 읽어 보자.
■ 공부할 한자의 뜻을 알아보고 필순에 따라 바르게 써 보자.

兵卒 [ ] ▶ 신분이 낮은 병사.

「 김종서는 곧장 찬바람 부는 북방으로 향하였다.
임지에 도착하는 길로 쉴틈도 없이 군사 시설을
일일이 돌아본 다음, 곧 철저한 군사 훈련을
시작하였다. 김종서는 훈련이 끝나면 잔치를
베풀어, 한창 나이의 兵卒 들을
잘 먹여서 사기를 북돋워
주었다. 그래서 군사들은
김종서 장군을 믿고 따랐다. 」

* 철저하다: 속속들이 꿰뚫어 밑바닥까지 빈틈이나 부족함이 없다.   * 사기: 의욕이나 자신감 따위로 충만하여 굽힐줄 모르는 기세.
# 의욕: 무엇을 하고자 하는 적극적인 마음이나 욕망.   # 충만: 한껏 차서 가득함.

은 두 손(屮)으로 병기(斤)를 잡은 모습이다.
병기를 지닌 〈병사〉를 의미한다.

[새김] ■병사 ■군사 ■병기

´ ｢ ﾄ ﾄ 乒 乒 兵
兵 兵 兵 兵
兵 兵 兵 兵

은 싸움터에 나가는 노비(종)에게 입히는, 표지가 붙
어 있는 옷의 모습이다. 노비(종)들은 언제든 싸움터에
불려나가야 했고 대부분 그곳에서 싸우다 죽었다.
갑작스럽게 병졸로 불려가 생을 〈마침〉을 의미한다.

[새김] ■마치다 ■갑자기 ■병졸

` ＾ 亠 ナ 六 立 卒 卒 卒
卒 卒 卒 卒
卒 卒 卒 卒

새기고 익히기

■ 한자의 뜻을 새기고 그 한자로 이루어진 한자어를 익히자.

■ 한자의 뜻을 연결하여 한자어의 뜻을 생각해 보자.

■ 한자어의 뜻을 알고 예문을 통해 그 쓰임을 익히자.

兵 병사 병
- 병사
- 군대
- 병기

卒 마칠 졸
- 마치다
- 병졸
- 갑자기

– 흐리게 나타난 한자어 위에 겹쳐서 쓰고 음을 적어라 –

出 날 출
- 나다 · 내다
- 떠나다
- 내놓다

出兵
내보냄   군대를 ▶ **군대를 싸움터로 내보내는 일.**

▷ 기습 작전을 하려고 어둠을 틈타 出兵했다.

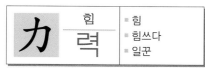
力 힘 력
- 힘
- 힘쓰다
- 일꾼

兵力
군대의   힘(일꾼) ▶ **군대의 인원, 또는 그 숫자, 군대의 힘.**

▷ 이번 작전에는 많은 兵力이 동원되었다.

軍 군사 군
- 군사
- 군대
- 진치다

軍卒
군사   병졸 ▶ **군사.**

▷ 잘 훈련된 軍卒도 많았고 병기도 넉넉했다.

大 큰 대
- 크다
- 많다
- 훌륭하다

大卒
대학을   마침 ▶ **대학교 졸업의 줄어든 말.**

▷ 요즘 大卒 실업자가 급격히 늘고 있다.

한 글자 더

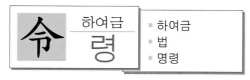
令 하여금 령
- 하여금
- 법
- 명령

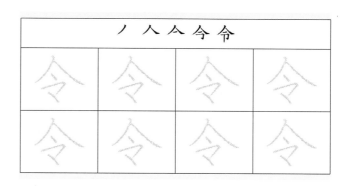
丿 人 스 令 令

命 목숨 명
- 목숨
- 명 · 운명
- 표적

命令
명   명령 ▶ **윗사람이 아랫사람에게 무엇을 하게 함.**

▷ 부대장은 지난 밤에 쌓인 눈을 오전 중으로 모두 치우라는 命令을 내렸다.

口 입 구
- 입 · 구멍
- 어귀
- 말하다

口令
말로 하는   명령 ▶ **여러 사람이 일제히 동작을 취하게 하기 위해 부르는 오령.**

▷ 우리는 선생님의 口令에 맞추어 춤 동작을 하나하나 익혀 나아갔다.

159

한자성어

■ 한자성어의 음을 적고 그에 담긴 의미와 적절한 쓰임을 알아보자.

人山人海

▶ 사람이 산을 이루고 바다를 이루었다는 뜻으로, 사람이 수없이 많이 모인 상태를 이르는 말.

▷ 해수욕장은 피서객들로 人山人海를 이루었다.

善男善女

▶ 성품이 착한 남자와 여자란 뜻으로, 착하고 어진 사람들을 이르는 말. 곱게 단장한 남자와 여자를 이르는 말.

▷ 善男善女들이 삼삼오오 축제장으로 모여들었다.

自手成家

▶ 물려받은 재산이 없이 자기 혼자의 힘으로 집안을 일으키고 재산을 모음.

▷ 그는 무일푼으로 自手成家한 사람이다.

一朝一夕

▶ 하루 아침과 하루 저녁이란 뜻으로, 짧은 시일을 이르는 말.

▷ 그 문제는 一朝一夕에 해결될 수 있는 일이 아니다.

以小成大

▶ 작은 일에서부터 시작하여 큰 일을 이룸.

▷ 그의 두터운 신용과 성실함이 以小成大할 수 있는 바탕이 되었다.

以羊易牛

▶ 양으로 소와 바꾼다는 뜻으로, 작은 것을 가지고 큰 것 대신으로 쓰는 일을 이르는 말.

▷ 문어를 먹고 싶지만 형편이 안 되니 以羊易牛로 낙지나 쭈꾸미라도?

以 | 써
이
- ~써
- ~부터
- ~까닭에

`ㅣ ㅅ ㅆ 以 以`

易 | 바꿀
역
- 바꾸다
- 무역하다
- 쉽다(이)

`ㅣ ㄇ ㄇ 日 ㅌ 昮 易 易`

· 인산인해 · 선남선녀 · 자수성가 · 일조일석 · 이소성대 · 이양역우

더 살펴 익히기

■ 한자가 지닌 여러 뜻과 그 뜻으로 결합된 한자어를 살펴 익히자.

■ 아래 한자가 지닌 뜻과 그 뜻으로 결합한 한자어를 줄로 이어라.

代
- 대신하다 · 交代( ) ▶ 어떤 일을 여럿이 나누어서 차례에 따라 맡아 함.
- 번갈아들다 · 代用( ) ▶ 대신하여 다른 것을 씀. 또는 그런 물건.
- 시대, 세대 · 一代( ) ▶ 한 시대나 한 세대 전체.

命
- 목숨 · 命中( ) ▶ 화살이나 총알 따위가 겨냥한 곳에 바로 맞음.
- 명, 명하다 · 人命( ) ▶ 사람의 목숨.
- 표적 · 命令( ) ▶ 아랫사람이나 하위 조직에 무엇을 하게 함.

市
- 저자, 시장 · 市道( ) ▶ 행정 구역으로 나눈 시와 도.
- 시가, 도시 · 市場( ) ▶ 여러 가지 상품을 사고파는 일정한 장소.
- 행정 구획 단위 · 市内( ) ▶ 도시의 안. 또는 시의 구역 안.

■ [海]와 비슷한 뜻을 지닌 한자에 ○표 하여라. ⇨ [每 · 洋 · 市 · 川]

■ [良]과 비슷한 뜻을 지닌 한자에 ○표 하여라. ⇨ [心 · 用 · 活 · 善]

■ 아래의 뜻을 지닌 한자성어를 찾아 줄로 잇고 음을 적어라.

▶ 열 사람의 눈과 열 사람의 손이란 뜻으로, 보는 사람과 손가락질하는 사람이 많음을 비유적으로 이르는 말. · 九牛一毛 [ ]

▶ 두 팔, 두 다리, 머리, 몸뚱이라는 뜻으로, 온몸을 이르는 말. · 先見之明 [ ]

▶ 이리저리 마음대로 휘두르거나 다룸. · 四大六身 [ ]

▶ 어떤 일이 일어나기 전에 미리 앞을 내다보고 아는 지혜. · 十目十手 [ ]

▶ 형제는 몸에서 떼어 놓을 수 없는 팔다리와 같음을 이르는 말로, 형제는 서로 떨어질 수 없는 사이임을 비유. · 左之右之 [ ]

▶ 아홉 마리의 소 가운데 박힌 하나의 털이란 뜻으로, 매우 많은 것 가운데 극히 적은 수를 이르는 말. · 如足如手 [ ]

· 교대, 대용, 일대 · 명중, 인명, 명령 · 시도, 시장, 시내

161

어휘력 다지기

■ 공부한 한자로 이루어진 한자어를 익혀 어휘력을 다지자.

■ 글 속 한자어의 음을 적고, 그 뜻과 줄로 잇고, 쓰임을 익혀라.

■ 아버지를 代身 ▢ 하여 큰 아들이 갔다. •   • 남을 대신하여 행함.

■ 그 두 사람은 交分 ▢ 이 매우 두텁다. •   • 서로 사귄 정.

■ 비행기 표 예약 代行 ▢ 서비스 제공. •   • 어떤 대상의 자리나 구실을 바꾸어서 새로 맡음.

■ 이곳은 先代 ▢ 부터 살아온 고향이다. •   • 현역에 복무하고 있는 여자 군인.

■ 언니는 女軍 ▢ 에 지원할 생각이다. •   • 조상의 세대.

■ 오늘 할 일을 完全 ▢ 히 끝마치도록 해. •   • 서류, 원고 따위를 만듦.

■ 방학 중 생활계획표를 作成 ▢ 하여라. •   • 필요한 것이 모두 갖추어져 모자람이나 흠이 없음.

■ 그 일이 뜻대로 成事 ▢ 되기를 바란다. •   • 일을 이룸. 또는 일이 이루어짐.

■ 그는 지구의 生成 ▢ 과정을 연구한다. •   • 주로 공중에서 공격과 방어의 임무를 수행하는 군대.

■ 國軍 ▢ 장병들의 늠름한 행진 모습. •   • 사물이 생겨남. 또는 사물이 생겨 이루어지게 함.

■ 삼촌은 空軍 ▢ 에 입대하였다. •   • 크게 이룸. 또는 그런 성과.

■ 부모는 자식의 大成 ▢ 을 바란다. •   • 적으로부터 나라를 보존하기 위하여 조직한 군대.

■ 軍用 ▢ 트럭이 줄지어 가고 있네. •   • 장교가 아닌 부사관과 병사를 통틀어 이르는 말.

■ '휴보'라고 命名 ▢ 한 첨단 로봇. •   • 결혼한 여자를 높여 이르는 말.

■ 앞집의 박 女士 ▢ 라는 분이 오셨다. •   • 군사의 목적에 씀. 또는 그 목적에 쓰는 돈이나 물건.

■ 육군 士兵 ▢ 들이 외출을 나왔다. •   • 타고난 운명.

■ 그도 天命 ▢ 을 어찌 할 수 없었다. •   • 사람, 사물, 사건 등의 대상에 이름을 지어 붙임.

■ 모두가 그를 道士 ▢ 라 생각했지만. •   • 도를 갈고닦는 사람.

■ 새까만 卒兵 ▢ 이라고 얕보지 마라. •   • 재주가 뛰어난 남자.

■ 그는 당시 才士 ▢ 로 이름난 선비였지. •   • 직위가 낮은 병사.

■ 학력은 中卒 ▢ 이지만 실력은 대졸? •   • '중학교 졸업'이 줄어든 말.

· 대신 · 교분 · 대행 · 선대 · 여군 · 완전 · 작성 · 성사 · 생성 · 국군 · 공군 · 대성 · 군용 · 명명 · 여사 · 사병 · 천명 · 도사 · 졸병 · 재사 · 중졸 ·

□ ⇨	合□	□果	作□		□ ⇨	□士	海□	女□

□ ⇨	名□	兵□	人□		□ ⇨	生□	□中	□令

□ ⇨	年□	□行	□身		□ ⇨	軍□	大□	兵□

보기

令 · 卒 · 命 · 成 · 交 · 示 · 士 · 兵 · 以 · 指 · 代 · 軍 · 完

■ 아래의 뜻을 지닌 한자어가 되도록 위의 보기에서 알맞은 한자를 찾아 □ 안에 써 넣어라.

▶ 사람이나 사물이 어떠하다고 가리켜 정함.

▷ 회장 후보로 나를 [□目]하였다.

▶ 어떤 일을 여럿이 나누어서 차례에 따라 맡아 함. 또는 그 차례에 따라 맡은 사람.

▷ 아파트 경비를 주야로 [□代]한다.

▶ 분명하게 드러내 보임.

▷ 생산지가 [明□]된 식품을 사도록 해.

▶ 공사를 완성함.

▷ 학교 앞 지하도가 [□工]되었다.

▶ 일정한 범위나 한도의 안. 시간, 거리, 수량 따위를 나타낼 때 두루 쓰인다.

▷ 나는 한 시간 [□内]에 돌아가야 해.

▶ 여러 사람이 일정한 동작을 일제히 취하도록 하기 위해 지휘자가 말로 내리는 간단한 명령.

▷ [口□]에 맞추어 체조를 하였다.

▶ 장교가 아닌 부사관과 병사를 통틀어 이르는 말. 때로는 부사관 아래의 병사만을 이르기도 한다.

▷ 삼촌은 공군 [士□]으로 제대하였다.

· 합성. 성과. 작성 · 군사. 해군. 여군 · 명사. 병사. 인사 · 생명. 명중. 명령 · 연대. 대행. 대신 · 군졸. 대졸. 병졸 / 지목 · 교대 · 명시 · 완공 · 이내 · 구령 · 사병

■ 한자의 음과 훈을 되새기며 필순에 따라 바르게 써 보자.

交 사귈 교	亠(돼지해머리)/총 6획
`、 一 六 六 ゔ 交`	
交 交 交 交	

代 대신할 대	亻(사람인변)/총 5획
`ノ 亻 仁 代 代`	
代 代 代 代	

指 가리킬 지	扌(재방변)/총 9획
`一 十 扌 扌 扩 护 指 指 指`	
指 指 指 指	

示 보일 시	示(보일시)/총 5획
`一 二 于 示 示`	
示 示 示 示	

完 완전할 완	宀(갓머리)/총 7획
`、 宀 宀 宇 宇 完 完`	
完 完 完 完	

成 이룰 성	戈(창과)/총 7획
`ノ 厂 厅 成 成 成`	
成 成 成 成	

軍 군사 군	車(수레거)/총 9획
`丶 冖 冖 戸 宣 冒 冒 軍 軍`	
軍 軍 軍 軍	

士 선비 사	士(선비사)/총 3획
`一 十 士`	
士 士 士 士	

命 목숨 명	口(입구)/총 8획
`ノ 人 亼 合 合 合 命 命`	
命 命 命 命	

令 하여금 령. 영	人(사람인)/총 5획
`ノ 人 亼 今 令`	
令 令 令 令	

兵 병사 병	八(여덟팔)/총 7획
`丶 亻 厂 斤 斤 兵 兵`	
兵 兵 兵 兵	

卒 마칠 졸	十(열십)/총 8획
`、 亠 宀 宀 亣 卒 卒 卒`	
卒 卒 卒 卒	

以 써 이	人(사람인)/총 5획
`丶 丿 丷 以 以`	
以 以 以 以	

易 바꿀 역	日(날일)/총 8획
`丶 冂 冃 日 旦 易 易 易`	
易 易 易 易	

■ 공부할 한자의 모양을 살펴보며 음과 훈을 알아보자,

묶음 1-13

음 ■ 한자를 읽는 소리
아래 한자의 음을 찾아 적고 소리내어 읽어 보자.

– 바탕색과 글자색이 같은 것을 찾아 보자 –

훈 ■ 한자의 뜻 새김
한자의 음을 적고 훈과 함께 외어 보자.

宿	잘	所	바	休	쉴	息	쉴

住	살	宅	집	學	배울	校	학교

太	클	陽	볕	黃	누를	金	쇠

알아보기

■ 한자어와 한자어를 이루는 개별 한자의 뜻을 알아보자.
■ 아래 한자어의 음을 적고 그 뜻을 생각하며 글을 읽어 보자.
■ 공부할 한자의 뜻을 알아보고 필순에 따라 바르게 써 보자.

宿所 ▶ 머물러 묵는 곳.

「 아침 일찍, 우리 가족은 부푼 마음으로 간단한 짐을 챙겨 경주로 떠났다. 고속도로를 달리는 도중 휴게소에서 잠시 쉬기도하였다. 경주 보문 관광 단지에 미리 예약해 둔 **宿所** 에 도착하자마자, 우리는 서둘러 창문을 열었다. 푸른 호수를 보기 위해서였다. 사진에서 본 것과 같이 오리배가 떠 있는 인공 호수는 정말 아름다웠고, 물레방아도 무척 인상적이었다. 」

* 예약: 미리 약속함. 또는 미리 정한 약속.   * 인상적: 인상(어떤 대상에 대하여 마음속에 생겨니는 느낌)이 강하게 남는 것.

㊁ 은 집(宀) 안에서 사람이 깔개 위에 누운(㊁) 모습이다. 집 안에 들어 잠을 자며 〈묵음〉을 의미한다.

[새김] ▪ 자다 ▪ 묵다 ▪ 지키다 ▪ 본디

`	´	宀	宀	宀	宀	宿	宿	宿	宿	宿

宿	宿	宿	宿
宿	宿	宿	宿

所 는 '도끼(무기)'를 뜻하는 斤 ⋯ 斤(근)과 '출입구'를 뜻하는 戶 ⋯ 戶(호)를 결합한 것이다. 무기를 들고 어떤 곳을 지키지키고 있음을 나타낸다. 어떤 일을 벌이거나 무엇이 있는 〈곳〉을 의미한다.

[새김] ▪ 바 ▪ 곳 ▪ 것

`	´	戶	戶	戶	所	所	所

所	所	所	所
所	所	所	所

166

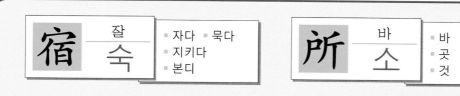

■ 한자의 뜻을 새기고 그 한자로 이루어진 한자어를 익히자.
■ 한자의 뜻을 연결하여 한자어의 뜻을 생각해 보자.
■ 한자어의 뜻을 알고 예문을 통해 그 쓰임을 익히자.

宿	잘	■ 자다 ■ 묵다
	숙	■ 지키다 ■ 본디

所	바	■ 바
	소	■ 곳 ■ 것

– 흐리게 나타난 한자어 위에 겹쳐서 쓰고 음을 적어라 –

食	먹을	■ 먹다
	식	■ 음식 ■ 먹이, 밥

宿食

자고 　 먹음 ▶ 자고 먹음.

▷ 그들은 지난 1년 동안 宿食을 함께했다.

命	목숨	■ 목숨
	명	■ 명 ■ 운명 ■ 표적

宿命

본디의 　 운명 ▶ 날 때부터 타고난 정해진 운명, 또는 피할수 없는 운명.

▷ 그는 자신의 가난을 宿命으로 여겼다.

有	있을	■ 있다
	유	■ 존재하다 ■ 가지다

所有

것 　 가진 ▶ 가지고 있음, 또는 그 물건.

▷ 빌 게이츠는 자신이 所有한 많은 재산을 사회에 환원하였다.

名	이름	■ 이름
	명	■ 이름나다 ■ 평판

名所

이름난 　 곳 ▶ 경치나 고적, 산물 따위로 널리 알려진 곳, 이름난 곳.

▷ 제주도에는 많은 사람들이 가고 싶어하는 관광 名所가 많다.

한 글자 더

宅	집	■ 집
	택	■ 주거 ■ 자리 잡다

☆ 사람이 몸을 붙여 살아가는 집.
　상대방의 가정을 이르는 말.

⟍ 宀 宀 宀 宅
宅　宅　宅　宅
宅　宅　宅　宅

自	스스로	■ 스스로
	자	■ 자기, 자신 ■ ~부터

自宅

자기 　 집 ▶ 자기 집.

▷ 그는 퇴원하여 自宅에서 요양 중이다.

地	땅	■ 땅
	지	■ 곳, 장소 ■ 자리

宅地

집 　 터(자리) ▶ 집을 지을 땅.

▷ 동네 야산을 개간하여 아파트가 들어설 宅地를 조성하고 있다.

167

알아보기

■ 한자어와 한자어를 이루는 개별 한자의 뜻을 알아보자.
■ 아래 한자어의 음을 적고 그 뜻을 생각하며 글을 읽어 보자.
■ 공부할 한자의 뜻을 알아보고 필순에 따라 바르게 써 보자.

休息 [　　] ▶ 하던 일을 멈추고 잠깐 쉼.

「 우리는 일을 하다가 틈틈이 쉬는 시간을 가지고 休息 을 취한다. 休息 을 잘 취하면 기분도 상쾌해지고, 일도 더 잘된다. 그러므로 여가를 잘 보내면 많은 도움을 얻는다. 생활이 넉넉해진 오늘날에는 여가를 이용해서 취미 활동을 하는 사람들이 더 많아지고 있다. 글씨, 그림, 바둑, 등산, 여행 등 자기 취미에 맞는 것을 골라 뜻있는 시간을 보내려고 노력한다. 」

* 여가: 일이 없어 남는 시간.   * 취미: 전문적으로 하는 것이 아니라 즐기기 위하여 하는 일.

休 는 '사람'을 뜻하는 ↑ ⟶ 亻(인)과 '나무'를 뜻하는 大 ⟶ 木(목)을 결합한 것이다.   사람이 일을 잠시 멈추고 나무 아래에서 〈쉼〉을 의미한다.

[새김] ▪쉬다 ▪그치다 ▪중지하다

ノ 亻 仁 什 休 休
休	休	休	休
休	休	休	休

息 은 '코'를 뜻하는 鼻(비)의 옛 글자인 自 ⟶ 自(자)와 '심장'을 뜻하는 心 ⟶ 心(심)을 결합한 것이다. 코로 호흡하며 심장의 박동으로 〈숨쉼〉을 의미한다.

[새김] ▪숨 ▪숨쉬다 ▪키우다

ノ 亻 冂 白 白 自 自 息 息 息
息	息	息	息
息	息	息	息

새기고 익히기

한자의 뜻을 새기고 그 한자로 이루어진 한자어를 익히자.
- 한자의 뜻을 연결하여 한자어의 뜻을 생각해 보자.
- 한자어의 뜻을 알고 예문을 통해 그 쓰임을 익히자.

休 쉴 휴
- 쉬다
- 그치다
- 중지하다

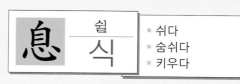

息 쉴 식
- 쉬다
- 숨쉬다
- 키우다

― 흐리게 나타난 한자어 위에 겹쳐서 쓰고 음을 적어라 ―

日 날 일
- 해
- 날
- 하루

休日
쉬는 날

▷ 나는 休日 아침에는 대개 늦잠을 잔다.
▶ 일요일이나 공휴일 따위의 일을 하지 아니하고 쉬는 날.

公 공평할 공
- 공평하다
- 공공의
- 드러내놓다

公休
공공으로 쉼

▷ 10월은 다른 달보다 公休日이 많다.
▶ 국경일, 경축일, 일요일 같이 국가가 정하여 다 함께 쉬는 날.

安 편안 안
- 편안
- 편안하다
- 안존하다

安息
편안하게 쉼

▷ 오랜 도시 생활에 지친 그는 전원생활에서 安息을 찾고자 했다.
▶ 편히 쉼.

子 아들 자
- 아들, 자식
- 사람
- 씨·열매

子息
아이 키우는

▷ 그는 子息들에게 자신의 재산 중 일부만 물려줄 생각이다.
▶ 부모가 낳은 아이를 그 부모에 상대하여 이르는 말.

한 글자 더

住 살 주
- 살다
- 머무르다
- 살고 있다

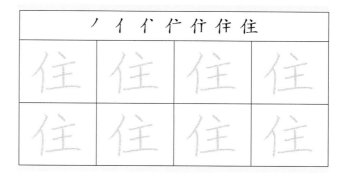

ノ 亻 亻 亻 什 住 住

宅 집 택
- 집
- 주거
- 자리 잡다

住宅
주거하는 집

▷ 나는 정원이 있는 아담한 住宅에 살고 싶다.
▶ 사람이 들어가 살 수 있게 지은 건물.

所 바 소
- 바
- 곳
- 것

住所
살고 있는 곳

▷ 우편물을 보낼 때에는 받는 사람의 住所를 정확히 적어야 한다.
▶ 사는 곳.

알아보기

■ 한자어와 한자어를 이루는 개별 한자의 뜻을 알아보자.
　■ 아래 한자어의 음을 적고 그 뜻을 생각하며 글을 읽어 보자.
　■ 공부할 한자의 뜻을 알아보고 필순에 따라 바르게 써 보자.

學校 [　　] ▶ 학예, 도덕을 가르치고 배우는 곳.

「 學校 는 어린 우리들을 기르치고 깨우쳐서, 착하고 슬기롭고, 씩씩하게 자라도록 이끌어 주는 곳입니다. 우리는 가정에서 배우기 어려운 것들을 學校 에서 배울 수 있습니다. 우리는 學校 에서 공부하고 운동도 합니다. 노래를 부르며 그림도 그립니다. 또, 여러 사람과 더불어 생활하면서 서로 도우며 살아가는 방법을 배우며, 우리가 지켜야 할 규칙을 익힙니다. 우리는 선생님과 친구들을 통해서 이런 것들을 배웁니다.

＊규칙: 여러 사람이 다 같이 지키기로 작정한 법칙(반드시 지켜야만 하는 규범). 또는 제정된 질서.

𦥯 은 '본받음'을 뜻하는 ✕ ⋯ 爻 (효)를 두 손으로 감싸는 모습 🈳⋯𦥯이다. 나중에 우 ⋯ 子 (자)를 결합하였다.　본받아 〈배움〉을 의미한다.

새김 ▪배우다 ▪학문 ▪가르침

´	⺊	⻁	⻂	⻃	臼	臼	臼	學	學	學	學
學	學	學	學								
學	學	學	學								

校 는 '나무'를 뜻하는 ✳ ⋯ 木 (과) '엇걸리다'는 뜻인 ✕ ⋯ 交 (교)를 결합한 것이다.　나무, 싸리 따위를 엇걸리게 엮어서 울타리(바자울)를 둘러친 〈학교나 부대〉를 의미한다.

새김 ▪학교 ▪부대 ▪울타리(바자울)

一	十	才	木	朮	朴	柿	栌	校	校
校	校	校	校						
校	校	校	校						

■ 한자의 뜻을 새기고 그 한자로 이루어진 한자어를 익히자.
　■ 한자의 뜻을 연결하여 한자어의 뜻을 생각해 보자.
　■ 한자어의 뜻을 알고 예문을 통해 그 쓰임을 익히자.

| 學 | 배울
학 | ■ 배우다
■ 학문 ■ 학교
■ 가르침 |

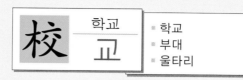

| 校 | 학교
교 | ■ 학교
■ 부대
■ 울타리 |

– 흐리게 나타난 한자어 위에 겹쳐서 쓰고 음을 적어라 –

| 年 | 해
년 | ■ 해, 1년
■ 나이
■ 때, 시대 |

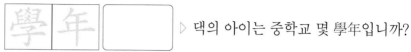

▷ 댁의 아이는 중학교 몇 學年입니까?
학습 과정의　한 해 ▶ 일 년간의 학습 과정의 단위.

| 休 | 쉴
휴 | ■ 쉬다
■ 그치다
■ 중지하다 |

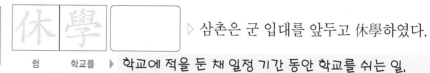

▷ 삼촌은 군 입대를 앞두고 休學하였다.
쉼　학교를 ▶ 학교에 적을 둔 채 일정 기간 동안 학교를 쉬는 일.

| 母 | 어머니
모 | ■ 어머니, 어미
■ 여자
■ 기르다 |

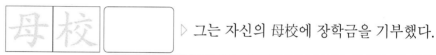

▷ 그는 자신의 母校에 장학금을 기부했다.
길러준　학교 ▶ 자기가 다니거나 졸업한 학교.

| 長 | 길
장 | ■ 길다 ■ 어른
■ 우두머리
■ 자라다 ■ 낫다 |

▷ 할아버지께서는 초등학교 校長으로 정년 퇴직하셨다.
학교의　우두머리 ▶ 대학이나 학원을 제외한 각급 학교의 으뜸 직위에 있는 사람.

한 글자 더

| 金 | 쇠
금 | ■ 쇠, 쇠붙이
■ 금 ■ 돈
■ 귀하다 |

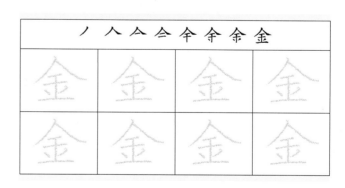

丿 人 入 仐 全 全 金 金

| 元 | 으뜸
원 | ■ 으뜸 ■ 처음
■ 근본
■ 우두머리 |

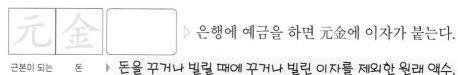

▷ 은행에 예금을 하면 元金에 이자가 붙는다.
근본이 되는　돈 ▶ 돈을 꾸거나 빌릴 때에 꾸거나 빌린 이자를 제외한 원래 액수.

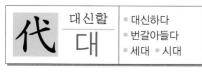

| 代 | 대신할
대 | ■ 대신하다
■ 번갈아들다
■ 세대 ■ 시대 |

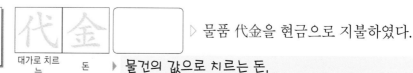

▷ 물품 代金을 현금으로 지불하였다.
대가로 치르
는　돈 ▶ 물건의 값으로 치르는 돈.

171

알아보기

■ 한자어와 한자어를 이루는 개별 한자의 뜻을 알아보자.
■ 아래 한자어의 음을 적고 그 뜻을 생각하며 글을 읽어 보자.
■ 공부할 한자의 뜻을 알아보고 필순에 따라 바르게 써 보자.

太陽 [　　] ▶ 태양계의 중심을 이루는 발광체인 해.

「 우리 민족은 아득한 옛날부터 흰 빛깔을 좋아하고
太陽 을 숭상해 왔다. 흰 빛깔은 우리 겨레의 맑고
깨끗하며 순수한 마음의 표상이다. 그리고 태양은
밝음의 근원으로서 모든 생명을 태어나게 하고
자라게 하는 원동력이다. 그래서
우리의 개국 이야기에 나오는
'태백산, 신단수, 아사달, 박달나무,
배달, 단군, 박혁거세' 등은 모두
'크게 밝음'이란 말뜻과 관련이 있다. 」

* 숭상: 높여 소중히 여김. * 순수하다: 전혀 다른 것의 섞임이 없다. 사사로운 욕심이나 못된 생각이 없다.
* 근원: 사물이 비롯되는 근본(본바탕)이나 원인. * 원동력: 어떤 움직임의 근본이 되는 힘. * 개국: 새로 나라를 세움.

 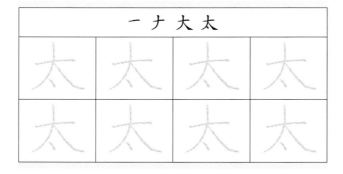

大 는 '크고 높다'는 뜻인 大┈▸大(대)에 '더욱 크고
높음'을 나타내기 위한 ∧를 결합한 것이다. 부피나
규모가 〈매우 큼〉을 의미한다.

阝은 '언덕'을 뜻하는 阝┈▸阜(부)= 阝 와 '햇살'을
뜻하는 昜┈▸昜(양)을 결합한 것이다. 언덕에 내리쬐
는 해의 기운인 〈볕〉을 의미한다.

[새김] ■크다 ■심히(대단히), 매우 ■처음

一 ナ 大 太			
太	太	太	太
太	太	太	太

[새김] ■볕 ■해 ■양 ■양기

⁷	⁷	阝	阝¹	阝⁷	阝⁷	阝⁷	陽	陽	陽	陽
陽		陽		陽		陽				
陽		陽		陽		陽				

172

새기고 익히기

■ 한자의 뜻을 새기고 그 한자로 이루어진 한자어를 익히자.
- 한자의 뜻을 연결하여 한자어의 뜻을 생각해 보자.
- 한자어의 뜻을 알고 예문을 통해 그 쓰임을 익히자.

太 태 │클
- 크다
- 심히, 매우
- 처음

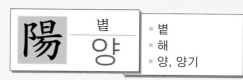
陽 양 │별
- 별
- 해
- 양, 양기

— 흐리게 나타난 한자어 위에 겹쳐서 쓰고 음을 적어라 —

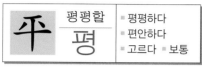
平 평 │평평할
- 평평하다
- 편안하다
- 고르다 ■ 보통

太平 │ 매우 / 편안하다 ▶ 마음에 아무 근심 걱정이 없음.

▷ 시험이 낼 모래인데 太平하게 잠만 잔다.

半 반 │반
- 반, 절반
- 가운데
- 반쪽을 내다

太半 │ 크다 / 반보다 ▶ 반수 이상.

▷ 오늘 비가 올지 몰랐기에 우리 반 아이들 太半이 우산을 가져오지 못했다.

地 지 │땅
- 땅
- 곳, 장소
- 자리

陽地 │ 별이 드는 / 곳 ▶ 별이 바로 드는 곳.

▷ 陽地에는 벌써 눈이 다 녹았다.

夕 석 │저녁
- 저녁
- 밤
- 기울다

夕陽 │ 저녁 때의 / 별 ▶ 저녁때의 햇빛, 또는 저녁때의 저무는 해.

▷ 뉘엇뉘엇 넘어가는 夕陽에 먼 산봉우리는 자줏빛이 되었다.

한 글자 더

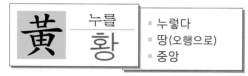
黃 황 │누를
- 누렇다
- 땅(오행으로)
- 중앙

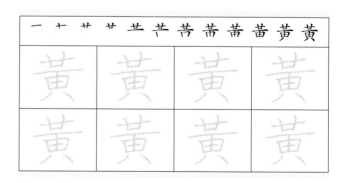

一 十 卄 井 芇 苦 苦 菁 菁 苗 黃 黃

黃	黃	黃	黃
黃	黃	黃	黃

金 금 │쇠
- 쇠, 쇠붙이
- 금 ■ 돈
- 귀하다

黃金 │ 누런빛의 / 금 ▶ 누런빛의 금, 금을 다른 금속과 구별하여 이르는 말.

▷ 박물관에서 黃金으로 만든 왕관을 보았다.

色 색 │빛
- 빛, 빛깔
- 낯빛 ■ 미색
- 꿰매다

黃色 │ 누런 / 빛깔 ▶ 누런 색.

▷ 유월이 되면서 청색 물결의 보리밭이 어느덧 黃色으로 변하였다.

어휘력 다지기

■ 글 속 한자어의 음을 적고, 그 뜻과 줄로 잇고, 쓰임을 익혀라.

■ 오늘부터 **合宿** [　] 훈련이 시작되었다. • • 학교가 학생을 가르치는 업무를 한동안 쉼.

■ 그 일에 대한 나의 **所見** [　] 을 말하였다. • • 여러 사람이 한곳에서 집단적으로 묵음.

■ 이것은 그의 **所行** [　] 이 틀림없다. • • 딸.

■ 강한 태풍으로 임시 **休校** [　] 를 하였어. • • 어떤 일이나 사물을 살펴보고 가지게 되는 생각, 의견.

■ 이 아이가 우리집 큰 **女息** [　] 입니다. • • 이미 해 놓은 일이나 짓.

■ 동네 **住民** [　] 들을 위한 주차장 공사. • • 개인 소유의 집.

■ 우리는 새 아파트에 **入住** [　] 할 예정. • • 새 집에 들어가 삶.

■ 이 집은 우리 가족 소유의 **私宅** [　] 이다. • • 일정한 지역에 살고 있는 사람.

■ 대덕 연구 단지에 **見學** [　] 을 다녀왔다. • • 학교의 문.

■ **學力** [　] 이 곧 지식 수준은 아니란다. • • 교육을 통하여 얻은 지식이나 기술 따위의 능력.

■ 수업이 끝나면 **校門** [　] 앞에서 만나자. • • 학생이 되어 공부하기 위해 학교에 들어가다.

■ 나는 내년에 중학교에 **入學** [　] 한다. • • 실지로 보고 그 일에 관한 구체적인 지식을 넓힘.

■ 그는 학교 근처에서 **下宿** [　] 을 했어. • • 현재의 상황이나 처지에 만족함.

■ 아무리 우겨봐도 **所用** [　] 이 없을걸. • • 방세와 식비를 내고 남의 집에 머물면서 숙식함.

■ 형은 원하는 **大學** [　] 에 합격하였다. • • 쓸 곳, 또는 쓰이는 바.

■ 현실에 **安住** [　] 하면 발전이 없어요. • • 고등 교육을 베푸는 교육 기관.

■ **下校** [　] 시간이 되자 갑자기 비가 오네. • • 공부를 끝내고 학교에서 집으로 돌아옴.

■ **學生** [　] 신분에 벗어나는 행동은 마라. • • 누렇고 거무스름한 흙.

■ 난 **黃土** [　] 벽돌로 집을 지으려 한다. • • 누런빛을 띤 소.

■ 외갓집에서 **黃牛** [　] 를 두 마리 기른다. • • 학교에 다니면서 공부하는 사람.

■ 오늘 중으로 **入金** [　] 을 해야 합니다. • • 돈을 들여놓거나 넣어줌, 또는 그런 돈.

· 합숙 · 소견 · 소행 · 휴교 · 여식 · 주민 · 입주 · 사택 · 견학 · 학력 · 교문 · 입학 · 하숙 · 소용 · 대학 · 안주 · 하교 · 학생 · 황토 · 황우 · 입금

■ 한자어가 되도록 □ 안에 공통으로 넣을 한자를 보기에서 찾아 □ 안에 쓰고 , 그 한자어들의 뜻을 생각하며 음을 적어라.

□ ⇨	住□	名□	□用

□ ⇨	□品	入□	□星

□ ⇨	□日	公□	□學

□ ⇨	□門	□長	全□

□ ⇨	見□	□生	□年

□ ⇨	□宅	□所	□民

보기

校 · 黃 · 宿 · 休 · 住 · 所 · 金 · 太 · 易 · 學 · 陽 · 息 · 宅

■ 아래의 뜻을 지닌 한자어가 되도록 위의 보기에서 알맞은 한자를 찾아 □ 안에 써 넣어라.

▶ 자고 먹음.
▷ □ 食 을 제공하는 일자리를 원한다.

▶ 집을 지을 땅.
▷ 집을 짓기 위해 □ 地 를 마련하였다.

▶ 하던 일을 멈추고 잠깐 쉼.
▷ 주말에는 休 □ 을 취하려고 한다네.

▶ 노렇고 거무스름한 흙.
▷ 그는 □ 土 벽돌로 집을 지었다.

▶ 저녁때의 햇빛, 또는 저녁때의 저무는 해.
▷ 서쪽 하늘에 깔린 夕 □ 을 보아라.

▶ 주로 나라와 나라 사이에서 물건을 사고팔고 하여 서로 바꿈.
▷ 다른 나라와의 交 □ 이 늘고 있다.

▶ 마음에 아무 근심 걱정이 없음.
▷ 그는 언제나 □ 平 하다.

· 주소. 명소. 소용 · 금품. 입금. 금성 · 휴일. 공휴. 휴학 · 교문. 교장. 전교 · 견학. 학생. 학년 · 주택. 주소. 주민 / 숙식 · 택지 · 휴식 · 황토 · 석양 · 교역 · 태평

■ 한자의 음과 훈을 되새기며 필순에 따라 바르게 써 보자.

宿 잘 숙	ㅡ(갓머리)/총 11획
丶丶宀宀宁宁宿宿宿宿宿	
宿 宿 宿 宿	

所 바 소	戶(지게호)/총 8획
丶丿丆戶戶戶所所	
所 所 所 所	

休 쉴 휴	亻(사람인변)/총 6획
丿亻亻亻什休休	
休 休 休 休	

息 쉴 식	心(마음심)/총 10획
丶丿自自自自自息息息	
息 息 息 息	

住 살 주	亻(사람인변)/총 7획
丿亻亻亻仁什住住	
住 住 住 住	

宅 집 택	ㅡ(갓머리)/총 6획
丶丶宀宀宅宅	
宅 宅 宅 宅	

學 배울 학	子(아들자)/총 16획
丶亻F F F 臼 臼 臼 與 學 學 學	
學 學 學 學	

校 학교 교	木(나무목)/총 10획
一十才木木杧杧杧校校	
校 校 校 校	

太 클 태	大(큰대)/총 4획
一ナ大太	
太 太 太 太	

陽 볕 양	阝(좌부변)/총 12획
丶了阝阝阝阝阝阝陽陽陽陽	
陽 陽 陽 陽	

黃 누를 황	黃(누를황)/총 12획
一十艹艹芒芦芦芾茜菁黃黃	
黃 黃 黃 黃	

金 쇠 금	金(쇠금)/총 8획
丿人人仝全全金金	
金 金 金 金	

以 써 이	人(사람인)/총 5획
丶丶丷以以	
以 以 以 以	

易 바꿀 역	日(날일)/총 8획
丨冂日日旦旵易易	
易 易 易 易	

■ 공부할 한자의 모양을 살펴보며 음과 훈을 알아보자.

묶음 1-14

음 ■ 한자를 읽는 소리
아래 한자의 음을 찾아 적고 소리내어 읽어 보자.

– 바탕색과 글자색이 같은 것을 찾아 보자 –

例	列	各	場
其	登	空	次
間	物	隊	件

대 물 건 간 렬 등

각 장 차 례 기 공

훈 ■ 한자의 뜻 새김
한자의 음을 적고 훈과 함께 외어 보자.

登 오를	場 마당	空 빌	間 사이
物 물건	件 물건	各 각각	其 그
隊 무리	列 벌일	次 버금	例 법식

■ 한자어와 한자어를 이루는 개별 한자의 뜻을 알아보자.
■ 아래 한자어의 음을 적고 그 뜻을 생각하며 글을 읽어 보자.
■ 공부할 한자의 뜻을 알아보고 필순에 따라 바르게 써 보자.

登場 [   ] ▶ 소설 영화 또는 무대 같은 데에 나옴.

「 소설은 이야기다. 그러나 그 이야기는 사실을 그대로 전하는
이야기가 아니라, 옛날 이야기나 동화처럼 꾸며진 이야기다.
소설에는 작가 자신이 겪고 체험한 일을 바탕으로 이야기를
꾸민 것도 있고, 작가가 상상하여 꾸민 것도 있다.
그러므로 소설 속에 나오는 인물들은 실제의 인물이
아니며, 소설 속에서 이야기 하는
'나'는 작가 자신이기보다는
작가가 이야기 속에 登場 시킨
인물이라고 보는 것이 옳을 것이다. 」

*체험: 자기가 몸소 겪음. 또는 그런 경험. *인물: 일정한 상황(일이 되어가는 과정이나 형편)에서 어떤 역할을 하는 사람.

豆은 제물을 담은 그릇을 두 손으로 받쳐 들고(豆) 두
발로(癶) 제단에 오르는 모습이다.   제단으로 올라 제
물을 〈올림〉을 뜻한다.

새김 ■오르다 ■나가다 ■올리다

ノ	⁊	ヲ	ヺ	癶	癶	癶	癶	癶	登	登	登
登		登		登		登					
登		登		登		登					

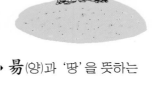

圽은 '볕'을 뜻하는 昜 … 昜(양)과 '땅'을 뜻하는
土 … 土(토)를 결합한 것이다.   어떤 일을 벌이는, 볕
이 드는 땅인 〈마당〉을 의미한다.

새김 ■마당 ■곳, 장소 ■때, 경우

一	十	土	圹	圹	圽	圽	堨	場	場	場
場		場		場		場				
場		場		場		場				

새기고 익히기

| 登 | 오를 등 | ▪ 오르다 ▪ 나가다 ▪ 올리다 | | 場 | 마당 장 | ▪ 마당 ▪ 곳, 장소 ▪ 때, 경우 |

– 흐리게 나타난 한자어 위에 겹쳐서 쓰고 음을 적어라 –

| 用 | 쓸 용 | ▪ 쓰다 ▪ 부리다 ▪ 효용 ▪ 작용 |

登 用 ▷ 국가와 사회의 발전을 위해서는 유능한 인재를 키우고 登用하여야 한다.
뽑아 올려 / 씀 ▶ 인재를 뽑아서 씀.

| 校 | 학교 교 | ▪ 학교 ▪ 부대 ▪ 울타리 |

登 校 ▷ 오늘 登校 시간은 어제보다 조금 늦었다.
나감 / 학교에 ▶ 학생이 학교에 감.

| 市 | 저자 시 | ▪ 저자, 시장 ▪ 시가 ▪ 행정 구획 단위 |

市 場 ▷ 우리 집 근처에 농수산물 市場이 생겼다.
저자 / 장소 ▶ 여러 가지 상품을 파는 일정한 장소.

| 所 | 바 소 | ▪ 바 ▪ 곳 ▪ 것 |

場 所 ▷ 그는 십여 년을 줄곧 같은 場所에서 장사를 하고 있다.
곳 / 곳 ▶ 어떤 일이 이루어지거나 일어나는 곳.

한 글자 더

| 物 | 물건 물 | ▪ 물건 ▪ 만물 ▪ 사물 |

丶 一 牛 牜 牣 物 物 物

物 物 物 物
物 物 物 物

| 品 | 물건 품 | ▪ 물건, 물품 ▪ 종류 ▪ 품격 ▪ 등급 |

物 品 ▷ 요즘에는 생활에 필요한 物品을 대부분 온라인으로 구매할 수 있다.
물건 / 종류 ▶ 일정하게 쓸 만한 값어치가 있는 물건.

| 生 | 날 생 | ▪ 나다 ▪ 살다 ▪ 삶 ▪ 날 것 ▪ 싱싱하다 |

生 物 ▷ 바다 生物들은 유용한 식량 자원이다.
살아가는 / 만물 ▶ 생명을 가지고 스스로 생활 현상을 유지하여 나가는 물체.

179

알아보기

■ 한자어와 한자어를 이루는 개별 한자의 뜻을 알아보자.
■ 아래 한자어의 음을 적고 그 뜻을 생각하며 글을 읽어 보자.
■ 공부할 한자의 뜻을 알아보고 필순에 따라 바르게 써 보자.

空間 [　　] ▸ 빈 자리, 빈 틈.

「 학급신문을 발행하기로 하고 학교 소식과
학교 생활에 필요한 내용으로 다섯 명의
편집 위원이 의논하여 기사를 작성하였다.
지면에 기사를 적당히 배치하고,
빈 **空間** 에는 소운이가 알맞은
그림을 그려 넣었다.
　마침내 학급신문 '푸른 교실'
제 8호 150부가 프린트되어 나왔다. 」

* 발행: 출판물이나 인쇄물을 찍어서 세상에 펴냄. * 작성: 서류, 원고 따위를 만듦.
# 원고: 인쇄하거나 발표하기 위하여 쓴 글이나 그림 따위.

은 '구멍'을 뜻하는 ⌂···穴(혈)과 '만들다'는 뜻
인 工···工(공)을 결합한 것이다.　속이 텅 비게 만들
어진 구멍 처럼 〈비어 있음〉을 의미한다.

[새김] ▪비다 ▪하늘, 공중 ▪헛되다

`	`	`	`	`	`	`	`	空

空	空	空	空
空	空	空	空

은 '달'을 뜻하는 ☽···月(월)과 '두 쪽 문'을 뜻하
는 門···門(문)을 결합한 것이다. 나중에 ☽ 이 日로
바뀌었다.　달빛이 새 드는, 두 문짝이 벌어진 〈틈〉을
의미한다.

[새김] ▪사이 ▪틈 ▪동안

｜	｜	｜	｜	｜	門	門	門	門	門	間	間

間	間	間	間
間	間	間	間

새기고 익히기

■ 한자의 뜻을 새기고 그 한자로 이루어진 한자어를 익히자.
■ 한자의 뜻을 연결하여 한자어의 뜻을 생각해 보자.
■ 한자어의 뜻을 알고 예문을 통해 그 쓰임을 익히자.

| 空 | 빌
공 | ■ 비다
■ 하늘, 공중
■ 헛되다 | 間 | 사이
간 | ■ 사이, 틈
■ 때
■ 동안 |

– 흐리게 나타난 한자어 위에 겹쳐서 쓰고 음을 적어라 –

| 軍 | 군사
군 | ■ 군사
■ 군대
■ 진치다 |

空軍 [ ]
공중을 방어하는 / 군대
▷ 空軍 기지는 안전과 소음을 생각하여 도심지와는 멀리 떨어져 있다.
▶ 주로 공중에서 공격과 방어의 임무를 수행하는 군대.

| 白 | 흰
백 | ■ 희다 ■ 밝다
■ 비다 ■ 술잔
■ 깨끗하다 |

空白 [ ]
비어있음 / 깨끗이
▷ 그는 한동안의 空白을 깨고 다시 작품 활동을 시작했다.
▶ 아무것도 없이 비어 있음. 어떤 일의 빈 구석이나 빈틈.

| 民 | 백성
민 | ■ 백성
■ 사람 |

民間 [ ]
백성들 / 사이
▷ 民間 단체에서 부정 선거 감시에 나섰다.
▶ 일반 백성들 사이. 관청이나 정부 기관에 속하지 않음.

| 食 | 먹을
식 | ■ 먹다
■ 음식
■ 먹이, 밥 |

間食 [ ]
사이사이에 / 먹음
▷ 오늘 間食으로 군고구마를 먹었다.
▶ 끼니와 끼니 사이에 음식을 먹음. 또는 그 음식.

한 글자 더

| 件 | 물건
건 | ■ 물건
■ 사건, 일
■ 조건 |

丿 亻 亻 仁 仨 件

件 件 件 件
件 件 件 件

| 物 | 물건
물 | ■ 물건
■ 만물
■ 사물 |

物件 [ ]
물건 / 물건
▷ 남의 物件은 함부로 만지지 않는 것이 좋다.
▶ 일정한 형체를 갖춘 모든 물질적 대상.

| 事 | 일
사 | ■ 일
■ 사건 ■ 사고
■ 관직 |

事件 [ ]
일 / 사건
▷ 많은 의문점이 있는 事件의 진실을 밝히기 위해 관계 기관이 나섰다.
▶ 사회적으로 문제를 일으키거나 주목 받을 만한 뜻밖의 일.

181

알아보기

■ 한자어와 한자어를 이루는 개별 한자의 뜻을 알아보자.
■ 아래 한자어의 음을 적고 그 뜻을 생각하며 글을 읽어 보자.
■ 공부할 한자의 뜻을 알아보고 필순에 따라 바르게 써 보자.

各其 [　　] ▶ 각각 저마다.

「 학교 교문 옆 담장 가에는 여남은 그루의 나무들이
各其 다른 얼굴로 눈길을 끌고 있다.
어느 나무인들 정이 안 가랴만,
유독 나의 눈길을 끄는 나무로는
앵두나무를 들지 않을 수 없다.
빨간 열매가 많이 달려 있는 것이
꽃들처럼 예쁘게만 보인다. 」

* 여남은: 열이 조금 넘는 수의.   * 유독: 많은 것 가운데 홀로 두드러지게.

은 '뒤져서 오다'는 뜻인 → 夊(치)와 '어귀(드나드는 목의 첫머리)'를 뜻하는 → 口(구)를 결합한 것이다.   발걸음이 제각각이어서 어떤 곳에 이르름이 〈따로따로 임〉을 의미한다.

새김 ▪ 각각, 제각기 ▪ 따로따로 ▪ 여러

ノ ク 久 冬 各 各			
各	各	各	各
各	各	各	各

는 대오리나 싸리 등으로 엮어서 만든 삼태기의 모습이다.   본래는 흙이나 거름 따위를 담아 나르는 '삼태기'를 뜻하였는데, 나중에 〈그, 그것〉이라는 사물을 가리키는 말로 쓰이게 되었다.

새김 ▪ 그 ▪ 그것

一 十 卄 卄 甘 亣 其 其			
其	其	其	其
其	其	其	其

새기고 익히기

■ 한자의 뜻을 새기고 그 한자로 이루어진 한자어를 익히자.
■ 한자의 뜻을 연결하여 한자어의 뜻을 생각해 보자.
■ 한자어의 뜻을 알고 예문을 통해 그 쓰임을 익히자.

各 각각 각
■ 각각, 제각기
■ 따로따로
■ 여러

其 그 기
■ 그
■ 그것

– 흐리게 나타난 한자어 위에 겹쳐서 쓰고 음을 적어라 –

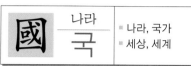
國 나라 국
■ 나라, 국가
■ 세상, 세계

各 國
각각의　나라

▷ 우리의 사물놀이 공연이 유럽 各國에서 대단한 호평을 받았다.
▶ 각 나라, 또는 여러 나라,

地 땅 지
■ 땅
■ 곳, 장소
■ 자리

各 地
여러　곳

▷ 전국 各地에서 생산된 농수산물이 서울로 모여든다.
▶ 각 지방, 또는 여러 곳,

自 스스로 자
■ 스스로
■ 자기, 자신
■ ~부터

各 自
각각의　자기 자신

▷ 各自의 일은 스스로 책임져야 한다.
▶ 각각의 자기 자신, 각각의 사람이 따로따로,

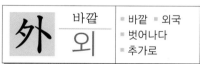
外 바깥 외
■ 바깥 ■ 외국
■ 벗어나다
■ 추가로

其 外
그　밖의

▷ 실험에 참가하고 있는 사람만 남고 其外의 학생들은 모두 운동장으로 모여라.
▶ 그 밖의 나머지,

한 글자 더

次 버금 차
■ 버금, 둘째
■ 다음
■ 차례 ■ 번

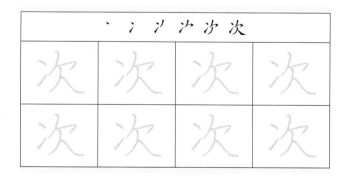

男 사내 남
■ 사내
■ 남자
■ 아들

次 男
둘째　아들

▷ 그는 삼 형제 중에 次男이다.
▶ 둘째 아들,

目 눈 목
■ 눈 ■ 보다
■ 일컫다
■ 조목 ■ 목록

目 次
목록의　차례

▷ 책의 目次를 보면 내용을 대강 알 수 있다.
▶ 목록이나 제목, 조항 따위의 차례,

183

■ 한자어와 한자어를 이루는 개별 한자의 뜻을 알아보자.
　■ 아래 한자어의 음을 적고 그 뜻을 생각하며 글을 읽어 보자.
　■ 공부할 한자의 뜻을 알아보고 필순에 따라 바르게 써 보자.

隊列 [　　] ▶ 대를 지어 죽 늘어선 행렬.

「 "만세! 만세! 대한 독립 만세!"
　만세 소리가 아우내의 하늘과 땅을 흔들었다.
깜짝 놀란 일본 경찰이 달려나왔다. 총과 칼로,
전진하는 隊列 을 막으려 하였다.
그러나 태극기의 행렬은
멈추지 않았고, 장꾼으로
가장한 사람들의 만세 소리는
계속하여 울려퍼졌다. 」

*　전진: 앞으로 나아감.　*　행렬: 여럿이 줄지어 감. 또는 그런 줄.　*　가장하다: 태도를 거짓으로 꾸미다.

𨺅 는 '언덕'을 뜻하는 𨸏 과 '멧돼지'를 뜻하는 㒸 를
결합한 것이다.　언덕에서 생활하는 멧돼지들이 무리
를 지어 활동하는 데서, 〈떼〉, 〈무리〉를 의미한다.

[새김] ▪무리 ▪떼 ▪군대의 대오

㇇	㇉	㇋	阝	阝	阝	阼	阼	隊	隊	隊
隊		隊		隊		隊				
隊		隊		隊		隊				

𤁆 은 '물 흐르는 모양'을 뜻하는 𤁆 (열)과 '칼'을 뜻하
는 刂 (도)를 결합한 것이다. 나중에 𤁆 이 歹 로 바뀌었
다.　물이 여러 갈래로 흐르는 것처럼 갈라서 〈줄지어
늘어놓음〉을 의미한다.

[새김] ▪벌이다 ▪줄짓다 ▪가르다

一	㇆	歹	歹	列	列
列		列		列	列
列		列		列	列

새기고 익히기

■ 한자의 뜻을 새기고 그 한자로 이루어진 한자어를 익히자.
- 한자의 뜻을 연결하여 한자어의 뜻을 생각해 보자.
- 한자어의 뜻을 알고 예문을 통해 그 쓰임을 익히자.

隊 무리 대 ■ 무리 ■ 떼 ■ 군대의 대오

列 벌일 렬 ■ 벌이다 ■ 줄짓다 ■ 가르다

* 列(렬)이 단어의 첫머리에 올 때는 '열'로 읽는다(두음법칙).

― 흐리게 나타난 한자어 위에 겹쳐서 쓰고 음을 적어라 ―

入 들 입 ■ 들다 ■ 들어가다 ■ 들이다

들어감　군대에 ▶ **군대에 들어가 군인이 됨.**

▷ 형은 해군에 나는 공군에 入隊할 생각이다.

軍 군사 군 ■ 군사 ■ 군대 ■ 진치다

군사의　무리 ▶ **일정한 규율과 질서를 가지고 조직된 군인의 집단.**

▷ 우리나라는 막강한 전투력을 지닌 軍隊를 보유하고 있다.

車 수레 차 ■ 수레 ■ 수레바퀴 ■ 차

줄지은　차량 ▶ **기차.**

▷ 우리는 일출을 보기위해 야간 列車를 타고 동해 바다로 향했다.

行 다닐 행 ■ 다니다 ■ 가다 ■ 행하다

감　줄지어 ▶ **여럿이 줄지어 감, 또는 그런 줄.**

▷ 주말에는 고속 도로로 진입하는 자동차의 行列이 길게 이어진다.

한 글자 더

例 법식 례 ■ 법식 ■ 관례 ■ 본보기

* 例(례)가 단어의 첫머리에 올 때는 '예'로 읽는다(두음법칙).

ノ　イ　イ　仴　伢　佴　例　例

先 먼저 선 ■ 먼저, 미리 ■ 앞 ■ 앞서다 ■ 이전

이전의　관례 ▶ **이전부터 있었던 사례, 예로부터 내려오는 일처리의 관습.**

▷ 잘못을 벌하지 않고 넘겨 버린다면 그것은 나쁜 先例가 될 것이다.

外 바깥 외 ■ 바깥 ■ 외국 ■ 벗어나다 ■ 추가로

관례에서　벗어남 ▶ **일반적 규칙이나 정례에서 벗어나는 일.**

▷ '例外 없는 법칙은 없다'라는 말이 있다.

한자성어

■ 한자성어의 음을 적고 그에 담긴 의미와 적절한 쓰임을 알아보자.

見 物 生 心	

▶ 어떠한 실물을 보게 되면 그것을 가지고 싶은 욕심이 생김.

▷ 見物生心이라 그 물건을 보는 순간 탐이 났어요.

事 事 件 件	

▶ 해당되는 모든 일 또는 온갖 사건, 해당되는 일마다, 또는 매사에.

▷ 형은 내가 하는 일에 事事件件 간섭이 심하다.

各 人 各 色	

▶ 사람마다 제각기 다름.

▷ 사람마다 성격과 취향이 各人各色이기에 그들의 옷차림도 매우 다양하다.

東 食 西 宿	

▶ '東家食西家宿'을 줄인 것으로 동쪽 집에서 밥 먹고 서쪽 집에서 잔다는 뜻으로 일정한 거처가 없이 떠돌아다니며 지냄을 이르는 말.

▷ 무작정 서울로 올라온 그는 한동안 東食西宿하였다.

四 分 五 裂	

▶ 여러 갈래로 갈기갈기 찢어짐, 질서 없이 어지럽게 흩어지거나 헤어짐.

▷ 각자의 이해관계에 따라 그들의 의견은 四分五裂로 갈라졌다.

耳 目 口 鼻	

▶ 귀·눈·입·코를 아울러 이르는 말, 또는 귀·눈·입·코를 중심으로 한 얼굴의 생김새.

▷ 그 녀석 참 耳目口鼻가 번듯하게 잘생겼구나.

裂	찢을 렬	■ 찢다 ■ 쪼개다 ■ 갈라지다

鼻	코 비	■ 코 ■ 시초, 처음

· 견물생심 · 사사건건 · 각인각색 · 동식서숙 · 사분오열 · 이목구비

186

더 살펴 익히기

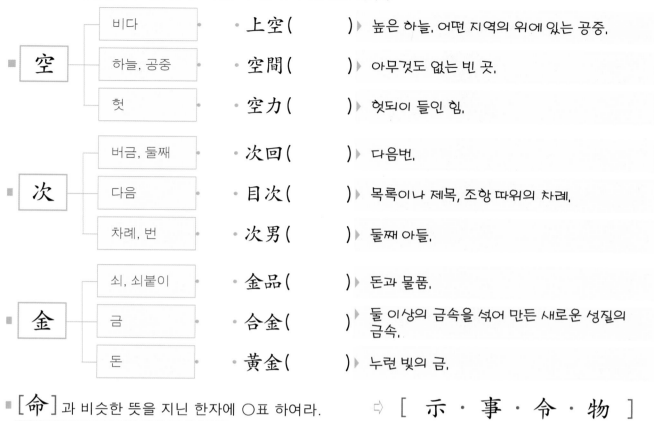

■ 한자가 지닌 여러가지 뜻과 한자어를 한 번 더 살펴 익히자.

▬ 아래 한자가 지닌 뜻과 그 뜻을 지니는 한자어를 줄로 이어라.

空
- 비다
- 하늘, 공중
- 헛

- 上空(　) ▸ 높은 하늘, 어떤 지역의 위에 있는 공중.
- 空間(　) ▸ 아무것도 없는 빈 곳.
- 空力(　) ▸ 헛되이 들인 힘.

次
- 버금, 둘째
- 다음
- 차례, 번

- 次回(　) ▸ 다음번.
- 目次(　) ▸ 목록이나 제목, 조항 따위의 차례.
- 次男(　) ▸ 둘째 아들.

金
- 쇠, 쇠붙이
- 금
- 돈

- 金品(　) ▸ 돈과 물품.
- 合金(　) ▸ 둘 이상의 금속을 섞어 만든 새로운 성질의 금속.
- 黃金(　) ▸ 누런 빛의 금.

■ [命]과 비슷한 뜻을 지닌 한자에 ○표 하여라.　⇨　[示 · 事 · 令 · 物]

■ [宅]과 비슷한 뜻을 지닌 한자에 ○표 하여라.　⇨　[家 · 所 · 間 · 宿]

▬ 아래의 뜻을 지닌 한자성어를 찾아 줄로 잇고 음을 적어라.

▸ 성품이 착한 남자와 여자란 뜻으로, 착하고 어진 사람들을 이르는 말. 곱게 단장한 남자와 여자를 이르는 말.

▸ 사람이 산을 이루고 바다를 이루었다는 뜻으로, 사람이 수없이 많이 모인 상태를 이르는 말.

▸ 양으로 소와 바꾼다는 뜻으로, 작은 것을 가지고 큰 것 대신으로 쓰는 일을 이르는 말.

▸ 하루 아침과 하루 저녁이란 뜻으로, 짧은 시일을 이르는 말.

▸ 물려받은 재산이 없이 자기 혼자의 힘으로 집안을 일으키고 재산을 모음.

▸ 작은 일에서부터 시작하여 큰 일을 이룸.

- 人山人海 [　]
- 一朝一夕 [　]
- 善男善女 [　]
- 以羊易牛 [　]
- 以小成大 [　]
- 自手成家 [　]

· 상공. 공간. 공력 · 차회. 목차. 차남 · 금품. 합금. 황금

187

어휘력 다지기

■ 글 속 한자어의 음을 적고, 그 뜻과 줄로 잇고, 쓰임을 익혀라.

■ 나는 주말에 시간을 내 **登山** 을 한다. • • 운동, 놀이, 탐험 따위의 목적으로 산에 오름.

■ 양 팀 선수들의 경기장에 **入場** 했다. • • 무예를 닦는 곳.

■ 자동화 설비를 갖춘 **工場** 을 견학. • • 높은 하늘, 어떤 지역의 위에 있는 공중.

■ 형과 나는 태권도 **道場** 을 다닌다. • • 장내로 들어가는 것.

■ 비행기는 남해 **上空** 을 날아갔다. • • 물건을 만들어 내는 설비를 갖춘 곳.

■ 빨간 풍선이 **空中** 으로 날아올랐다. • • 한 해 동안.

■ 우리집의 **年間** 전기 사용량은? • • 하늘과 땅 사이의 빈 곳.

■ 내 키는 우리 반에서 **中間** 정도야. • • 산과 산 사이에 산골짜기가 많은 곳.

■ 강원도 **山間** 마을에 폭설 경보. • • 농작물(논밭에 심어 가꾸는 곡식이나 채소).

■ 봄은 **萬物** 이 소생하는 계절이다. • • 두 사물의 사이, 등급, 크기, 차례 따위의 가운데.

■ 우박 때문에 **作物** 에 피해가 컸다. • • 해산물(바다에서 나는 동식물을 통틀어 이르는 말).

■ 어머니가 **海物** 로 요리를 하셨다. • • 물질적인 것과 정신적인 것.

■ 그분은 **物心** 으로 큰 도움을 주셨어. • • 세상에 있는 모든 것.

■ 제가 찾아온 **用件** 을 말하겠습니다. • • 하나로 벌인 줄.

■ 그들은 **各各** 자기 자리에 앉았다. • • 한 무리의 우두머리.

■ 대원들은 **隊長** 의 지시에 따랐다. • • 볼일.

■ 복도로 나가서 **一列** 로 줄을 섰다. • • 사람이나 물건의 하나하나.

■ 전에도 이런 **事例** 가 종종 있었지. • • 죽 늘어선 줄의 바깥.

■ 몸이 불편한 사람은 **列外** 로 나가라. • • 최선의 다음.

■ 적절한 **例示** 는 빠른 이해를 돕는다. • • 예를 들어 보임.

■ 만일을 대비해서 **次善** 을 준비하자. • • 어떤 일이 전에 실제로 일어난 예.

· 등산 · 입장 · 공장 · 도장 · 상공 · 공중 · 연간 · 중간 · 산간 · 만물 · 작물 · 해물 · 물심 · 용건 · 각각 · 대장 · 일렬 · 사례 · 열외 · 예시 · 차선

■ 한자어가 되도록 □ 안에 공통으로 넣을 한자를 보기에서 찾아 □ 안에 쓰고 , 그 한자어들의 뜻을 생각하며 음을 적어라.

| [ ] ⇨ | 市□ | □所 | 工□ |
| [ ] ⇨ | 中□ | □食 | 空□ |

| [ ] ⇨ | □品 | □件 | 生□ |
| [ ] ⇨ | 入□ | 軍□ | □長 |

| [ ] ⇨ | □車 | 行□ | 隊□ |
| [ ] ⇨ | 次□ | □示 | □外 |

보기

各 · 空 · 隊 · 件 · 次 · 場 · 裂 · 例 · 其 · 間 · 物 · 登 · 列

■ 아래의 뜻을 지닌 한자어가 되도록 위의 보기에서 알맞은 한자를 찾아 □ 안에 써 넣어라.

▶ 학생이 학교에 <u>감</u>.

▷ 아침 [ ] 校 길에 친구를 만났다.

▶ 아무 것도 없는 <u>빈</u> 곳.

▷ 좁은 [ ] 間 을 잘 활용했구나.

▶ <u>볼일</u>(해야 할 일).

▷ 나를 찾아온 用 [ ] 을 말하여라.

▶ 각각의 자기 자신. <u>각각</u>의 사람이 따로따로.

▷ 점심 도시락은 [ ] 自 준비하여라.

▶ <u>그</u> 밖의 나머지.

▷ 나를 뺀 [ ] 外 식구들은 외출 중.

▶ 목록이나 제목, 조항 따위의 <u>차례</u>.

▷ 책장을 넘겨서 目 [ ] 부터 보았다.

▶ 찢어져 나뉨.
집단이나 단체, 사상 따위가 <u>갈라져</u> 나뉨.

▷ 그들의 의견이 둘로 分 [ ] 되었다.

· 시장. 장소. 공장 · 중간. 간식. 공간 · 물품. 물건. 생물 · 입대. 군대. 대장 · 열차. 행렬. 대열 · 차례. 예시. 예외 / · 등교 · 공간 · 용건 · 각자 · 기외 · 목차 · 분열

■ 한자의 음과 훈을 되새기며 필순에 따라 바르게 써 보자.

登 오를 등			癶(필발머리)/총 12획
フ ァ ァ ァ ゲ ゲ 癶 癶 癶 登 登 登			
登	登	登	登

場 마당 장			土(흙토)/총 12획
一 十 土 圹 圮 坦 坦 坦 場 場 場 場			
場	場	場	場

空 빌 공			穴(구멍혈)/총 8획
、 丷 宀 宀 空 空 空 空			
空	空	空	空

間 사이 간			門(문문)/총 12획
丨 冂 門 門 門 門 門 門 門 問 間 間			
間	間	間	間

物 물건 물			牛(소우)/총 8획
丿 亠 牛 牛 牛 物 物 物			
物	物	物	物

件 물건 건			亻(사람인변)/총 6획
丿 亻 仁 仁 件 件			
件	件	件	件

各 각각 각			口(입구)/총 6획
丿 ク 夂 冬 各 各			
各	各	各	各

其 그 기			八(여덟팔)/총 8획
一 十 卄 卄 甘 其 其 其			
其	其	其	其

隊 무리 대			阝(좌부변)/총 12획
フ ョ 阝 阝 阝 阽 阽 阼 陸 隊 隊 隊			
隊	隊	隊	隊

列 벌일 렬. 열			刂(선칼도방)/총 6획
一 フ 歹 歹 列 列			
列	列	列	列

次 버금 차			欠(하품흠)/총 6획
、 冫 冫 汐 次 次			
次	次	次	次

例 법식 례. 예			亻(사람인변)/총 8획
丿 亻 亻 仁 佢 佢 例 例			
例	例	例	例

裂 찢을 렬. 열			衣(옷의)/총 12획
一 フ 歹 歹 列 列 列 列 裂 裂 裂 裂			
裂	裂	裂	裂

鼻 코 비			鼻(코비)/총 14획
丿 亻 冂 自 自 自 鼻 鼻 鼻 畠 畠 鼻			
鼻	鼻	鼻	鼻

■ 공부할 한자의 모양을 살펴보며 음과 훈을 알아보자.

묶음 1-15

음 ■ 한자를 읽는 소리
아래 한자의 음을 찾아 적고 소리내어 읽어 보자.

– 바탕색과 글자색이 같은 것을 찾아 보자 –

壇	路	通	化
期	開	花	航
凡	定	消	非

화 개 비 기 정 통
로 소 단 범 항 화

훈 ■ 한자의 뜻 새김
한자의 음을 적고 훈과 함께 외어 보자.

消 사라질	化 될	開 열	通 통할
花 꽃	壇 단	定 정할	期 기약할
航 배	路 길	非 아닐	凡 무릇

■ 한자어와 한자어를 이루는 개별 한자의 뜻을 알아보자.
■ 아래 한자어의 음을 적고 그 뜻을 생각하며 글을 읽어 보자.
■ 공부할 한자의 뜻을 알아보고 필순에 따라 바르게 써 보자.

消化 [ ] ▶ 먹은 음식물을 삭임.

「 음식물은 입, 위 작은창자. 큰창자를 통과하면서
消化된다. 입에서는 음식물이 이에 의해서 잘게
부서지는 기계적 消化 작용과 침에 의해 녹말이
작게 분해되는 화학적 消化 작용이 일어난다.
음식물이 입에 들어오면 주변에 있는 침샘에서
침이 분비된다. 혀는 침과 음식물을 골고루
섞어 준다. 이와 같이 분해된 음식물은
식도를 통하여 위로 들어 간다. 」

* 작용: 어떠한 현상을 일으키거나 영향을 미침. * 분해: 여러 부분이 결합되어 이루어진 것을 그 낱낱으로 나눔.
* 분비: 샘세포의 작용에 의하여 만든 액즙을 배출관(분비물을 밖으로 내보내는 관)으로 내보내는 일.

消는 '물(액체)'를 뜻하는 水(수)= 氵와 '꺼지다',
'흩어지다'는 뜻인 肖(소)를 결합한 것이다.   초나, 등
잔의 기름을 다 〈소멸시킴〉을 의미한다.

氵匕는 바로 서 있던 사람(亻)이 거꾸로 된(匕) 모습이다.
놓여 있는 형편이나 상태가 〈바뀌어 달라짐〉을 의미한
다.

새김 ■ 사라지다 ■ 삭이다 ■ 소멸시키다

、	丶	氵	氵	氵	氵	消	消	消
消	消	消	消					
消	消	消	消					

새김 ■ 되다 ■ 바뀌다 ■ 달라지다

ノ	イ	亻	化
化	化	化	化
化	化	化	化

■ 한자의 뜻을 새기고 그 한자로 이루어진 한자어를 익히자.

■ 한자의 뜻을 연결하여 한자어의 뜻을 생각해 보자.

■ 한자어의 뜻을 알고 예문을 통해 그 쓰임을 익히자.

消	사라질 소	■ 사라지다 ■ 삭이다 ■ 소멸시키다	化	될 화	■ 되다 ■ 바뀌다 ■ 달라지다

– 흐리게 나타난 한자어 위에 겹쳐서 쓰고 음을 적어라 –

失	잃을 실	■ 잃다 ■ 놓지다 ■ 잘못하다

消 失 [   ]

사라져   잃어버림 ▶ **사라져 없어짐, 또는 그렇게 잃어버림.**

▷ 6.25 전쟁으로 많은 문화재가 消失되고 파괴되었다.

火	불 화	■ 불 ■ 타다 ■ 급하다

消 火 [   ]

소멸시킴   불을 ▶ **불을 끔.**

▷ 공공 시설은 물론 개인 주택에서도 消火 장비를 갖추어 두어야 한다.

學	배울 학	■ 배우다 ■ 학문 ■ 가르침

化 學 [   ]

물질 변화의   학문 ▶ **물질의 성질및 변화 따위를 연구하는 자연 과학의 한 분야.**

▷ 나는 맛을 내기 위해 化學 조미료를 쓰는 것을 좋아하지 않는다.

合	합할 합	■ 합하다 ■ 모으다 ■ 맞다

化 合 [   ]

변화됨   합해져서 ▶ **둘 이상의 물질이 결합하여 새로운 성질을 가진 물질이 됨.**

▷ 산소와 수소가 化合하면 물이 된다.

한 글자 더

花	꽃 화	■ 꽃 ■ 꽃이 피다 ■ 꽃답다

☆ 초목의 꽃.
  꽃 형상을 한 물건.

丶 十 ナ 扩 芢 芢 花 花

花 花 花 花
花 花 花 花

生	날 생	■ 나다 ■ 살다 ■ 삶 ■ 날것 ■ 싱싱하다

生 花 [   ]

살아있는   꽃 ▶ **살아 있는 화초에서 꺾은 진짜 꽃.**

▷ 生花는 시간이 지나면 시들지만 조화는 시간이 지나도 시들지 않는다.

國	나라 국	■ 나라, 국가 ■ 세상, 세계

國 花 [   ]

나라   꽃 ▶ **한 나라를 상징하는 꽃.**

▷ 무궁화는 우리나라의 國花이다.

■ 한자어와 한자어를 이루는 개별 한자의 뜻을 알아보자.
■ 아래 한자어의 음을 적고 그 뜻을 생각하며 글을 읽어 보자.
■ 공부할 한자의 뜻을 알아보고 필순에 따라 바르게 써 보자.

開通 [   ] ▶ 도로 전화 등이 새로이 완성되어 통함.

「 지금으로부터 100여 년 전에 서양 문물이 들어오면서
우편 제도가 도입되었다. 우정국을 세우고 벙거지꾼이라
불리는 집배원이 편지를 전해 주었다. 그 때부터
일반인들도 서로 편지를 전할 수 있게 되었다.
궁중에는 전화도 開通되었는데,
신하들이 황제와 통화를 할 때는,
관복을 갖춰 입고 황제가 있는
쪽을 향해 큰절을 한 후에
무릎을 꿇고 통화했다고 한다. 」

* 도입: 기술, 방법, 물자 따위를 끌어 들임. # 물자: 어떤 활동에(물건을 만들거나 일을 하는 데) 필요한 여러 가지 물건이나 재료.
* 집배원: 여러 가지를 모아서 배달하는 사람. * 관복: 벼슬아치가 입던 정복(의식 때에 입는 정식의 옷).

開는 문(門)에 걸려 있는 빗장(−)을 두 손(廾)으로
푸는 모습이다. 〈문을 엶〉을 의미한다.

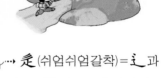

徲은 '다니다'는 뜻인 彳⋯ 辵(쉬엄쉬엄갈착)=辶과
'골목길', '대롱'을 뜻하는 甬⋯ 甬(용. 통)을 결합한
것이다. 〈통하여 오고 감〉을 의미한다.

[새김] ▪ 열다 ▪ 트이다 ▪ 피다 ▪ 시작하다

丨	𠄌	𠃌	𠃌	門	門	門	門	門	閂	開	開
開		開		開		開					
開		開		開		開					

[새김] ▪ 통하다 ▪ 오가다 ▪ 전하다

フ	マ	ア	丹	甬	甬	甬	涌	涌	涌	通
通		通		通		通				
通		通		通		通				

새기고 익히기

■ 한자의 뜻을 새기고 그 한자로 이루어진 한자어를 익히자.
■ 한자의 뜻을 연결하여 한자어의 뜻을 생각해 보자.
■ 한자어의 뜻을 알고 예문을 통해 그 쓰임을 익히자.

| 開 | 열
개 | ■ 열다 ■ 트이다
■ 피다
■ 시작하다 | 通 | 통할
통 | ■ 통하다
■ 오가다
■ 전하다 |

― 흐리게 나타난 한자어 위에 겹쳐서 쓰고 음을 적어라 ―

| 校 | 학교
교 | ■ 학교
■ 부대
■ 울타리 |

開校   ▷ 오늘은 우리 학교 開校 기념일이다.
시작함   학교를 ▶ 학교를 새로 세워 처음으로 학교 운영을 시작함.

| 場 | 마당
장 | ■ 마당
■ 곳, 장소
■ 때, 경우 |

開場   ▷ 7월에 들어서자 해수욕장을 開場하였다.
엶   장소를 ▶ 어떤 장소를 열어 운영을 시작함.

| 交 | 사귈
교 | ■ 사귀다, 교제
■ 오고가다
■ 바꾸다 |

交通   ▷ 지하철의 개통으로 交通 문제가 일부분 해소되었다.
오고감   통하여 ▶ 탈 것을 이용하여 사람이 오고 가는 일이나, 짐을 실어 나름.

| 共 | 한가지
공 | ■ 한가지
■ 함께하다
■ 함께, 같이 |

共通   ▷ 이들 두 사건이 共通으로 가진 의문점이 무엇인가?
함께   통함 ▶ 둘 또는 그 이상의 여럿 사이에 두루 통하고 관계됨.

한 글자 더

| 壇 | 단
단 | ■ 단
■ 터
■ 사회 |

| 一 十 土 圹 圻 壇 壇 壇 壇 壇 |

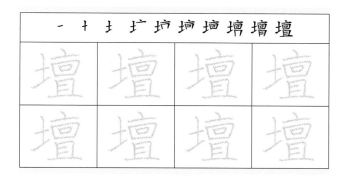

| 花 | 꽃
화 | ■ 꽃
■ 꽃이 피다
■ 꽃답다 |

花壇   ▷ 뒤뜰에는 예쁜 꽃들을 심어 놓은 花壇이 있다.
꽃을 가꾸는   터 ▶ 꽃을 심기 위하여 흙을 한층 높게 하여 꾸며 놓은 꽃밭.

| 登 | 오를
등 | ■ 오르다
■ 나가다
■ 올리다 |

登壇   ▷ 그가 시인으로 문단에 登壇한 지 십년이 되었다.
나옴   사회 분야에 ▶ 어떤 사회적 분야에 처음으로 등장함.

■ 한자어와 한자어를 이루는 개별 한자의 뜻을 알아보자.
■ 아래 한자어의 음을 적고 그 뜻을 생각하며 글을 읽어 보자.
■ 공부할 한자의 뜻을 알아보고 필순에 따라 바르게 써 보자.

定期 ▸ 일정하게 지키는 시기, 정한 기간.

「 집을 마련하기 위해 선미가 세 살 되던 해에 은행에 定期 적금을 들었단다. 매월 얼마씩 저축하여, 어느 정도 기간이 지나 아파트를 분양 받을 자격이 생겼지. 여러 번 아파트 분양 신청을 하여 지금 우리 집이 당첨되었단다. 몇 번에 걸쳐서 중도금을 내자, 아파트에 들어갈 때의 나머지 돈은 은행에서 빌려주더구나. 돈을 빌려 쓸 수 있었던 것도 은행에 定期 적금을 들었기 때문이야. 」

* 분양: 전체를 여러 부분으로 갈라서 여럿에게 나누어 줌. 토지나 건물 따위를 나누어 팖.
* 당첨: 추첨에서 뽑힘. * 중도금: 계약금을 치르고 나서 마지막 잔금을 치르기전에 지불하는 돈.

宇은 '집'을 뜻하는 ∩⋯ 宀(면)과 '결정하다'는 뜻인 ⇗⋯ 正(정)을 결합한 것이다. 자리 잡고 살아갈 집을 〈정함〉을 의미한다.

새김 ▪ 정하다 ▪ 정해지다 ▪ 안정시키다

`	`	宀	宀	宁	宇	定	定

定	定	定	定
定	定	定	定

昊 는 '해'를 뜻하는 ⊙⋯ 日(일)과 사물을 가리키는 말인 昗⋯ 其(기)를 결합한 것이다. 나중에 ⊙이 주기적으로 모양이 변하는 ⟩⋯ 月(월)로 바뀌었다. 돌아오는 월(달)과 일(해)로 때를 〈기약함〉을 의미한다.

새김 ▪ 기약하다 ▪ 때, 시기 ▪ 기간

一	十	廿	甘	甘	其	其	其	期	期	期	期

期	期	期	期
期	期	期	期

새기고 익히기

■ 한자의 뜻을 새기고 그 한자로 이루어진 한자어를 익히자.

■ 한자의 뜻을 연결하여 한자어의 뜻을 생각해 보자.

■ 한자어의 뜻을 알고 예문을 통해 그 쓰임을 익히자.

定	정할 정	▪ 정하다 ▪ 정해지다 ▪ 안정시키다	期	기약할 기	▪ 기약하다 ▪ 때, 시기 ▪ 기간

― 흐리게 나타난 한자어 위에 겹쳐서 쓰고 음을 적어라 ―

指	가리킬 지	▪ 가리키다 ▪ 손가락 ▪ 지시하다

指定 ☐ ▷ 열차에 올라 指定된 좌석에 앉았다.

가리키어　정함 ▶ 가리키어 확실하게 정함.

作	지을 작	▪ 짓다, 만들다 ▪ 행하다 ▪ 일으키다

作定 ☐ ▷ 나는 내일부터 아침 운동을 할 作定이다.

지음　결정을 ▶ 어떤 일을 하기로 결정함, 또는 그런 결정.

間	사이 간	▪ 사이, 틈 ▪ 때 ▪ 동안

期間 ☐ ▷ 이곳의 문화재 발굴 작업은 오랜 期間에 걸쳐 진행되었다.

어느 시기　동안 ▶ 어느 일정한 시기부터 다른 어느 시기까지의 시간.

次	버금 차	▪ 버금, 둘째 ▪ 다음에 ▪ 차례 ▪ 번

次期 ☐ ▷ 次期 대통령 선거에는 누가 출마할까?

다음　시기 ▶ 다음 시기.

한 글자 더

凡	무릇 범	▪ 무릇 ▪ 모두 ▪ 관습 ▪ 보통 ▪ 예사롭다

☆ 대체로 보아, 보통의 예사로운.

丿 几 凡

凡	凡	凡	凡
凡	凡	凡	凡

平	평평할 평	▪ 평평하다 ▪ 편안하다 ▪ 고르다 ▪ 보통

平凡 ☐ ▷ 그는 학급에서 별다르게 눈에 띄지 않는 平凡한 학생이었다.

보통인　예사롭고 ▶ 뛰어나거나 색다른 점이 없이 보통이다.

事	일 사	▪ 일 ▪ 사건 ▪ 사고 ▪ 관직

凡事 ☐ ▷ 나는 凡事에 잘못됨이 없도록 항상 조심하고 있다.

모든　일 ▶ 모든 일, 평범한 일.

■ 한자어와 한자어를 이루는 개별 한자의 뜻을 알아보자.
━ 아래 한자어의 음을 적고 그 뜻을 생각하며 글을 읽어 보자.
━ 공부할 한자의 뜻을 알아보고 필순에 따라 바르게 써 보자.

航路 [　　　] ▶ 뱃길.

「 큰 배를 타 본적이 있나요?

배가 움직이기위해서는 여러 사람이 각기 자기가 맡은 일을

해야 합니다. 배 안에는 모든 일을 지휘하고 감독하는 선장이

있습니다. 기관을 움직이고 손보는 기관사가 있습니다.

해도를 보고 가야 할 뱃길인

航路 를 짚어 내는 항해사가

있으며, 통신을 맡은 통신사가

있습니다. 이 밖에도 여러 가지

일을 맡아 하는 사람들이 있습니다. 」

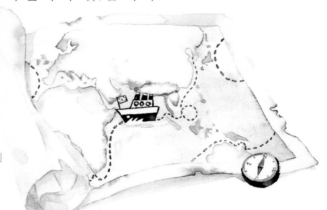

* 각기: 각각 저마다.   * 지휘: 목적을 효과적으로 이루기 위하여 단체의 행동을 통솔함(무리를 거느려 다스림).
* 해도: 바다의 상태(사물 · 현상이 놓여 있는 모양이나 형편)를 자세히 적어 넣은 항해용 지도.

航은 '배'를 뜻하는 㐁⋯舟(주)와 '오르다'는 뜻인 㐁⋯亢(항)을 결합한 것이다. 〈배에 올라 물을 건넘〉을 의미한다.

[새김] ▪배 ▪배로 건너다 ▪날아다니다

'	ſ	刀	丹	舟	舟	舟	舡	航	航
航	航	航	航						
航	航	航	航						

路는 '발', '가다'를 뜻하는 ⻊⋯足(족)과 '~에 이르름'을 뜻하는 㐁⋯各(각)을 결합한 것이다. 어디에 이르기 위해 〈가는 길〉을 의미한다.

[새김] ▪길 ▪거쳐가는 길 ▪드러나다

⼞	⼞	⼞	⾜	⾜	⾜	趵	趵	政	趷	路	路
路	路	路	路								
路	路	路	路								

새기고 익히기

■ 한자의 뜻을 새기고 그 한자로 이루어진 한자어를 익히자.
■ 한자의 뜻을 연결하여 한자어의 뜻을 생각해 보자.
■ 한자어의 뜻을 알고 예문을 통해 그 쓰임을 익히자.

航 배 / 항
■ 배
■ 배로 건너다
■ 날아다니다

路 길 / 로
■ 길
■ 거쳐가는 길
■ 드러나다

* 路(로)가 단어의 첫머리에 올 때는 '노'로 읽는다(두음법칙). → 路上(노상)

– 흐리게 나타난 한자어 위에 겹쳐서 쓰고 음을 적어라 –

海 바다 / 해
■ 바다
■ 바닷물
■ 넓다

航 海
배로 다님 바다를

▷ 태풍으로 인해 모든 배들이 航海를 중지하였다.

▶ 배를 타고 바다 위를 다님.

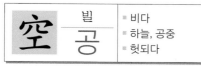
空 빌 / 공
■ 비다
■ 하늘, 공중
■ 헛되다

航 空
날아다님 공중을

▷ 우리나라의 航空 산업이 날로 발전하고 있다.

▶ 비행기로 공중을 날아다님.

道 길 / 도
■ 길 ■ 도리
■ 기예
■ 행하다

道 路
길 다니는

▷ 추운 날씨에 눈이 내리면서 道路는 온통 빙판으로 변하였다.

▶ 사람, 차 따위가 잘 다닐 수 있도록 만들어 놓은 길.

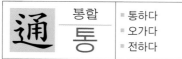
通 통할 / 통
■ 통하다
■ 오가다
■ 전하다

通 路
통하여 다니는 길

▷ 트럭 한 대가 주차장 通路를 막고 있었다.

▶ 통하여 다니는 길.

한 글자 더

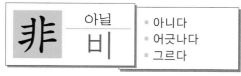
非 아닐 / 비
■ 아니다
■ 어긋나다
■ 그르다

☆ 非는 양 날개가 서로 등지고 퍼덕이는 모양으로 '아니다'는 부정의 뜻을 나타낸다.

ノ ナ ナ ヺ ヺ 非 非 非
非 非 非 非
非 非 非 非

凡 무릇 / 범
■ 무릇 ■ 모두
■ 보통 ■ 관습
■ 예사롭다

非 凡
아니다 보통이

▷ 그의 非凡한 컴퓨터 게임 실력은 모두가 인정한다.

▶ 보통 수준보다 훨씬 뛰어나다.

行 다닐 / 행
■ 다니다
■ 가다
■ 행하다

非 行
그릇된 행위

▷ 곧 그의 非行이 모두 드러날 것이다.

▶ 잘못되거나 그릇된 행위.

199

어휘력 다지기

■ 전학간 친구에게서 消息 [ ] 이 왔다. • • 어떤 사실이나 사물, 내용 따위를 널리 터놓음.

■ 요즘 책을 읽으며 消日 [ ] 을 한다. • • 사람의 지혜가 열리고 사상 풍속이 발달함.

■ 그때 開化 [ ] 된 문물을 받아들였지. • • 어떤 것에 재미를 붙여 심심하지 않게 세월을 보냄.

■ 그 사건의 가려진 내막을 公開 [ ] 했다. • • 멀리 떨어져 있는 사람의 사정을 알리는 말이나 글.

■ 버스가 開門 [ ] 한 채 출발하였어. • • 두 지점 사이에 장애나 중계 없이 바로 통함.

■ 도로 공사중이라 通行 [ ] 이 불편하네 • • 문을 엶. 또는 그런 상태.

■ 남북한 直通 [ ] 전화를 연결했다. • • 일정한 장소를 지나다님.

■ 통신 장애로 전화가 不通 [ ] 이야. • • 길, 다리, 철도, 전화 따위가 서로 통하지 아니함.

■ 올해는 開花 [ ] 시기가 조금 빠르다. • • 교단이나 강단 따위의 위.

■ 마당에 花木 [ ] 을 몇그루 심으려 해. • • 풀이나 나무에 꽃이 핌.

■ 상장을 받기위해 壇上 [ ] 에 올랐다. • • 꽃나무(꽃이 피는 나무).

■ 선생님이 教壇 [ ] 에서 내려오셨다. • • 크기, 모양, 범위, 시간 따위가 하나로 정하여져 있음.

■ 내일 指定 [ ] 된 장소로 모두 모여라. • • 교실에서 교사가 강의 할 때 올라서는 단.

■ 一定 [ ] 기준에 도달해야 합격이야. • • 장기간(긴 기간).

■ 입회비로 所定 [ ] 의 금액을 납부했다. • • 가리키어 확실하게 정함.

■ 그는 長期 [ ] 휴가를 요청했다. • • 정해진 바.

■ 새 마음으로 새 學期 [ ] 를 맞이하여라. • • 한 학년 동안을 학업의 필요에 의하여 구분한 기간.

■ 과제 제출 期日 [ ] 이 다가왔다. • • 제명대로 살지 못하고 죽음.

■ 그는 사고로 非命 [ ] 에 삶을 마쳤다. • • 정해진 날짜.

■ 그의 생각은 凡人 [ ] 과 달랐다. • • 곤란을 헤치고 살아 나갈 수 있는 길.

■ 새로운 活路 [ ] 를 찾아야 한다. • • 평범한 사람.

· 소식 · 소일 · 개화 · 공개 · 개문 · 통행 · 직통 · 불통 · 개화 · 화목 · 단상 · 교단 · 지정 · 일정 · 소정 · 장기 · 학기 · 기일 · 비명 · 범인 · 활로

■ 한자어가 되도록 □ 안에 공통으로 넣을 한자를 보기에서 찾아 □ 안에 쓰고 , 그 한자어들의 뜻을 생각하며 음을 적어라.

| □ ⇨ | 生□ | 國□ | 開□ |

| □ ⇨ | 交□ | □行 | 共□ |

| □ ⇨ | 安□ | 一□ | 指□ |

| □ ⇨ | □校 | 公□ | □場 |

| □ ⇨ | □間 | 長□ | 學□ |

| □ ⇨ | 道□ | 通□ | □上 |

보기

化 · 航 · 非 · 消 · 花 · 通 · 路 · 鼻 · 開 · 定 · 凡 · 期 · 壇

■ 아래의 뜻을 지닌 한자어가 되도록 위의 보기에서 알맞은 한자를 찾아 □ 안에 써 넣어라.

▶ 귀, 눈, 입, 코를 아울러 이르는 말 또는 귀, 눈, 입, 코를 중심으로 한 얼굴의 생김새.
▷ 耳目口□ 가 뚜렷한 얼굴.

▶ 불을 끔.
▷ 비상 □火 시설을 갖춘 건축물.

▶ 물질의 조성과 구조, 성질 및 변화, 제법 응용 따위를 연구하는 자연 과학의 한 분야.
▷ □學 조미료로 식품의 맛을 낸다.

▶ 꽃을 심기 위하여 흙을 한층 높게 하여 꾸며 놓은 꽃밭.
▷ 오늘 아침 花□ 에 물을 주었다.

▶ 선박이나 항공기가 출발함.
▷ 폭풍우로 出□ 이 취소되었다.

▶ 뛰어나거나 색다른 점이 없이 보통임.
▷ 나도 平□ 한 시민의 한 사람이다.

▶ 잘못되거나 그릇된 행위.
▷ 그의 □行 이 낱낱이 밝혀졌다.

· 생화. 국화. 개화 · 교통. 통행. 공통 · 안정. 일정. 지정 · 개교. 공개. 개장 · 기간. 장기. 학기 · 도로. 통로. 노상 / · 이목구비 · 소화 · 화학 · 화단 · 출항 · 평범 · 비행

201

되새기기

■ 한자의 음과 훈을 되새기며 필순에 따라 바르게 써 보자.

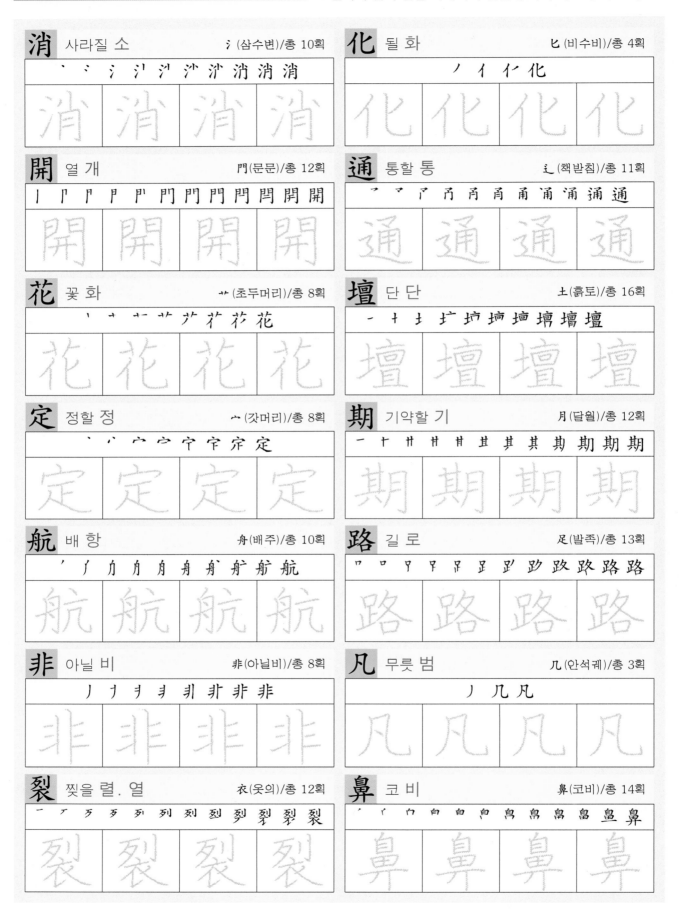

消 사라질 소　　　氵(삼수변)/총 10획

丶丶氵氵氵氵沪沪消消消

消 消 消 消

化 될 화　　　匕(비수비)/총 4획

丿亻仁化

化 化 化 化

開 열 개　　　門(문문)/총 12획

丨冂冃冃冃門門門門閂開開

開 開 開 開

通 통할 통　　　辶(책받침)/총 11획

マ丮丮丮甬甬甬涌涌通

通 通 通 通

花 꽃 화　　　艹(초두머리)/총 8획

丶丷艹艹苎花花

花 花 花 花

壇 단 단　　　土(흙토)/총 16획

一十土圹坢坢埔壇壇壇壇

壇 壇 壇 壇

定 정할 정　　　宀(갓머리)/총 8획

丶丷宀宀宁宇定定

定 定 定 定

期 기약할 기　　　月(달월)/총 12획

一十卄卄甘其其期期期期

期 期 期 期

航 배 항　　　舟(배주)/총 10획

丿丨月月月舟舟航航航

航 航 航 航

路 길 로　　　足(발족)/총 13획

口口吊吊吊吊跖跖路路

路 路 路 路

非 아닐 비　　　非(아닐비)/총 8획

丿丨刂刂非非非非

非 非 非 非

凡 무릇 범　　　几(안석궤)/총 3획

丿几凡

凡 凡 凡 凡

裂 찢을 렬.열　　　衣(옷의)/총 12획

一丆歹歹列列裂裂裂裂裂裂

裂 裂 裂 裂

鼻 코 비　　　鼻(코비)/총 14획

丶丷白自自鳥鳥鳥畠畠鼻

鼻 鼻 鼻 鼻

공부할 한자

■ 공부할 한자의 모양을 살펴보며 음과 훈을 알아보자.

묶음 1-16

음 ■ 한자를 읽는 소리
아래 한자의 음을 찾아 적고 소리내어 읽어 보자.

- 바탕색과 글자색이 같은 것을 찾아 보자 -

信 □   今 □   語 □   素 □

現 □   愛 □   表 □   古 □

質 □   情 □   義 □   言 □

표 의 언 질 현 애
어 신 고 정 소 금

훈 ■ 한자의 뜻 새김
한자의 음을 적고 훈과 함께 외어 보자.

| 言 | 말씀 | 語 | 말씀 | 表 | 겉 | 現 | 나타날 |

| 古 | 옛 | 今 | 이제 | 信 | 믿을 | 義 | 옳을 |

| 愛 | 사랑 | 情 | 뜻 | 素 | 본디 | 質 | 바탕 |

알아보기

■ 한자어와 한자어를 이루는 개별 한자의 뜻을 알아보자.
■ 아래 한자어의 음을 적고 그 뜻을 생각하며 글을 읽어 보자.
■ 공부할 한자의 뜻을 알아보고 필순에 따라 바르게 써 보자.

言語 [　　] ▶ 말,

「 우리들은 늘 말을 하고 산다. 우리들은 하루라도
말을 하지 않고는 살아가기가 힘들다. 우리는
말을 통해서 자기의 생각과 느낌을 표현하기도 하고,
다른 사람의 생각을 이해하기도 한다.
말은 우리의 言語 생활에
있어서는 매우 중요하다.
왜냐 하면, 말하기·듣기가
言語 생활의 대부분을
차지하고 있기 때문이다. 」

* 표현: 생각이나 느낌 따위를 언어나 몸짓 따위의 형상으로 드러내어 나타냄.

은 입안의 '혀'를 나타내는 ❧와 그 '혀의 움직임'
을 가리키는 ─를 결합한 것이다. 혀를 움직여 〈소리
내어 하는 말〉을 의미한다.

새김 ▪ 말씀, 말 ▪ 의견 ▪ 묻다 ▪ 헤아리다

`丶亠彐言言言言`			
言	言	言	言
言	言	言	言

語는 '소리내어 하는 말'을 뜻하는 ❧ ⋯▶ 言(언)과 악
보에 음을 적는 기호인 吾를 결합한 것이다. 나중에
吾가 '글 읽는 소리'를 뜻하는 吾로 바뀌었다.
〈입으로 하는 말과 글로 적는 말〉을 의미한다.

새김 ▪ 말씀, 말 ▪ 말하다

`亠言言言言言訂訝語語語語`			
語	語	語	語
語	語	語	語

새기고 익히기

■ 한자의 뜻을 새기고 그 한자로 이루어진 한자어를 익히자.

■ 한자의 뜻을 연결하여 한자어의 뜻을 생각해 보자.
■ 한자어의 뜻을 알고 예문을 통해 그 쓰임을 익히자.

| 言 말씀 언 | ■ 말씀, 말 ■ 의견 ■ 묻다 ■ 헤아리다 | 語 말씀 어 | ■ 말씀, 말 ■ 말하다 |

– 흐리게 나타난 한자어 위에 겹쳐서 쓰고 음을 적어라 –

| 金 쇠 금 | ■ 쇠, 쇠붙이 ■ 금 ■ 돈 ■ 귀하다 |
| 金 言 | |

▷ '침묵은 금이다' 라는 말은 명심해야 할 金言이다.

귀중한 / 말씀 ▶ 본보기가 될만한 귀중한 내용을 담고 있는 짤막한 어구.

| 失 잃을 실 | ■ 잃다 ■ 놓지다 ■ 잘못하다 |
| 失 言 | |

▷ 그는 잦은 失言으로 신임을 잃었다.

잘못 / 말함 ▶ 실수로 잘못 말함. 또는 그렇게 한 말.

| 學 배울 학 | ■ 배우다 ■ 학문 ■ 가르침 |
| 語 學 | |

▷ 그의 우리말 語學 실력은 보통이 아니다.

말에 관한 / 학문 ▶ 어떤 나라의 언어, 특히 문법을 연구하는 학문.

| 用 쓸 용 | ■ 쓰다 ■ 부리다 ■ 효용 ■ 작용 |
| 用 語 | |

▷ 그 전문적인 用語를 이해할 수 있도록 충분한 해설을 부탁합니다.

쓰는 / 말 ▶ 일정한 전문 분야에서 주로 사용하는 말.

한 글자 더

| 古 옛 고 | ■ 옛, 예 ■ 옛날 ■ 오래되다 |

☆ 지난 오래 전.
옛스러운 것.

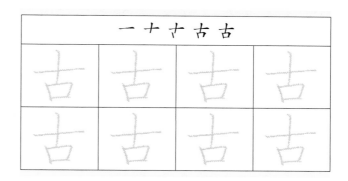

一 十 古 古 古

| 物 물건 물 | ■ 물건 ■ 만물 ■ 사물 |
| 古 物 | |

▷ 내 자전거는 古物이지만 새것 못지않게 잘 나간다.

오래된 / 물건 ▶ 헐거나 낡은 물건.

| 家 집 가 | ■ 집 ■ 집안 ■ 일가(가족) ■ 전문가 |
| 古 家 | |

▷ 이 마을에는 지은지 100 년이 넘은 古家가 몇 채 있다.

오래된 / 집 ▶ 지은지 오래된 집.

205

■ 한자어와 한자어를 이루는 개별 한자의 뜻을 알아보자.
■ 아래 한자어의 음을 적고 그 뜻을 생각하며 글을 읽어 보자.
■ 공부할 한자의 뜻을 알아보고 필순에 따라 바르게 써 보자.

表現 [　　] ▶ 나타냄, 나타난 현상이나 모양.

「 같은 이야기를 하는데도 사람에 따라 그 이야기가 재미있기도 하고, 재미 없기도 하다. 그런가 하면, 같은 사실을 表現하는 글도 글쓴이에 따라 그 사실이 분명하게 나타나기도 하고, 그렇지 못하기도 하다. 이것은 무엇 때문일까? 그것은 表現 방법의 차이 때문이라 할 것이다. 말이나 글은 우리의 생각이나 느낌을 表現하는 수단이다. 따라서 이러한 말이나 글은 우리의 생각이나 느낌을 효과적으로 드러낼 수 있게 表現하지 않으면 안 된다. 」

* 수단: 어떤 목적을 이루기 위한 방법. 또는 그 도구.

金는 '털'을 뜻하는 ⽑ ⋯ 毛(모) '옷'을 뜻하는 ⼈ ⋯ 衣(의)를 결합한 것이다. 본래는 털가죽으로 만든 '겉옷'을 뜻하였는데, 나중에 〈겉으로 나타냄〉을 의미하게 되었다.

[새김] ▪ 겉, 거죽 ▪ 나타내다 ▪ 표 ▪ 모범

一	十	丰	主	丰	表	表	表
表		表		表		表	
表		表		表		表	

⽬은 見(견)으로 처음엔 現의 뜻도 나타내었는데, 나중에 玉(옥)을 결합하여 見과 구별하였다. 옥돌을 갈면 속에 있는(실재하는) 고운 빛깔과 무늬가 드러나는 데서, 〈나타남〉을 의미한다.

[새김] ▪ 나타내다 ▪ 드러내다 ▪ 지금 ▪ 실재

一	丁	王	玉	玎	玑	玑	珇	現
現		現		現		現		
現		現		現		現		

새기고 익히기

■ 한자의 뜻을 새기고 그 한자로 이루어진 한자어를 익히자.
■ 한자의 뜻을 연결하여 한자어의 뜻을 생각해 보자.
■ 한자어의 뜻을 알고 예문을 통해 그 쓰임을 익히자.

| 表 | 겉
표 | ■ 겉, 거죽
■ 나타내다
■ 표 ■ 모범 |

| 現 | 나타날
현 | ■ 나타나다
■ 드러내다
■ 지금 ■ 실재 |

― 흐리게 나타난 한자어 위에 겹쳐서 쓰고 음을 적어라 ―

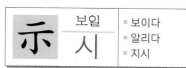

| 示 | 보일
시 | ■ 보이다
■ 알리다
■ 지시 |

表示
나타내　보임　▶ 겉으로 드러내 보임.

▷ 우리는 그의 무례한 행동에 노골적으로 불만을 表示하였다.

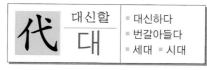

| 代 | 대신할
대 | ■ 대신하다
■ 번갈아들다
■ 세대 ■ 시대 |

代表
대신하여　나타냄　▶ 전체의 상태나 성질을 어느 하나로 잘 나타냄, 대표자.

▷ 민족 문학의 代表로 꼽히는 작품.
▷ 우리나라 代表 선수가 결승전에 올랐다.

| 金 | 쇠
금 | ■ 쇠, 쇠붙이
■ 금 ■ 돈
■ 귀하다 |

現金
실제의　돈　▶ 중앙은행에서 발행하는 지폐나 주화를 말함.

▷ 물건 값을 現金으로 지불하였다.

| 出 | 날
출 | ■ 나다 ■ 내다
■ 떠나다
■ 내놓다 |

出現
나와서　드러냄　▶ 나타나거나 또는 나타나서 보임.

▷ 뜻하지 않은 그의 出現이 우리를 놀라게 했다.

한 글자 더

| 今 | 이제
금 | ■ 이제, 지금
■ 곧
■ 오늘 |

☆ 말하는 바로 이 때.
　이, 이에(사물을 가리키는 말).

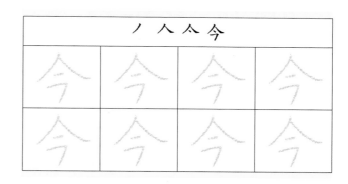

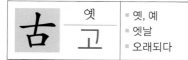

| 古 | 옛
고 | ■ 옛, 예
■ 엣날
■ 오래되다 |

古今
예와　지금　▶ 예전과 지금을 아울러 이르는 말.

▷ 古今을 통하여 인류에게 가장 쓸모있는 발명은 무엇이라 생각하니?

| 年 | 해
년 | ■ 해, 1년
■ 나이
■ 때, 시대 |

今年
지금의　해　▶ 올해.

▷ 今年은 작년보다 더 춥다고 한다.

207

■ 한자어와 한자어를 이루는 개별 한자의 뜻을 알아보자.
■ 아래 한자어의 음을 적고 그 뜻을 생각하며 글을 읽어 보자.
■ 공부할 한자의 뜻을 알아보고 필순에 따라 바르게 써 보자.

信義 ▶ 믿음과 의리.

「 '어진 사람'이 되는 것은 쉽지 않다. 그러나 어진 사람이 되고자 노력하는 사람은 될 수 있다. 어진 마음을 지니고자 노력하는 사람을 '군자'라고 한다. 그리고 이런 노력을 하지 않는 사람을 '소인'이라 한다.

군자는 부모에게 효도하고, 형제끼리 아껴 주며, 친구들 사이에서는 信義가 있고, 동네 어른들에게는 공손한 사람이다. 사람이 군자가 되느냐 소인이 되느냐는 마음먹기에 달렸다. 」

* 공손하다: 말이나 행동이 겸손(남을 존중하고 자기를 내세우지 않는 태도가 있음)하고 예의 바르다.

亻᠐은 '사람'을 뜻하는 亻···人(인)과 입으로 '말함'을 뜻하는 ᠐···口(구)를 결합한 것이다. 나중에 ᠐ 이 言(언)으로 바뀌었다. 사람의 말을 서로 〈믿음〉을 의미한다.

새김 ▪ 믿다 ▪ 통신 ▪ 소식

ノ	イ	亻	宀	俨	信	信	信	信

𦍋는 상서로운 동물로 여기는 양의 뿔(♈)로 장식한 창(𦍋)의 모습이다. 임금이 행차할 때 드는 의장용 창이다. 임금이 행하는 〈올바른 도리〉을 의미한다.

새김 ▪ 옳다, 의롭다 ▪ 올바른 도리 ▪ 해 넣다

`	`	`	`	`	羊	羊	羊	羊	義	義	義

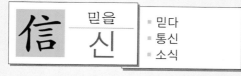

■ 한자의 뜻을 새기고 그 한자로 이루어진 한자어를 익히자.

■ 한자의 뜻을 연결하여 한자어의 뜻을 생각해 보자.
■ 한자어의 뜻을 알고 예문을 통해 그 쓰임을 익히자.

| 信 믿을 신 | ■ 믿다 ■ 통신 ■ 소식 | 義 옳을 의 | ■ 옳다 ■ 의롭다 ■ 올바른 도리 ■ 해 넣다 |

– 흐리게 나타난 한자어 위에 겹쳐서 쓰고 음을 적어라 –

▷ '사람이 信用을 잃으면 모든 것을 잃는다' 라는 격언이 있다.

믿음의   작용   ▶ 사람이나 사물이 틀림없다고 믿어 의심하지 아니함.

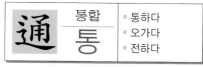

▷ 오늘날의 通信 수단은 우리의 생활에 큰 변화를 가져왔다.

전하다   소식을   ▶ 소식을 전함. 우편이나 전신, 전화 따위로 정보나 의사를 전함.

▷ 그는 도무지 道義를 모르는 사람 같다.

도리   의로운   ▶ 사람이 마땅히 지키고 행하여야 할 도덕적 의리.

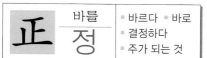

▷ 사회 正義가 실현되려면 지도층부터 법을 잘 지켜야 한다.

바르고   옳음   ▶ 진리에 맞는 옳바른 도리.

| 質 바탕 질 | ■ 바탕 ■ 본질 ■ 따져 묻다 ■ 볼모 |

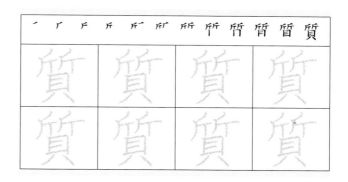

▷ 나무와 돌은 근본적으로 다른 物質이다.
▷ 그는 物質에 욕심이 많다.

물체의   바탕   ▶ 물체의 본바탕. '재물'을 달리 이르는 말.

▷ 그 둘은 형태는 다르지만 사실상 本質은 같다.

본디의   바탕   ▶ 본디부터 갖고 있는 사물 스스로의 성질이나 모습.

209

■ 한자어와 한자어를 이루는 개별 한자의 뜻을 알아보자.
　■ 아래 한자어의 음을 적고 그 뜻을 생각하며 글을 읽어 보자.
　■ 공부할 한자의 뜻을 알아보고 필순에 따라 바르게 써 보자.

愛情 [　　] ▶ 사랑하는 마음.

「 가정은 사회를 이루는 가장 작은 집단이기 때문에
사회가 건강하려면 가정이 건강해야 한다. 건강한
가정은 가족 간의 유대감이 긴밀한 가정이다.
이런 가정은 가족 구성원들이 서로
愛情을 가지고 어려운 일과 즐거운
일을 함께 나누기 때문에 화목하다.
　"즐거운 곳에서는 날 오라
　하여도, 내 쉴 곳은 작은 집
　내 집뿐이리…." 」

* 유대감: 서로 밀접하게 연결되어 있는 공통된 느낌. * 긴밀하다: 서로의 관계가 매우 가까워 빈틈이 없다.
* 구성원: 어떤 조직이나 단체를 이루고 있는 사람. * 화목: 서로 뜻이 맞고. 정다움.

𢘓 는 '마음'을 뜻하는 심장(♡)이 커지고 입이 크게
벌어진 사람(欠)의 모습이다.　가슴 벅차게 〈좋아하고
아끼는 마음〉을 의미한다.

情은 '마음'을 뜻하는 ♥…心(심)과 '초목이 지니는
본디의 빛깔'을 뜻하는 靑…青(청)을 결합한 것이다.
사람이 본디 지니는 〈마음의 작용〉을 의미한다.

[새김] ■ 사랑하다 ■ 아끼다 ■ 좋아하다

[새김] ■ 뜻 ■ 정 ■ 마음의 작용 ■ 정취

⺍	⺍	⺍	⺍	⺍	⺍	愛	愛	夢	夢	愛
愛	愛	愛	愛							
愛	愛	愛	愛							

⺍	⺍	忄	忄	忄	忄	情	情	情	情
情	情	情	情						
情	情	情	情						

새기고 익히기

■ 한자의 뜻을 새기고 그 한자로 이루어진 한자어를 익히자.
■ 한자의 뜻을 연결하여 한자어의 뜻을 생각해 보자.
■ 한자어의 뜻을 알고 예문을 통해 그 쓰임을 익히자.

愛 | 사랑 애
- 사랑하다
- 아끼다
- 좋아하다

情 | 뜻 정
- 뜻 ■ 정
- 마음의 작용
- 정취

– 흐리게 나타난 한자어 위에 겹쳐서 쓰고 음을 적어라 –

人 | 사람 인
- 사람
- 백성

▷ 저들 둘은 愛人 사이야.

사랑하는　사람 ▶ 이성 간에 사랑하는 사람, 남을 사랑함.

用 | 쓸 용
- 쓰다
- 쓰이다
- 효용 ■ 작용

▷ 내가 차를 마실 때 愛用하는 컵이다.

좋아하여　씀 ▶ 좋아하여 애착을 가지고 자주 사용함, 즐겨 씀.

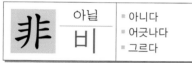

非 | 아닐 비
- 아니다
- 어긋나다
- 그르다

▷ 위험에 처한 어린아이를 보고도 그냥 지나친 非情한 사람을 너는 이해할 수 있겠니?

어긋남　인정에 ▶ 사람으로서의 따뜻한 정이나 인간미가 없음.

表 | 겉 표
- 겉, 거죽
- 나타내다
- 표 ■ 모범

▷ 그는 못마땅한 表情을 감추려고 어색하게 웃었다.

나타남　마음의작용이 ▶ 마음속에 품은 감정이나 정서나 심리 상태가 겉으로 드러남.

한 글자 더

素 | 본디 소
- 본디, 바탕
- 희다 ■ 평소
- 질박하다

☆ 기물에 장식이 없는 것도 이른다.
　꾸밈이 없다.

一 十 キ 丰 丯 素 素 素 素 素
素　素　素　素
素　素　素　素

質 | 바탕 질
- 바탕, 본질
- 따져 묻다
- 볼모

▷ 동생은 그리기에 素質이 있다.

본디의　바탕 ▶ 본디부터 가지고 있는 성질, 또는 타고난 능력이나 기질.

平 | 평평할 평
- 평평하다
- 편안하다
- 고르다 ■ 보통

▷ 그는 오늘 平素보다 옷차림에 꽤 신경을 쓴 듯 했다.

평범한　보통 때 ▶ 보통 때, 평상시.

한자성어

■ 한자성어에 담긴 함축된 의미를 파악하고 그 쓰임을 익히자.

━ 한자성어의 음을 적고 그에 담긴 의미와 적절한 쓰임을 알아보자.

言中有骨

▶ 말 속에 뼈가 있다는 뜻으로, 예사로운 말 속에 단단한 속뜻이 들어 있음을 이르는 말.

▷ 言中有骨이라는데, 그가 그냥 하는 말은 아닌 듯 싶다.

大義名分

▶ 사람이 마땅히 지키고 행하여야 할 도리나 본분.
어떤 일을 꾀하는 데 내세우는 합당한 구실이나 이유.

▷ 大義名分이 있는 행동이어야 사람들의 지지를 받을수 있다.

一口二言

▶ 한 입으로 두 말을 한다는 뜻으로, 한 가지 일에 대하여 말을 이랬다 저랬다 함을 이르는 말.

▷ 그는 결코 一口二言할 사람이 아니다.

東西古今

▶ 동양과 서양, 옛날과 지금을 통틀어 이르는 말.

▷ 행복에 대한 욕망은 東西古今 어디서나 마찬가지다.

三旬九食

▶ 삼십 일 동안 아홉 끼니밖에 먹지 못한다는 뜻으로, 몹시 가난함을 이르는 말.

▷ 차라리 三旬九食을 하더라도 마음이 편할 수 있다면.

五穀百果

▶ 온갖 곡식과 과일.

▷ 가을은 五穀百果가 무르익는 시기이다.

旬 | 열흘 / 순 | ■ 열흘 ■ 열흘 동안 ■ 십년

穀 | 곡식 / 곡 | ■ 곡식

·언중유골 ·대의명분 ·일구이언 ·동서고금 ·삼순구식 ·오곡백과

더 살펴 익히기

■ 한자가 지닌 여러가지 뜻과 한자어를 한 번 더 살펴 익히자.

■ 아래 한자가 지닌 뜻과 그 뜻을 지니는 한자어를 줄로 잇고 음을 적어라.

■ 通
- 통하다 • 内通( )▶ 몰래 알림.
- 오가다 • 共通( )▶ 둘 또는 그 이상의 여럿 사이에 두루 통하고 관계됨.
- 알리다 • 交通( )▶ 탈 것을 이용하여 사람이 오가거나 짐을 나르는 일.

■ 現
- 나타나다 • 現場( )▶ 사물이 현재 있는 곳. 일이 생긴 그 자리.
- 지금, 실재 • 出現( )▶ 나타나거나 또는 나타나서 보임.

■ 信
- 믿다 • 不信( )▶ 믿지 아니함. 또는 믿지 못함.
- 통신, 소식 • 交信( )▶ 통신을 주고 받음.

■ 素
- 본디, 본바탕 • 平素( )▶ 평상시(특별한 일이 없는 보통 때).
- 평소 • 素質( )▶ 본디부터 가지고 있는 성질.

■ [古]와 상대되는 뜻을 지닌 한자에 ○표 하여라. ⇨ [今 · 平 · 期 · 次]

■ [言]과 비슷한 뜻을 지닌 한자에 ○표 하여라. ⇨ [見 · 義 · 名 · 語]

■ 아래의 뜻을 지닌 한자성어를 찾아 줄로 잇고 음을 적어라.

▶ 어떠한 실물을 보게 되면 그것을 가지고 싶은 욕심이 생김.

▶ 귀 · 눈 · 입 · 코를 아울러 이르는 말. 또는 귀 · 눈 · 입 · 코를 중심으로 한 얼굴의 생김새.

▶ '東家食西家宿(동가식서가숙)'을 줄인 것으로 동쪽 집에서 밥 먹고 서쪽 집에서 잔다는 뜻으로 일정한 거처가 없이 떠돌아다니며 지냄을 이르는 말.

▶ 여러 갈래로 갈기갈기 찢어짐. 질서 없이 어지럽게 흩어지거나 헤어짐.

▶ 사람마다 제각기 다름.

▶ 해당되는 모든 일 또는 온갖 사건. 해당되는 일마다. 또는 매사에.

耳目口鼻	
東食西宿	
見物生心	
事事件件	
四分五裂	
各人各色	

· 내통. 공통. 교통 · 현장. 출현 · 불신. 교신 · 평소. 소질

213

어휘력 다지기

■ 항상 **言行** 을 조심해야 한다. • • 사리에 맞는 훌륭한 말.

■ '아는 것이 힘이다' 는 **名言** 이다. • • 말과 행동을 아울러 이르는 말.

■ **國語** 와 수학 과목을 좋아한다. • • 의사나 태도를 분명하게 드러냄.

■ **成語** 에는 특별한 뜻이 담겨 있어. • • 겉으로 드러냄.

■ 그는 반대 의사를 **表明** 하였지. • • 옛사람이 만든 말. 관용구.

■ 감정의 **表出** 을 자제하고 있다. • • 한 나라 국민이 쓰는 말. 우리나라의 언어.

■ **現物** 을 직접 보고나서 사겠다. • • 사물이 현재 있는 곳. 일이 생긴 그 자리.

■ 특별 취재 팀이 **現地** 로 떠났다. • • 현재 있는 물건. 금전 이외의 물품.

■ **古代** 이집트 왕들의 무덤. 피라밋. • • 옛 시대.

■ **中古** 물품을 싸게 파는 가게. • • 편지. 전신. 전화 따위로 회답을 함.

■ **今日** 오후 다섯시 약속을 잊지마라. • • 굳게 믿는 바. 또는 생각하는 바.

■ 내 **所信** 대로 밀고 나가겠다. • • 이미 사용하였거나 오래됨.

■ 마침내 그에게서 **回信** 이 왔다. • • 오늘(지금 지나가고 있는 이날).

■ 나는 그 일을 해낼 **自信** 이 있었다. • • 일의 형편이나 까닭.

■ 그는 끝까지 **信義** 를 지켰어. • • 어떤 일에 대하여 스스로 굳게 믿음. 또는 그런 믿음.

■ 그의 딱한 **事情** 을 이해해야 해. • • 믿음과 의리를 아울러 이르는 말.

■ 참된 **愛國** 은 어떤 것인가? • • 세상의 이러저러한 실정이나 형편.

■ **良質** 의 서비스를 제공하는 병원. • • 자기 나라를 사랑함.

■ 값도 싸고 **品質** 도 좋은 제품이야. • • 물체의 색깔이 나타나도록 해 주는 성분.

■ 그는 세상 **物情** 에 매우 어둡다. • • 좋은 바탕이나 품질.

■ 식용 **色素** 로 물들인 식품인가? • • 물건의 바탕과 성질.

· 언행 · 명언 · 국어 · 성어 · 표명 · 표출 · 현물 · 현지 · 고대 · 중고 · 금일 · 소신 · 회신 · 자신 · 신의 · 사정 · 애국 · 양질 · 품질 · 물정 · 색소

■ 한자어가 되도록 □ 안에 공통으로 넣을 한자를 보기에서 찾아 □ 안에 쓰고 , 그 한자어들의 뜻을 생각하며 음을 적어라.

	⇨	失□	□行	名□

	⇨	□示	代□	□明

	⇨	□金	出□	□場

	⇨	□物	中□	□家

	⇨	□用	通□	不□

	⇨	物□	品□	良□

보기

語 · 表 · 義 · 情 · 愛 · 信 · 現 · 質 · 旬 · 今 · 素 · 古 · 言

■ 아래의 뜻을 지닌 한자어가 되도록 위의 보기에서 알맞은 한자를 찾아 □ 안에 써 넣어라.

▶ 평상시 (특별한 일이 없는 보통 때),
▷ 나는 오늘 平□ 보다 일직 일어났다.

▶ 좋아하여 애착을 가지고 자주 사용함,
▷ 평소에는 대중 교통을 □用 한다.

▶ 한달의 11일부터 20일까지의 10일간,
▷ 9월 中□ 경에 여행을 떠나려고.

▶ 믿음과 의리를 아울러 이르는 말,
▷ 그는 信□ 를 지키는 친구이다.

▶ 올해(지금 지나가고 있는 이 해),
▷ □年 은 작년보다 눈이 많이 오네.

▶ 마음속에 품은 감정이나 정서 따위의 심리 상태가 겉으로 드러남, 또는 그런 모습.
▷ 누나의 表□ 이 어째 심상치 않다.

▶ 우리 나라의 언어,
▷ 國□ 시간에 속담 공부를 했다.

· 실언. 언행. 명언 · 표시. 대표. 표명 · 현금. 출현. 현장 · 고물. 중고. 고가 · 신용. 통신. 불신 · 물질. 품질. 양질 / · 평소 · 애용 · 중순 · 신의 · 금년 · 표정 · 국어

■ 한자의 음과 훈을 되새기며 필순에 따라 바르게 써 보자.

言 말씀 언	言(말씀언)/총 7획
、 ゛ ゠ ゠ 言 言 言	
言 言 言 言	

語 말씀 어	言(말씀언)/총 14획
゛ ゠ ゠ 言 言 訁 訁 訝 語 語 語 語	
語 語 語 語	

表 겉 표	衣(옷의)/총 8획
一 十 キ 主 寺 表 表 表	
表 表 表 表	

現 나타날 현	王(구슬옥변)/총 11획
一 T F 王 E 到 玑 玑 珇 玥 現	
現 現 現 現	

古 옛 고	口(입구)/총 5획
一 十 十 古 古	
古 古 古 古	

今 이제 금	人(사람인)/총 4획
ノ 人 ゠ 今	
今 今 今 今	

信 믿을 신	人(사람인)/총 9획
ノ イ イ イ 仁 作 信 信 信	
信 信 信 信	

義 옳을 의	羊(양양)/총 13획
、 ゛ ゛ 关 羊 美 差 美 弟 義 義 義	
義 義 義 義	

愛 사랑 애	心(마음심)/총 13획
´ ´ ´ ´ ´ ´ ´ 受 受 愛 愛 愛	
愛 愛 愛 愛	

情 뜻 정	忄(심방변)/총 11획
` ` ` 忄 忄 忙 忭 情 情 情 情	
情 情 情 情	

素 본디 소	糸(실사)/총 10획
一 十 キ 主 寺 毒 素 素 素 素	
素 素 素 素	

質 바탕 질	貝(조개패)/총 15획
` ゛ ゠ ゠ 厈 竏 竏 所 所 質 質 質	
質 質 質 質	

旬 열흘 순	日(날일)/총 6획
ノ ヶ 勹 勻 旬 旬	
旬 旬 旬 旬	

穀 곡식 곡	禾(벼화)/총 15획
十 十 士 吉 吉 壹 幸 橐 橐 穀 穀 穀	
穀 穀 穀 穀	

216

학습한자 찾아보기

無<무>	3-04	5급	凡<범>	1-15	3급II	備<비>	5-12	4급II	尙<상>	3-07	3급II
舞<무>	5-14	4급	犯<범>	3-01	4급	悲<비>	5-10	4급II	常<상>	3-07	4급II
墨<묵>	3-10	3급II	範<범>	추-4	4급	比<비>	5-11	5급	床<상>	3-12	4급II
默<묵>	2-16	3급II	法<법>	3-01	5급II	碑<비>	추-7	4급	想<상>	4-03	4급II
問<문>	2-16	7급	壁<벽>	4-08	4급II	秘<비>	3-16	4급	狀<상>	3-09	4급II
文<문>	2-02	7급	變<변>	3-15	5급II	肥<비>	3-10	3급II	相<상>	3-14	5급II
聞<문>	2-02	6급II	辯<변>	5-07	4급	費<비>	추-5	5급	象<상>	3-16	4급
門<문>	1-03	8급	邊<변>	5-06	4급II	非<비>	1-15	4급II	賞<상>	3-15	5급
物<물>	1-14	7급II	別<별>	4-08	6급	飛<비>	3-16	4급II	霜<상>	4-08	3급II
味<미>	4-06	4급II	丙<병>	1-04	3급II	鼻<비>	1-14	5급	索<색>	추-7	3급II
尾<미>	2-12	3급II	兵<병>	1-12	5급II	貧<빈>	3-03	4급II	色<색>	1-08	7급
微<미>	4-06	3급II	病<병>	3-13	6급	氷<빙>	4-09	5급	生<생>	1-02	8급
未<미>	2-03	4급II	保<보>	3-16	4급II				序<서>	4-02	5급
美<미>	3-01	6급	報<보>	5-05	4급II	**ㅅ**			書<서>	3-07	6급II
民<민>	1-11	8급	寶<보>	4-16	4급II	事<사>	1-09	7급II	西<서>	1-10	8급
密<밀>	3-16	4급II	普<보>	2-08	4급	似<사>	3-14	3급	夕<석>	1-09	7급
ㅂ			步<보>	2-01	4급II	使<사>	3-04	6급	席<석>	3-07	6급
博<박>	4-16	4급II	補<보>	2-08	3급II	史<사>	3-04	5급	石<석>	1-03	6급
拍<박>	추-5	4급	伏<복>	2-06	4급	四<사>	1	8급	先<선>	1-02	8급
朴<박>	추-8	6급	復<복>	3-05	4급II	士<사>	1-12	5급	善<선>	1-11	5급
迫<박>	3-12	3급II	服<복>	5-03	6급	寫<사>	4-07	5급	宣<선>	2-05	4급
半<반>	1-09	6급II	福<복>	2-04	5급II	寺<사>	2-01	4급II	線<선>	4-11	6급II
反<반>	2-12	6급II	腹<복>	5-11	3급II	射<사>	4-16	4급	船<선>	4-01	5급
叛<반>	5-03	3급	複<복>	5-12	4급	師<사>	2-05	4급II	選<선>	5-07	5급
班<반>	추-1	6급II	本<본>	1-10	6급	思<사>	4-04	5급	鮮<선>	3-08	5급II
發<발>	3-15	6급II	奉<봉>	추-3	5급II	查<사>	4-12	5급	舌<설>	2-08	4급
髮<발>	3-04	4급	不<불,부>	1-06	7급II	死<사>	2-02	6급	設<설>	4-07	4급II
妨<방>	추-5	4급	付<부>	4-01	3급II	沙<사>	5-16	3급II	說<설>	2-14	5급II
房<방>	4-07	4급II	副<부>	추-3	4급II	社<사>	2-09	6급II	雪<설>	4-07	6급II
放<방>	5-02	6급II	否<부>	2-09	4급	私<사>	1-08	4급	城<성>	4-08	4급II
方<방>	1-04	7급II	夫<부>	2-12	7급	絲<사>	추-3	4급	性<성>	2-01	5급II
訪<방>	추-7	4급II	婦<부>	2-12	4급II	舍<사>	3-12	4급II	成<성>	1-12	6급II
防<방>	2-10	4급II	富<부>	2-07	4급II	蛇<사>	4-02	3급II	星<성>	1-03	4급II
倍<배>	추-1	4급	府<부>	추-1	4급II	謝<사>	5-08	4급II	盛<성>	2-13	4급II
拜<배>	3-07	4급II	浮<부>	5-14	3급II	辭<사>	추-4	4급	省<성>	2-15	6급II
排<배>	3-02	3급II	父<부>	1-06	8급	山<산>	1-01	8급	聖<성>	3-04	4급II
背<배>	5-03	4급II	負<부>	5-11	4급	散<산>	3-08	4급	聲<성>	5-02	4급II
配<배>	3-05	4급II	部<부>	5-11	6급II	産<산>	3-06	5급II	誠<성>	2-13	4급II
伯<백>	3-12	3급II	附<부>	4-14	3급II	算<산>	4-15	7급	世<세>	3-08	7급II
白<백>	1-02	8급	北<북,배>	1-10	8급	殺<살,쇄>	4-16	4급II	勢<세>	3-11	4급II
百<백>	1	7급	分<분>	1-09	6급II	三<삼>	1	8급	歲<세>	3-07	5급II
番<번>	4-02	6급	奔<분>	3-14	3급	上<상>	1-01	7급II	洗<세>	추-8	5급II
繁<번>	4-03	3급II	奮<분>	5-09	3급II	傷<상>	5-11	4급	稅<세>	4-10	4급II
伐<벌>	5-02	4급II	憤<분>	5-12	4급	像<상>	4-03	3급II	細<세>	5-13	4급II
罰<벌>	3-01	4급II	粉<분>	3-04	4급	償<상>	4-12	3급II	小<소>	1-01	8급
			佛<불>	추-3	4급II	商<상>	3-06	5급II	少<소>	1-06	7급

所<소>	1-13	7급	承<승>	5-05	4급Ⅱ	愛<애>	1-16	6급	藝<예>	3-04	4급Ⅱ

한자	위치	급수	한자	위치	급수	한자	위치	급수	한자	위치	급수
所<소>	1-13	7급	承<승>	5-05	4급Ⅱ	愛<애>	1-16	6급	藝<예>	3-04	4급Ⅱ
掃<소>	추-7	4급Ⅱ	昇<승>	5-03	3급Ⅱ	液<액>	4-09	4급Ⅱ	禮<례,예>	2-13	6급
消<소>	1-15	6급Ⅱ	始<승>	5-07	6급Ⅱ	額<액>	추-4	4급	豫<예>	5-05	4급
笑<소>	4-06	4급Ⅱ	市<승>	1-11	7급Ⅱ	夜<야>	2-14	6급	五<오>	1	8급
素<소>	1-16	4급Ⅱ	施<승>	4-07	4급Ⅱ	野<야>	4-05	6급	午<오>	추-7	7급Ⅱ
俗<속>	3-11	4급	是<승>	4-12	4급Ⅱ	弱<약>	2-10	6급Ⅱ	汚<오>	5-06	3급
屬<속>	추-5	4급	時<승>	2-01	7급Ⅱ	約<약>	2-04	5급Ⅱ	烏<오>	2-10	3급Ⅱ
束<속>	2-04	5급Ⅱ	示<승>	1-12	5급	藥<약>	2-07	6급Ⅱ	誤<오>	5-05	4급Ⅱ
續<속>	5-05	4급Ⅱ	視<승>	4-11	4급Ⅱ	揚<양>	5-14	3급Ⅱ	屋<옥>	2-15	5급
速<속>	2-05	6급	試<승>	5-15	4급Ⅱ	樣<양>	4-11	4급	獄<옥>	5-14	3급
孫<손>	2-15	6급	詩<승>	5-15	4급Ⅱ	洋<양>	1-11	6급	玉<옥>	1-03	4급Ⅱ
損<손>	4-15	4급	式<식>	3-07	6급	羊<양>	1-08	4급Ⅱ	溫<온>	2-15	6급
率<솔,률,율>	5-11	3급Ⅱ	息<식>	1-13	4급Ⅱ	陽<양>	1-13	6급	完<완>	1-12	5급
松<송>	1-08	4급	植<식>	5-08	7급	養<양>	2-04	5급Ⅱ	往<왕>	3-05	4급Ⅱ
送<송>	5-12	4급Ⅱ	識<식>	4-04	5급Ⅱ	漁<어>	2-11	5급	王<왕>	1-02	8급
頌<송>	추-5	4급	食<식>	1-07	7급Ⅱ	語<어>	1-16	7급	外<외>	1-10	8급
碎<쇄>	2-02	1급	飾<식>	4-02	3급Ⅱ	魚<어>	2-10	5급	曜<요>	추-8	4급
衰<쇠>	5-12	3급Ⅱ	信<신>	1-16	6급Ⅱ	億<억>	추-3	5급	要<요>	2-05	5급Ⅱ
修<수>	5-15	4급Ⅱ	新<신>	3-08	6급Ⅱ	言<언>	1-16	6급	謠<요>	추-8	4급Ⅱ
受<수>	3-15	4급Ⅱ	申<신>	추-7	4급	嚴<엄>	5-10	4급	慾<욕>	2-06	3급Ⅱ
守<수>	4-10	4급Ⅱ	神<신>	3-04	6급Ⅱ	業<업>	2-11	6급Ⅱ	欲<욕>	2-06	3급Ⅱ
手<수>	1-06	7급Ⅱ	臣<신>	2-13	5급Ⅱ	如<여>	1-08	4급Ⅱ	浴<욕>	추-5	5급
授<수>	3-15	4급Ⅱ	身<신>	1-05	6급Ⅱ	與<여>	3-15	4급	勇<용>	4-16	6급Ⅱ
收<수>	1-11	4급Ⅱ	失<실>	1-06	6급	餘<여>	2-07	4급Ⅱ	容<용>	4-08	4급Ⅱ
數<수>	4-14	7급	室<실>	4-02	8급	域<여>	3-10	4급	溶<용>	4-09	특급Ⅱ
樹<수>	3-08	6급	實<실>	3-09	5급Ⅱ	役<여>	5-14	3급Ⅱ	用<용>	1-11	6급Ⅱ
水<수>	1-03	8급	審<심>	4-12	3급Ⅱ	易<역>	1-12	4급	優<우>	4-04	4급
獸<수>	3-06	3급Ⅱ	心<심>	1-04	7급	逆<역>	5-07	4급Ⅱ	友<우>	2-06	5급Ⅱ
秀<수>	5-06	4급	深<심>	4-05	4급Ⅱ	延<연>	추-1	4급	右<우>	1-10	7급Ⅱ
輸<수>	5-12	3급Ⅱ	十<십>	1	8급	演<연>	4-03	4급Ⅱ	憂<우>	4-04	3급Ⅱ
需<수>	2-10	3급Ⅱ	雙<쌍>	3-05	3급Ⅱ	然<연>	4-02	7급	牛<우>	1-08	5급
首<수>	1-09	5급Ⅱ	氏<씨>	추-7	4급	煙<연>	3-10	4급Ⅱ	遇<우>	추-3	4급
叔<숙>	추-8	4급				燃<연>	추-8	4급	雨<우>	2-02	5급Ⅱ
宿<숙>	1-13	5급Ⅱ	**ㅇ**			研<연>	5-13	4급Ⅱ	運<운>	2-06	6급Ⅱ
熟<숙>	4-06	3급Ⅱ	兒<아>	2-04	5급Ⅱ	緣<연>	2-14	4급	雲<운>	2-02	5급Ⅱ
肅<숙>	추-6	4급	我<아>	4-04	3급Ⅱ	軟<연>	추-7	3급Ⅱ	雄<웅>	4-16	5급
巡<순>	5-03	3급Ⅱ	牙<아>	3-16	3급Ⅱ	連<련.연>	5-05	4급Ⅱ	元<원>	1-09	5급Ⅱ
旬<순>	1-16	3급Ⅱ	惡<악>	3-12	5급Ⅱ	熱<열>	5-07	5급	原<원>	3-02	5급
純<순>	3-02	4급Ⅱ	安<안>	1-05	7급Ⅱ	染<염>	5-06	3급Ⅱ	員<원>	2-05	4급Ⅱ
順<순>	4-02	5급Ⅱ	案<안>	4-15	5급	葉<엽>	5-04	5급	圓<원>	2-06	4급Ⅱ
術<술>	3-04	6급Ⅱ	眼<안>	3-13	4급Ⅱ	映<영>	추-4	4급	園<원>	5-04	6급
崇<숭>	3-07	4급	顔<안>	5-16	3급Ⅱ	榮<영>	4-02	4급Ⅱ	怨<원>	추-2	4급
濕<습>	5-13	3급Ⅱ	暗<암>	2-16	4급Ⅱ	永<영>	4-08	6급	援<원>	3-03	4급
習<습>	5-05	6급	壓<압>	3-12	4급Ⅱ	營<영>	4-05	4급	源<원>	4-03	4급
乘<승>	4-01	3급Ⅱ	央<앙>	1-02	3급Ⅱ	英<영>	4-16	6급	遠<원>	4-08	6급
勝<승>	3-02	6급	哀<애>	5-08	3급Ⅱ	迎<영>	5-10	4급	院<원>	2-01	5급

초등 때 키운

한자 어휘력! 나를 키운다 시리즈

이 책으로는 많이 쓰이는 한자와
그 한자들로 이루어진 한자어를 익혀 어휘력을 키우며
나아가 다른 한자어의 뜻도 유추할 수 있게 합니다.

초등 때 키운 한자 어휘력! 나를 키운다 2
이재준 | 20,000원 | 228쪽

초등 때 키운 한자 어휘력! 나를 키운다 3
이재준 | 20,000원 | 230쪽

초등 때 키운 한자 어휘력! 나를 키운다 4
이재준 | 20,000원 | 230쪽

초등 때 키운 한자 어휘력! 나를 키운다 5
이재준 | 22,000원 | 260쪽

어휘력은 사고력의 출발인 동시에 문해력 학습 능력의 기초입니다.